Cultura e filosofia da práxis

COLEÇÃO

CONTRA
A CORRENTE

Cultura e filosofia da práxis

EDUARDO GRANJA COUTINHO
(ORG.)

mórula
EDITORIAL

CURADORIA DA COLEÇÃO CONTRA A CORRENTE
Eduardo Granja Coutinho

REVISÃO
Arman Neto

IMAGEM (CAPA)
"Samba", de Cândido Portinari. Direito de reprodução
gentilmente cedido por João Candido Portinari

PROJETO GRÁFICO
Patrícia Oliveira

DADOS INTERNACIONAIS DE CATALOGAÇÃO NA PUBLICAÇÃO
(CIP) DE ACORDO COM ISBD
Elaborado por Vagner Rodolfo da Silva — CRB 8/9410

C968

Cultura e filosofia da práxis / organizado por Eduardo Granja Coutinho. – Rio de Janeiro: Mórula Editorial, 2024.
268 p. ; 14cm x 21cm. (Contra a Corrente ; 5)

Inclui bibliografia.
ISBN: 978-65-6128-072-3

1. Filosofia. 2. Antonio Gramsci. 3. Filosofia da práxis. 4. Bloco histórico. 5. Hegemonia. I. Coutinho, Eduardo Granja. II. Título.

2024-4489 CDD: 100
CDU: 1

Índice para catálogo sistemático:
1. Filosofia 100
2. Filosofia 1

Rua Teotônio Regadas 26 sala 103
20021_360 _ Lapa _ Rio de Janeiro _ RJ
www.morula.com.br _ contato@morula.com.br
morulaeditorial morula_editorial

Ao povo palestino.

SUMÁRIO

PREFÁCIO

Hegemonia como práxis filosófica

EDUARDO GRANJA COUTINHO

Sabe-se que a expressão 'filosofia da práxis' foi utilizada por Antonio Gramsci nos *Cadernos do cárcere*, no lugar de 'materialismo histórico' ou 'marxismo', para driblar a censura fascista. Com esse propósito, ele se referia a Marx como o "corifeu da filosofia da práxis"; e a Lenin como "o maior teórico moderno da filosofia da práxis". Mas além dessa função prática de enganar os censores, que não costumam ser muito versados em filosofia, o termo tem um sentido teórico muito importante e nos fala da leitura gramsciana do marxismo. Com ele, Gramsci explicita algo que o marxismo vulgar havia deixado para trás: o caráter eminentemente dialético do pensamento de Marx.

É com essa categoria fundamental que Marx supera a tradição filosófica especulativa que ele chamou de 'ideologia alemã'. Quando apreende a unidade dialética entre sujeito e objeto no desenvolvimento da história — a relação de determinação recíproca entre o homem e seu mundo, teoria e prática, consciência e ser social —, Marx contrapõe-se tanto ao idealismo hegeliano, que supõe a existência de uma consciência absoluta que governa o mundo e determina a realidade humana, quanto ao materialismo ainda abstrato de Feuerbach, assim chamado por abstrair a realidade material, objetiva, do processo histórico. É a noção de práxis, portanto, que lhe permite fazer a crítica das perspectivas 'subjetivistas' e 'objetivistas', a partir das quais o pensamento metafísico compreende de forma mistificada a história, a cultura, as relações sociais.

A partir das *Teses sobre Feuerbach*, nas quais, segundo Engels (1975, p. 91), estaria depositado "o germe genial da nova concepção de mundo", o pensamento, a teoria, a filosofia e a consciência vão ser compreendidos como algo determinado pelo real histórico e, ao mesmo tempo, como um momento constitutivo da totalidade social. A ideia central das Teses é o papel decisivo do conhecimento como realidade prática na vida da sociedade. Essa ideia está presente de forma inequívoca na Tese XI: "Os filósofos se limitaram a interpretar o mundo de diferentes maneiras; o que importa é transformá-lo". Se até então, o pensamento era tido como algo separado da realidade objetiva (por isso meramente especulativo, metafísico), agora ele é concebido como uma força material que age na transformação do mundo, orientando a práxis dos homens. Movidos por ideias, os homens fazem a sua própria história, mas essas ideias não nascem espontaneamente de sua cabeça: são condicionadas por circunstâncias objetivas. O que significa dizer que a consciência dos homens é condicionada pelo mundo que eles próprios criaram. Ao transformar a realidade objetiva, os sujeitos se autotransformam: eis, em síntese, o germe genial da nova concepção de mundo.

Na perspectiva da filosofia da práxis, trata-se, portanto, de colocar em relevo a conexão entre a realidade objetiva e as formas de subjetividade, entre o modo de produção material da existência e a esfera social e política, ou ainda, na forma consagrada e nem sempre compreendida pela tradição marxista, entre a estrutura econômica e a superestrutura ideológica. De fato, sempre houve no marxismo, desde os tempos de Marx, uma clara tendência a se desconsiderar a relação dialética entre essas esferas, o que, como se sabe, levou o próprio Marx a dizer, referindo-se aos 'marxistas' franceses do fim dos anos 1870: "*Tout ce que je sais, c'est que je ne suis pas Marxiste*".[1]

Assimilado por diferentes correntes do marxismo, o pensamento de Marx e Engels sofreu, como observou Gramsci, "uma dupla revisão, isto é, deu lugar a uma dupla combinação, materialista [abstrata] e idealista" (1975, v.1. p. 421-422). De um lado, foi vulgarizado por teóricos de inspiração positivista, segundo os quais o fator econômico determina mecânica

[1] A famosa frase de Marx "Tudo o que eu sei é que eu não sou marxista" se encontra em uma carta a Conrad Smith de 5 de agosto de 1890.

e unilateralmente as formas de subjetividade; de outro, por revisionistas neo-hegelianos, que, ao contrário, superestimam o papel da consciência nos processos históricos, desconsiderando que as ideias — a consciência ético-política que age sobre o mundo — possuem uma base real, não podendo ser compreendidas por si mesmas, nem pela dita evolução geral do espírito humano. Elas devem ser explicadas, pelo contrário, a partir das condições materiais de existência. Sobre esses 'marxistas', disse Engels (1975, p. 194): "O que falta a todos esses senhores é a dialética".

Gramsci é tido como um dos grandes renovadores do marxismo, justamente porque ele foi capaz de restaurar aquela unidade dialética desconsiderada pela corrente positivista, objetivista (da qual Kautsky foi, certamente, a principal expressão) e declarada impossível pelo irracionalismo subjetivista. O autor dos *Cadernos* recuperou a noção de práxis, apoiando-se em autores que se reivindicam herdeiros da tradição metodológica marxiana: notadamente em Lenin, mas também em seu conterrâneo, Antonio Labriola (1843-1904), responsável pela introdução do pensamento de Marx e Engels no movimento socialista italiano.

Labriola, apesar de num primeiro momento ter se aproximado dos principais arautos da "crise do marxismo" — Bernstein, Sorel, Croce —, manteve-se fora do revisionismo, rejeitando toda tentativa de desqualificar cientificamente o materialismo histórico. Sabe-se que Sorel reclamou a Labriola um complemento metafísico do marxismo. Labriola lhe respondeu, propondo o que chamou, sugestivamente, de 'filosofia da práxis', expressão que Gramsci mais tarde adotaria. Com essa expressão, Labriola explicitava o nexo fundamental entre o pensamento revolucionário e o ritmo objetivo do movimento histórico.

Na esteira de Labriola, Gramsci foi defensor de uma versão não fatalista, não objetivista do materialismo. Em contraposição ao determinismo economicista predominante no socialismo italiano, Gramsci foi capaz de compreender a relação de determinação recíproca entre a vida material dos homens e a maneira como eles pensam, sentem e representam a sua realidade. Sem negar, portanto, a determinação "em última instância" (Engels) da superestrutura ideológica pela base econômica, criticou o marxismo reducionista da II Internacional, notadamente o

Ensaio popular de sociologia marxista, de Bukharin, que compreendia essa determinação como algo unilateral e mecânico. Como pensador dialético, Gramsci distinguia as 'mediações' entre a chamada base econômica e a superestrutura ideológica; entendia que a unidade entre economia e política é mediada pela sociedade civil, a esfera da cultura, na qual são organizadas as formas de consciência adequadas ao desenvolvimento de um determinado modo de produção e, portanto, aos interesses de uma classe social. É nessa esfera intermediária, portanto, que se desenvolvem relações de direção político-ideológica, de hegemonia; é nela que os grupos dominantes forjam a ideologia historicamente necessária a uma determinada estrutura.

Gramsci compreendeu que a superestrutura ideológica não é monolítica: ela é constituída por diferentes esferas, uma esfera política e jurídica (das objetivações do Estado) e outra que ele chamou de 'sociedade civil', na qual os sujeitos criam e difundem suas ideologias, isto é, lutam pela hegemonia político-cultural. A sociedade civil, que se materializa nos aparelhos privados de hegemonia, é, de alguma forma, condicionada pela estrutura, na medida em que ela tem como função a reprodução (ou a transformação) do modo de produção dominante. Um sindicato, por exemplo, é um aparelho de hegemonia, cuja função é a de organizar a visão de mundo de uma classe social. Nesse sentido, ele é determinado pelas relações materiais de produção. O mesmo se pode dizer dos demais instrumentos que constituem a sociedade civil: são condicionados pela estrutura econômica da sociedade.

Portanto, as ideias políticas e jurídicas de uma classe não são expressão imediata da economia, como quer o marxismo vulgar: a ideologia se desenvolve nessa 'esfera material da cultura', diretamente ligada à estrutura econômica. Isso significa que "a economia determina a política não mediante a imposição mecânica de resultados unívocos, fatais, mas condicionando o âmbito das *alternativas* que se colocam à ação do sujeito" (Coutinho, 1992, p. 57). Ao contrário do que sugere uma leitura pós-moderna e culturalista de Gramsci, o pensador comunista considera que a realidade objetiva dos homens determina suas formas de subjetividade (é inegável, para ele, a prioridade ontológica do ser em relação à consciência), mas compreende também que o sujeito possui um certo grau de autonomia em relação às determinações econômicas, que limitam (mas sem anular) o momento da liberdade. Afinal, diria Marx, os homens fazem sua própria história.

Como mediação entre as relações de produção e as ideias necessárias à sua reprodução, a cultura aparece, assim, como uma instância da luta política, de conformação do consenso e da hegemonia; e a sociedade civil, como um lugar de embate cultural — um espaço de construção de identidades e subjetividades. É na sociedade civil, compreendida como o conjunto das organizações responsáveis pela elaboração e/ou difusão das ideologias — mídia, escola, Igreja, partidos, sindicatos, instituições culturais etc. —, que se legitima (ou se contesta) a dominação. É lá que as classes dominantes criam, junto à massa da população, o nível cultural e moral que corresponde às necessidades de desenvolvimento das forças produtivas. E é lá também que as camadas subalternas elaboram "o seu modo de conceber o mundo e a vida em contraste com a sociedade oficial" (Gramsci, 2002, v.6, p.181). Trata-se, portanto, de pensar não apenas a maneira como os grupos dirigentes exercem a sua hegemonia política, mas também, dialeticamente, os processos culturais de contestação, pressão e resistência.

A cultura é, para Gramsci — assim como o signo para Mikhail Bakhtin (1997) — a "arena onde se desenvolve a luta de classes". Nessa arena semiótica, os diferentes sujeitos reelaboram os signos do passado, as antigas formas culturais sedimentadas a partir de uma perspectiva histórica articulada a seus interesses. De sua capacidade de determinar o sentido da realidade depende a sua liderança político-cultural, isto é, a sua hegemonia. Ouvem-se aqui os ecos da formulação de Marx, tantas vezes retomada por Gramsci (2001, v. 1, p. 237): as ideologias "formam o terreno no qual os homens se movimentam, adquirem consciência de sua posição, lutam".

A luta pela hegemonia aparece, assim, como um embate entre diferentes formas de consciência. Nesse confronto, a classe economicamente dominante, que é também a classe ideologicamente dirigente, impõe sua visão de mundo como uma religião laica às camadas subalternas. Entre essas classes há uma diferença fundamental no que diz respeito à elaboração e à sistematização do conhecimento. Segundo Gramsci, a consciência das massas é fragmentária, desagregada, contraditória, ideologicamente servil, atravessada por superstições e crendices, ainda que possa possuir um 'núcleo sadio' — o 'bom senso' —, a sabedoria popular — que fornece à ação uma direção consciente, contrapondo-se implicitamente à concepção de mundo oficial ou hegemônica. Nas palavras de Marilena Chaui (1986), a cultura popular aparece, assim, como um misto de "conformismo e resistência", enquanto a cultura hegemônica tende à unidade e à organicidade: é uma 'filosofia' nos termos de Gramsci. Não um sistema filosófico, mas uma concepção de mundo elaborada e coerente, isto é, uma ideologia orgânica.

Assim, em oposição à ideologia hegemônica, cabe às massas desenvolverem a sua própria filosofia. Sua tarefa é justamente a de combater o mosaico de tradições conservadoras presentes em sua visão de mundo e organizar uma outra cultura, tendo como base os estratos criadores, críticos e progressistas que se encontram no 'senso comum'. A organização da cultura é, nesse sentido, um trabalho que se desenvolve 'sobre' as formas de consciência presentes na vida cultural das massas. Trabalho de seleção e interpretação das formas culturais orgânicas e de desmistificação e rejeição do conteúdo fossilizado e reacionário da consciência popular. Não se trata, portanto, de uma simples negação ou eliminação do folclore enquanto forma de conhecimento, mas de uma superação dialética (*aufhebung*), que elimina, conserva e eleva a nível superior a consciência ético-política das classes subalternas. Trata-se, na perspectiva da filosofia da práxis, de criar uma nova cultura, compreendida como:

> Uma coerente, unitária e nacionalmente difundida "concepção da vida e do homem", uma "religião laica", uma filosofia que tenha se transformado precisamente em "cultura", isto é, que tenha gerado uma ética, um modo de viver, um comportamento cívico e individual (Gramsci, 2002, p. 63-64).

A luta pela hegemonia aparece, assim, como um confronto entre ideias que orientam a ação dos homens, ideias que se tornam força material, teorias postas em prática, projetos de transformação consciente do mundo.

Trata-se, portanto, de um embate entre filosofias que conformam os interesses dos grupos sociais e concorrem para a direção moral e intelectual dos indivíduos. Hegemonia é, em suma, filosofia em ato, práxis filosófica.

* * *

A presente coletânea reúne ensaios que desenvolvem uma reflexão sobre a cultura a partir da perspectiva da filosofia da práxis, o que significa compreendê-la como um terreno da luta política. Os textos aqui reunidos foram organizados segundo três eixos temáticos principais: 1) cultura 'nacional-popular'; 2) comunicação e hegemonia; 3) intelectuais e engajamento político.

Após o artigo introdutório de Ivete Simionato e Mirele Hashimoto Siqueira, "A filosofia da práxis como 'filologia vivente'", que busca nas notas carcerárias de Gramsci uma exposição sistemática acerca do materialismo histórico nos termos da filosofia da práxis, revelando o nexo orgânico existente nessa concepção de mundo entre filosofia, política e cultura, Celso Frederico, em seu ensaio "Cultura: notas sobre Gramsci", inicia uma discussão sobre "o lugar solitário ocupado por Gramsci nas reflexões marxistas sobre a cultura". Em vez de lutar por uma nova arte, como Lukács, Adorno e Brecht, o pensador sardo, diz Celso, propõe a formulação de uma 'nova cultura' capaz de reconciliar os artistas com o povo. A literatura e as questões estéticas são vistas a partir dessa preocupação educacional, desse desejo de elevar a consciência das massas, pois o que interessa verdadeiramente a Gramsci é o 'valor cultural' e não apenas o 'valor estético' da obra literária.

Esse projeto de 'renovação da cultura' apoia-se na defesa de uma visão de mundo 'nacional-popular', tendo em vista um projeto de reforma intelectual e moral indispensável ao desenvolvimento de novas relações sociais. A proposta do 'nacional-popular', núcleo da 'política cultural' defendida por Gramsci, significa a possibilidade das camadas populares reinterpretarem o passado nacional sob uma perspectiva conveniente a seus interesses de classe. Contrapondo-se, por um lado, ao cosmopolitismo abstrato e, por outro, ao nacionalismo chovinista — 'pelo alto' — das classes dirigentes, o termo nacional-popular se refere, nos textos gramscianos, ora a uma expressão da cultura, ora a uma vontade coletiva, ora a uma estratégia político-cultural contra-hegemônica.

O artigo "Nacional-popular versus cosmopolitismo", de Gianni Fresu, fornece o enquadramento histórico conceitual para esse debate. O autor mostra como essa categoria, inseparável das noções de Estado, hegemonia, sociedade civil, revolução passiva e transformismo, nasce no bojo da reflexão gramsciana sobre as contradições intrínsecas à formação econômica e social da Itália que originaram o fascismo. Em suas anotações do cárcere, Gramsci observou que o processo de modernização passiva, que obstaculizou a ampliação das bases sociais do Estado italiano, aprofundou a fratura entre intelectuais e massas, determinando a ausência de uma identidade de concepção do mundo entre os intelectuais e o povo, e limitando o desenvolvimento de uma cultura nacional-popular.

Carlos Nelson Coutinho (1943-2012), responsável pela introdução de Gramsci no Brasil nos anos 1960, foi, certamente, um dos primeiros pensadores brasileiros a se valerem da categoria de 'nacional-popular' para pensar a questão cultural no Brasil. Em seu artigo "No samba o veneno popular contra o regime", ele parte do reconhecimento de que a vida intelectual brasileira foi condicionada por um processo de 'revolução passiva', análogo ao italiano, que sacrificou o elemento nacional-popular. Aqui também, as transformações sociais pelo alto, por meio de acordos entre as velhas e novas classes dominantes, tiveram como consequência a debilidade da sociedade civil, *medium* próprio da cultura, restringindo o âmbito das alternativas que se colocavam à ação do intelectual. Tais processos criaram uma carência na vida espiritual de nosso povo, notadamente no início do século XX, quando, desligados das questões sociais, os artistas e intelectuais, com raras exceções, não propuseram uma imagem alternativa de Brasil, colocando-se contra a corrente dominante. Contudo, a cultura brasileira apresenta esforços para superar essa carência de uma produção intelectual, literária e artística identificada ao universo popular. Segundo Coutinho, a música popular brasileira assumiu a função sociocultural de criação e expressão de uma consciência nacional-popular, aparecendo, objetivamente, como oposição democrática, no plano da cultura, às várias configurações concretas assumidas pela cultura hegemônica. Publicado no exílio italiano em 1976, sob o pseudônimo de Jorge Gonçalves, esse texto permaneceu inédito em língua portuguesa e desconhecido do público brasileiro durante muitos anos, sendo somente agora divulgado em nosso país.

Na linha desenvolvida por Coutinho em seu artigo e, de um modo geral, em seus textos sobre cultura e sociedade no Brasil, o meu ensaio "Música popular e vida nacional: a imagem do povo em Noel Rosa" pretende mostrar que o canto popular, notadamente o samba de Noel, aparece como uma forma alternativa de representação da nação que nada tem a ver com o verde-amarelismo recorrente em nossa história política e cultural; uma forma que, como diria Gramsci, se distingue pelo seu modo de compreender o mundo e a vida em contraste com a sociedade oficial. No Brasil que surge com a Revolução de 1930, o samba moderno de Noel Rosa é, como se pretende mostrar, um samba contra-hegemônico, nacional-popular.

Também tributário do artigo seminal de Coutinho é o ensaio de Marcelo Braz, "A 'questão social' e a questão cultural no Brasil". Segundo o autor, o nacional-popular, que tem no samba uma de suas expressões culturais mais importantes, é impensável sem a consideração das lutas sociais que estão no âmago da 'questão social' no Brasil. Nessa perspectiva, destaca-se a importância dos sambistas como 'intelectuais orgânicos' do povo brasileiro, organizadores da cultura junto às camadas populares.

Cunca Bocayuva em "Gramsci e o declínio do consenso no século XXI" nos fala sobre a crise do nacional-popular no mundo contemporâneo. Segundo o autor, a vontade coletiva organizada que travava as 'guerras de posição' que marcaram os deslocamentos progressistas entre 1945 e 1973 foi impactada pelas mutações da sociedade civil, sem perder inteiramente, entretanto, a sua importância como estratégia político-cultural. Em um mundo marcado pelo retorno do fascismo e pela desestabilização dos consensos sociais, a leitura de Gramsci nos convida, diz ele, a reimaginar as formas de resistência e a construção de uma nova política capaz de enfrentar os desafios de nossa época.

O professor Ronaldo do Livramento Coutinho (1937-2017), embora não fosse um gramsciano, foi marxista e leninista ao longo de toda a sua trajetória política e tinha em comum com o pensador sardo o fato de levar a sério a cultura popular e compreendê-la como forma de subjetividade proletária. No artigo inédito "Algumas observações sobre a cultura do povo", Coutinho discute, entre outras questões, a relação entre cultura do povo e a indústria cultural, defendendo o ponto de vista de que não há uma aceitação passiva pelas classes populares dos elementos que a 'cultura de massa' e a ideologia dominante de forma mais abrangente apresentam, porém uma manipulação própria, e bastante criativa, de elementos culturais que passam a definir a condição proletária. Não se trata, segundo ele, de consumir passivamente uma cultura que é estranha a seus interesses e condições objetivas de vida, mas de reinterpretar e mesmo criar (na medida em que a própria reinterpretação implica na atribuição de novo sentido simbólico) formas peculiares de expressão cultural que envolvam um sentido de rejeição e resistência.

Os artigos do segundo bloco temático, tendo como eixo a relação entre comunicação e hegemonia, analisam a importância dos meios e das mediações culturais nos processos políticos contemporâneos. Leila Salim Leal, em seu belo artigo "Ser barulho no silêncio: comunicação e hegemonia na Palestina ocupada", nos fala sobre o papel da mídia ocidental no brutal processo de opressão e genocídio do povo palestino. Segundo a autora, o jornalismo fortificado pela máquina de guerra israelense se presta a construir ativamente as condições para que o genocídio aconteça, criando o 'clima cultural' (Gramsci) que pavimenta o caminho para o avanço dos tanques de Benjamin Netanyahu. A esses processos hegemônicos contrapõem-se, no entanto, esforços permanentes da comunicação alternativa, da luta pela cultura na busca pela produção de sentido associada a um projeto de emancipação.

Em "Disputa de ideias no neoliberalismo", Claudia Santiago retoma a crítica ao poder avassalador das corporações midiáticas que se colocam a serviço do grande capital, mostrando como, no período neoliberal, elas são responsáveis pelo consenso necessário ao domínio absoluto do mercado, varrendo os direitos conquistados pela classe trabalhadora nos séculos XIX e XX e apagando os resquícios do Estado de bem-estar social. Histórica militante da comunicação popular, a autora reafirma que, no mundo atual, o poder praticamente ilimitado das *big techs* sobre a opinião pública, provocando ondas e tsunamis de desinformação, deve ser confrontado por veículos de comunicação vinculados ao movimento social.

Bom exemplo de comunicação alternativa e contra-hegemônica é aquela realizada pelo Movimento dos Trabalhadores Rurais Sem Terra. É o que nos mostra Leonardo Campos Martins em "Da práxis ao prato: mística e hegemonia no MST". Em sintonia com as ideias de Mariátegui, que compreendeu a importância do mito como forma de ressaltar a dimensão passional do combate revolucionário, o artigo discorre sobre a mística revolucionária do MST, uma estratégia cultural e comunicacional que impulsiona e alimenta a luta cotidiana dos camponeses, impelindo à ação e garantindo-lhes a extrema tensão da vontade necessária à realização do projeto de transformação da estrutura agrária brasileira. Sendo da ordem da paixão, como diria Gramsci, a mística pode estar materializada numa peça teatral, no canto dos trabalhadores, numa refeição coletiva ou numa inquietante poesia.

O terceiro bloco de artigos, que tem como eixo a relação entre os intelectuais e a política, tema caro a Gramsci, inicia com o ensaio de Luciana Goiana, "Juan Gelman: poesia e política na América Latina". Partindo do reconhecimento de que "não existe verdadeira poesia que não seja política" (F. Fernandes), a autora compreende que para o poeta e guerrilheiro argentino Gelman, como para Gramsci, a arte tem autonomia em relação à política, pois embora ela possa e deva ser utilizada politicamente, ela não se resume a mera propaganda ideológica, há "uma dimensão inalienável" da poesia que não se submete às exigências imediatas da política: essa esfera propriamente estética diz respeito à forma poética. Ícone da resistência à ditadura civil-militar argentina, Juan Gelman levou tanto para a poesia quanto para o jornalismo sua militância pelo direito à verdade, memória e justiça social em seu país. Seus poemas dizem dos anseios e dores de uma Argentina oprimida e espoliada pelo neocolonialismo, sem deixar de ser solidário com a luta de outros povos: Argélia, Panamá, Senegal, Vietnã, Cuba e Palestina.

Anita Helena Schlesener, em "Intelectuais e educação", reafirma a importância dos intelectuais orgânicos e da mobilização coletiva na luta contra a barbárie capitalista. "Retomando as sendas do pensamento de Gramsci", a autora entende que a criação de uma nova cultura é um processo educativo. "Somente de um trabalho comum e solidário de esclarecimento, de persuasão e de educação recíproca nascerá a ação concreta de construção" (Gramsci). Esse processo não se limita à educação formal, escolar: ele se efetiva nas relações sociais e políticas; nos meios alternativos, nas tradições populares, nas iniciativas de resistência dos sindicatos, dos partidos, das associações de cultura, instâncias nas quais se criam as condições para o desenvolvimento de uma vontade coletiva nacional-popular em direção a uma forma superior de civilização moderna.

Na luta pela cultura, os processos educativos revolucionários têm como contrapartida a permanente assimilação e o esvaziamento do pensamento crítico por parte dos grupos hegemônicos. É o que nos sugere Pablo Nabarrete em seu instigante ensaio "Engajamento na berlinda", mostrando que a hegemonia burguesa promove um certo tipo de engajamento na medida em que incorpora o povo ao seu projeto de dominação, coopta os intelectuais de esquerda, ressignifica as próprias ideias e práticas de resistência, inclusive o próprio conceito de engajamento, originalmente associado ao pensamento transformador. Segundo o autor, esse conceito de origem eminentemente política ganhou hegemonicamente nas últimas décadas o sentido de alinhamento ideológico entre as empresas, suas marcas e seus públicos, tanto no nível da comunicação corporativa como na comunicação mediada por plataformas de mídias sociais. Como faz com todas as ideias que possam ameaçar o sistema simbólico dominante, o capital se apropriou do engajamento como vinculação ideológica em proveito da acumulação e da sua reprodução material e simbólica. Contra essa perspectiva hegemônica, trata-se de recuperar o sentido revolucionário do engajamento, como condição de uma práxis transformadora.

O fato de que, dos tempos de Gramsci até hoje, as elites tenham aumentado vertiginosamente sua capacidade de organizar a vontade política das massas por meio de poderosos instrumentos de hegemonia não tira a atualidade da teoria e da estratégia gramsciana. Pelo contrário: essa teoria permanece como explicação da extrema dificuldade de se criarem as condições subjetivas para a realização de uma revolução socialista nos países de tipo 'ocidental'. Hoje, a tarefa dos intelectuais populares na luta pela hegemonia política continua sendo a de criar e difundir uma visão de mundo crítica capaz de se apoderar das massas, tornando-se força material. No espírito gramsciano, espera-se que, nesse momento crucial em que vive a humanidade, esses ensaios teóricos contribuam praticamente para a transformação consciente do mundo.

Rio de Janeiro, dezembro de 2024

REFERÊNCIAS

BAKHTIN, Mikhail (VOLOCHINOV). *Marxismo e filosofia da linguagem*. São Paulo: Editora Hucitec, 1997.

CHAUI, Marilena. *Conformismo e resistência: aspectos da cultura popular no Brasil*. São Paulo: Brasiliense, 1986.

COUTINHO, Carlos Nelson. *Gramsci: um estudo sobre seu pensamento político*. Rio de Janeiro: Campus, 1992.

GRAMSCI, Antonio. *Quaderni del carcere*. Torino: Einaudi, 1975.

GRAMSCI, Antonio. *Cadernos do cárcere*. v.1. Rio de Janeiro: Civilização Brasileira, 2001.

GRAMSCI, Antonio. *Cadernos do cárcere*. v.6. Rio de Janeiro: Civilização Brasileira, 2002.

MARX, Karl; ENGELS, Friedrich. *Ludwig Feuerbach e o fim da filosofia clássica alemã e outros textos filosóficos*. Lisboa: Editorial Estampa, 1975.

A filosofia da práxis como 'filologia vivente'

IVETE SIMIONATTO

MIRELE HASHIMOTO SIQUEIRA

Notas introdutórias

Foi Antonio Labriola, discípulo de Bertrando Spaventa, quem primeiro utilizou a expressão "filosofia da práxis". Em sua obra *Discorrendo di socialismo e di filosofia*, de 1897, o filósofo italiano a conceitua como "a medula do materialismo histórico" (Mustè, 2018). Pouco mais tarde, em 1899, Giovanni Gentile aproveita a expressão para promover uma perspectiva idealista do materialismo histórico, em sua *La filosofia di Marx*. É a partir de tais inspirações, e tomando de empréstimo o termo cunhado por Labriola, que Gramsci, fundamentando-se especialmente nas *Teses sobre Feuerbach* e no prefácio de *Para a crítica da economia política*, de 1859, elabora sua definição de marxismo, traduzido como filosofia da práxis: "uma concepção nova, independente e original, mesmo sendo um momento do desenvolvimento histórico mundial, é a afirmação da independência e originalidade de uma nova cultura em preparação, que se desenvolverá com o desenvolvimento das relações sociais" (Gramsci, 2024, p. 1971).

A filosofia da práxis, para Gramsci, pressupõe o legado cultural de várias épocas históricas — desde o Renascimento, a Reforma Protestante, a Revolução Francesa, a filosofia alemã, o calvinismo, a economia clássica inglesa, a Revolução de 1917, o liberalismo laico e o historicismo. Ela é "o coroamento de todo esse movimento de reforma intelectual e moral [pois] [...] é uma filosofia que é também uma política e uma política que é também uma filosofia" (Gramsci, 2024, p. 1968-1969). O desafio é o de criar "uma nova cultura integral, que tenha as características de massa da Reforma Protestante e do Iluminismo francês e [...] a classicidade da cultura grega e do Renascimento italiano" (Gramsci, 2024, p. 1347), uma cultura em que política e filosofia mantenham sua intrínseca unidade dialética.

Como filosofia integral, a filosofia da práxis demarca e anuncia o início de uma nova fase na história e na evolução mundial do pensamento, na medida em que busca superar tanto o idealismo quanto o materialismo tradicionais, embora absorvendo seus elementos essenciais. O marxismo, para Gramsci, significa, assim, um salto qualitativo em relação a outras concepções filosóficas e, justamente por superá-las, reveste-se de originalidade, apresentando-se como uma nova maneira de pensar a realidade para transformá-la. Nesses termos:

> A filosofia da práxis não se confunde e não se reduz a nenhuma outra filosofia: ela não é somente original enquanto supera as filosofias precedentes, mas especialmente na medida em que abre um caminho novo, isto é, renova de alto a baixo o modo de conceber a própria filosofia (Gramsci, 2024, p. 1548).

Não se configura tão somente num método a ser aplicado, mas numa concepção de realidade, uma 'metodologia histórica' ou, como afirma nas pegadas de Labriola, "uma concepção de mundo". O conhecer e o agir prático, ou seja, o momento metódico e o momento da concepção de mundo se encontram intrinsecamente relacionados. É desse modo que Gramsci (Gramsci, 2024, p. 959) entende a dialética — Marx "inicia intelectualmente uma época histórica, que durará provavelmente séculos, até o desaparecimento da sociedade política e o advento da sociedade regulada. Só então é que sua concepção de mundo será superada". A filosofia da práxis revela-se, assim, de modo historicista, "como uma fase transitória do pensamento filosófico" que encontrará seu esgotamento quando o desenvolvimento histórico assinalar a "passagem do reino da necessidade ao reino da liberdade", ou seja, a emancipação do gênero humano (Gramsci, 2024, p. 1598): só então a filosofia da práxis se fará 'filologia vivente'.

Os '*Cadernos do cárcere*' e a arquitetura da filosofia da práxis

Ao buscarmos nas notas carcerárias a exposição sistemática de Gramsci acerca do marxismo nos termos da filosofia da práxis, constatamos seu esforço em afastar qualquer influência fatalista e determinista do marxismo. Desde suas reflexões no período de juventude, com destaque para os anos de 1917-1918, Gramsci, afinal, já se confrontava com as deficiências do marxismo presentes no socialismo italiano, oriundas, sobretudo, das influências da Segunda Internacional, e veementemente as combatia: os polêmicos artigos "O nosso Marx" e "A revolução contra O'capital" expressam de maneira emblemática tal posição.

Da perspectiva da atuação política, sua estadia na Rússia, entre os anos de 1922 e 1923, lhe possibilita a interlocução com o pensamento de Lênin, ampliando seu horizonte teórico na compreensão do marxismo e na rejeição à cultura vulgar e economicista reinante na Itália naquele período. Afinal, essa experiência moscovita enseja um salto qualitativo no amadurecimento político e teórico de Gramsci, pois, além de conhecer pessoalmente Lênin e os bolcheviques, obteve o conhecimento direto das obras de Marx[1]. Não por acaso, as indicações sobre as "Questões de método" presentes no § 2 do Caderno 16, elaborado entre 1933-1934, são sugestivas para a leitura da obra marxiana, expressando o extraordinário interesse de Gramsci pelo trabalho filológico na busca pela exposição sistemática da concepção de mundo de determinado autor-pensador.

Nos Cadernos, Gramsci aprofundará o pensamento de Marx, traduzido na reinterpretação da filosofia da práxis. A discussão sobre a filosofia ocupa lugar privilegiado na reflexão do cárcere, já que as anotações dedicadas à temática, se consideradas somente aquelas realizadas nos Cadernos monográficos 10 e 11, contêm mais de trezentas páginas.

[1] Nesse período, a edição crítica integral dos escritos de Marx e Engels começava a ser editada pela *Mega*, sob a direção de Riazanov, marcada por um grande rigor filológico trazendo à luz textos até então inéditos. *Cf.* Cospito, 2022.

Inicialmente, nas notas carcerárias, Gramsci utiliza-se da locução 'filosofia da práxis' para imprimir um duplo significado: 1) como denominação de filosofia, em seu sentido amplo; 2) como uma nova interpretação do marxismo. Se, num primeiro momento, expressões como 'materialismo histórico' e 'marxismo' apareciam no léxico gramsciano do cárcere, gradativamente são substituídas por 'filosofia da práxis'. Ao contrário das primeiras interpretações, que vinculavam essa mudança à censura fascista, na leitura atenta dos Cadernos fica evidente que Gramsci passa a empregar o novo termo em sentido totalmente inovador, pois associa a filosofia da práxis àquela filosofia que contém "todos os elementos fundamentais para construir uma total e integral concepção de mundo [...] para fazer viva uma integral organização prática de sociedade" (Gramsci, 2024, p. 1546).

Destarte, é no Caderno 5 que encontramos a primeira definição de filosofia da práxis, em uma nota intitulada "Maquiavel". Para Gramsci, Maquiavel "expressou uma concepção de mundo original, que também poderia ser chamada de 'filosofia da práxis'" (Gramsci, 2024, p. 734-735). Além desse Caderno, nos miscelâneos de números 4, 7 e 8 e nos chamados "Apontamentos de filosofia" também é possível identificar os primeiros esboços rascunhados por Gramsci sobre a filosofia da práxis, nos quais sua escrita a articula na relação indissociável com a história e a política.

Será, contudo, nos Cadernos temáticos 10 e 11 que Gramsci, na reivindicação da filosofia da práxis, se dedica a afirmá-la e a desenvolvê-la com maior profundidade, posicionando-se no enfrentamento às interpretações idealistas e economicistas do pensamento de Marx, que tendiam a deturpá-lo. Na época de Gramsci, esse confronto significava o combate às teses defendidas especialmente por Benedetto Croce e Nikolai Bukharin. Afinal, se Croce serviu a Gramsci como uma referência para sua formação intelectual inicial, nos Cadernos um intenso acerto de contas é realizado com o filósofo napolitano. Não por acaso, é Gramsci quem intitula o Caderno 10 de "Introdução ao estudo da filosofia: a filosofia de B. Croce", reconhecendo o valor instrumental intrínseco a este autor, mas também indicando e apontando os seus limites teóricos.

Remetendo ainda ao estudo da filosofia, no Caderno 11 Gramsci combate o marxismo de inspiração positivista, cuja maior expressão, naquele momento, era a obra *Teoria do materialismo histórico: manual popular de sociologia marxista* (ou *ensaio popular*, como costuma fazer referência nos Cadernos), de Nikolai Bukharin, de 1921. Para Gramsci, a interpretação do marxismo pelo teórico soviético revestia-se de um "excesso de economicismo", superestimando-se "as causas mecânicas" (Gramsci, 2024, p. 1690), e de determinismo na compreensão histórica, segundo leis causais próprias das ciências naturais. O marxismo foi, assim, sendo vulgarizado, tornando-se um 'marxismo' em 'combinação' com o materialismo vulgar (Frosini, 2003). A empreitada que Gramsci assumira em seu plano de trabalho tinha como escopo, portanto, confrontar a 'dupla revisão' e a 'dupla combinação' a que o marxismo fora submetido, seja nas correntes idealistas com Croce, Sorel e Bergson, quanto nos exageros do materialismo vulgar de Bukharin.

Dessa maneira, pode-se dizer que, na arquitetura da filosofia da práxis inscrita no conjunto dos Cadernos, Gramsci mobiliza o combate tanto ao idealismo croceano quanto ao materialismo determinista de Bukharin: ambos não expressam e não traduzem a filosofia da práxis, que tem como seus verdadeiros fundadores Marx, Engels e Lênin. Como então Gramsci realiza esse duplo combate e se põe na defesa da filosofia da práxis? De que modo apresenta a reinterpretação do marxismo e afasta-se das tendências idealistas e economicistas, tão comuns em seu tempo?

A favor de Marx: contra o idealismo, contra o economicismo

Benedetto Croce e Giovanni Gentile foram figuras importantes na formação filosófico-cultural inicial de Gramsci, determinantes para sua adesão ao materialismo histórico e para a compreensão daquilo que denomina de filosofia da práxis. Para o marxista sardo, o destaque dado por Croce aos fatos da cultura representou uma importante reação ao economicismo vigente no debate italiano. Apesar de reconhecer as elaborações croceanas, no entanto, Gramsci não é omisso quanto aos limites a elas inerentes. Para ele, a reação de Croce ao determinismo econômico acaba por confundir a própria essência do materialismo histórico com as vulgarizações positivistas, ou seja, dizendo combatê-las, na verdade as personificava e as reforçava (Fresu, 2020). Seu equívoco, segundo Gramsci, consistia em afirmar que o materialismo histórico não reconhece o momento da hegemonia, bem como em subestimar a direção cultural. Para Croce, há uma determinação da superestrutura pela estrutura própria do materialismo histórico, de maneira que a primeira se constituía em mera 'aparência': o napolitano reincide no erro de acreditar que "a filosofia da práxis 'destaca' a estrutura das superestruturas" (Gramsci, 2024, p. 1412), sendo a estrutura o 'deus oculto' que a tudo determina — daí a recaída croceana em um marxismo determinista, adensado por um 'excesso de ideologismo'.

Para Gramsci, ao contrário, a filosofia da práxis não julga os fatos da superestrutura como simples aparência. Posta-se "precisamente na reivindicação do momento da hegemonia como essencial à sua concepção estatal e à 'valorização' do fato cultural como necessária, ao lado das frentes meramente econômicas e políticas" (Gramsci, 2024, p. 1338). Gramsci demonstra os limites da compreensão de Croce sobre o conceito de estrutura da filosofia da práxis: este deveria ser concebido historicamente, "como o conjunto das relações sociais [...] como um conjunto de condições objetivas que podem e devem ser estudadas com os métodos da 'filologia' e não da 'especulação'" (Gramsci, 2024, p. 1340).

No lugar de colocar em lados opostos e distintos estrutura e superestrutura, objetividade e subjetividade — cujos primeiros termos da equação determinariam em absoluto os segundos, conforme a posição de Croce —, Gramsci compreende o nexo orgânico existente entre a economia e a política, ou melhor, entre filosofia, política e cultura. A unidade dessas esferas ocorre mediante o desenvolvimento dialético das contradições entre o homem e a matéria, ou seja, entre a natureza e as forças produtivas, entre "vontade humana (superestrutura) e estrutura econômica" (Gramsci, 2024, p. 944). A filosofia da práxis revela-se, assim, como uma 'síntese dialética' entre a realidade objetiva do meio e a atividade subjetiva dos homens organizados livremente, entre as condições materiais e a intervenção humana, entre a estrutura econômica e a iniciativa política (Semeraro, 2006, p. 34).

A intensa batalha travada para libertar o pensamento de Marx das 'incrustações' economicistas e positivistas leva Gramsci ao aprofundamento da função ativa das superestruturas. Em sua correta interpretação, na análise da estrutura econômica da sociedade, expressões como 'grau de desenvolvimento das forças materiais de produção', 'modo de produção da vida material', 'condições econômicas da produção' e 'similares' são utilizadas por Marx enquanto "expressões que afirmam certamente ser o desenvolvimento econômico determinado por condições materiais, mas que jamais reduzem estas condições à mera 'metamorfose do instrumento técnico'" (Gramsci, 2024, p. 1552). E alerta:

> A filosofia da práxis não estuda uma máquina para conhecer e estabelecer a estrutura atômica do material, as propriedades físico-mecânicas dos seus componentes naturais [...], mas enquanto é momento das forças materiais de produção, enquanto é objeto de propriedade de determinadas forças sociais, enquanto expressa uma relação social e esta corresponde a um determinado período histórico [...]. O conjunto das forças materiais de produção é, ao mesmo tempo, uma cristalização de toda a história passada e a base da história presente e futura (Gramsci, 2024, p. 1554-1555).

Se por um lado, contudo, a relação entre estrutura e superestrutura não pode ser interpretada de modo mecânico e determinista, por outro esta não deve ser reduzida a uma concepção subjetivista. A subjetividade é aqui desvelada como um ato histórico, como uma "subjetividade histórica de um grupo social", como fato real, "como forma de um concreto conteúdo social e o modo de conduzir o conjunto da sociedade a forjar para si uma unidade moral" (Gramsci, 2024, p. 1340). Destaca-se aqui a investida de Gramsci na recuperação do papel ativo da subjetividade e sua relação dialética com o processo histórico-social.

Na refutação de quaisquer teses idealistas e economicistas, no Caderno 11, a partir das duras críticas ao *Ensaio Popular* de Bukharin, Gramsci também nega toda tentativa de aprisionar o pensamento de Marx em regularidades, em causalidades, quer dizer, transformar o materialismo em uma sociologia metafísica. Assim, identificando na obra de Bukharin um "aristotelismo positivista, uma adaptação da lógica formal aos métodos das ciências físicas e naturais" (Gramsci, 2024, p. 1515), Gramsci compreende que "o marxismo não é uma ciência das regularidades históricas, mas das 'contradições históricas' e a filosofia da práxis tem como propósito superar tais contradições através de um processo revolucionário" (Gramsci, 2024, p. 1514).

Refutando a premissa da previsibilidade dos acontecimentos históricos defendida no *Ensaio Popular*, Gramsci, a favor de Marx, contrapõe-se a este marxismo 'deturpado', retomando o "Prefácio" da *Crítica da Economia Política*, onde já estão anunciadas duas proposições:

> 1) A humanidade só se coloca sempre tarefas que pode resolver; a própria tarefa só surge quando as condições materiais da sua resolução já existem ou, pelo menos, já estão em vias de existir; 2) Uma formação social não desaparece antes que tenham desenvolvido todas as forças produtivas que ela ainda comporta (Gramsci, 2024, p. 1534).

Com essa passagem, Gramsci quer combater todo mecanicismo e, mesmo, qualquer traço de superstição milagrosa, indicando que os acontecimentos históricos não se desenvolvem a partir de uma evolução dos processos *a priori* determinados, como nas ciências naturais, mas demanda e coloca o problema da formação de grupos políticos ativos e de sua intervenção no fazer da história. No Caderno 11 § 2, o marxista chama a atenção, inclusive, para o fato de que são os homens, caminhando sob os próprios pés, que os colocam como artífices conscientes da história, "e não joguetes da fatalidade, na medida em que os princípios, isto é, os seus ideais, centelhas que brotam das lutas sociais, são precisamente estímulos à práxis" (Gramsci, 2024, p. 1480-1481).

Ademais, a ortodoxia do pensamento de Marx deveria ser resgatada em sua lógica original. Não deve, como alerta Gramsci, "ser buscada neste ou naquele seguidor da filosofia da práxis" (Gramsci, 2024, p. 1546), mas em si mesma, pois contém "em si todos os elementos fundamentais para construir uma total e integral concepção do mundo [...] para fazer viva uma integral organização prática de sociedade" (Gramsci, 2024, p. 1546). Em outros termos: para compreendê-la, não é necessário buscá-la nas interpretações de outros autores e tendências 'estranhas' à própria doutrina original (aqui, a referência de Gramsci é tanto a Croce quanto a Bukharin), mas em si mesma, visto que é robusta e fecunda das novas verdades. A busca a partir de outras tendências e de outros autores pode levar (como, de fato, levou) à corrupção da própria filosofia da práxis — daí, portanto, a reivindicação de Gramsci pelo retorno aos fundadores do marxismo, evidenciando seu esforço em recuperar o pensamento marxiano, especialmente aquele contido nas formulações do "Prefácio" da *Crítica da Economia Política* e nas *Teses sobre Feuerbach*.

Uma 'filologia vivente'

Ao contrário das interpretações correntes de que a filosofia é algo para cientistas especializados ou filósofos profissionais e sistemáticos, Gramsci acredita que "todos os homens são filósofos", dado que possuem uma determinada visão do mundo que está contida na linguagem, no senso comum, no bom senso, na religião, no folclore. Não existe uma filosofia em geral: existem diversas filosofias ou concepções de mundo e se faz sempre uma escolha entre elas. A real concepção de mundo não é somente aquela afirmada logicamente como um fato intelectual, mas também a que resulta da atividade dos homens, que está implícita em seu operar, e este, por sua vez, implica, mesmo que inconscientemente, numa opção política. É por esta razão "que não se pode separar a filosofia da política; ao contrário, pode-se demonstrar que a escolha e a crítica de uma concepção do mundo são, também elas, fatos políticos" (Gramsci, 2024, p. 1491).

De tal perspectiva, Gramsci conceitua a filosofia da práxis como visão de mundo superior, uma inovação fundamental "na ciência da política e da história", uma "metodologia histórica" para pensar a "realidade vivente" e poder transformá-la. O objetivo é buscar sua socialização junto às classes subalternas, dotando-as de capacidade teórica para compreender, explicar e criticar o ponto de vista da classe dominante e emergir como nova força hegemônica. Uma filosofia voltada à "superação da maneira de pensar precedente" e, "antes de tudo, como crítica do 'senso comum' [...] não para introduzir *ex novo* [...], mas inovar e tornar 'crítica' uma atividade já existente", elaborando com as massas "uma concepção de vida superior" (Gramsci, 2024, p. 1495). Como então construir esta visão de mundo superior? Como as classes subalternas podem estabelecer uma atividade crítica em face do senso comum?

Para Gramsci, não existe um 'único' senso comum: ele se refere a um nome coletivo para designar as visões fragmentárias e desagregadas de mundo, dentre as quais a religião é, especialmente, uma de suas expressões. "A filosofia é [precisamente] a crítica e a superação da religião e do senso comum e, nesse sentido, coincide com o 'bom senso', que se contrapõe ao senso comum" (Gramsci, 2024, p. 1490).

A preocupação de Gramsci em partir da filosofia primitiva do senso comum é a de buscar a superação histórica entre teoria e prática, entre atividade intelectual e manual, entre o pensar e o fazer. Tornar a teoria base de uma determinada ação prática, "elevando-a à máxima potência" requer, porém, igualmente "organizar o elemento prático, indispensável para que esta teoria seja colocada em ação" (Gramsci, 2024, p. 1890). A teoria possibilita, assim, "acelerar o processo histórico em ato, tornando a prática mais homogênea, coerente, eficiente em todos os seus elementos, isto é, elevando-a à máxima potência". A relação teoria-prática "é um ato crítico, pelo qual se demonstra que a prática é racional e necessária ou que a teoria é realista e racional" (Gramsci, 2024, p. 1890). Em síntese, a teoria "deve fazer-se realidade efetiva" (Gramsci, 2024, p. 1583), permitindo aos homens "criticar a própria concepção de mundo", tornando-a "unitária e coerente" e elevando-a "até o ponto atingido pelo pensamento mundial mais evoluído". Afinal, quando nossa "concepção do mundo não é crítica e coerente, mas ocasional e desagregada, pertencemos simultaneamente a uma multiplicidade de homens-massa" ou "homens coletivos" (Gramsci, 2024, p. 1488). E, questiona-se Gramsci:

> É preferível "pensar" sem disto ter consciência crítica, de uma maneira desagregada e ocasional, isto é, "participar" de uma concepção de mundo "imposta" mecanicamente pelo ambiente exterior, [...] ou é preferível elaborar a própria concepção de mundo de uma maneira consciente e crítica e, portanto, em ligação com este trabalho do próprio cérebro, escolher a própria esfera de atividade, participar ativamente na produção da história do mundo, ser o guia de si mesmo e não mais aceitar do exterior, passiva e servilmente, a marca da própria personalidade? (Gramsci, 2024, p. 1488).

Certamente, é preferível elaborar a própria concepção de mundo: é a partir dela que podemos identificar o pertencimento a determinado grupo social, enfim, compartilha-se de certo modo de agir e pensar, em que todos são conformistas de algum conformismo. O problema está em saber que conformismo o 'homem-massa' compartilha: se de uma concepção de mundo crítica e coerente ou, ao contrário, desagregada e ocasional. Quando ela é desagregada e ocasional, "nossa própria personalidade é compósita, de uma maneira bizarra: nela se encontram elementos dos homens das cavernas e princípios da ciência mais moderna e progressista" (Gramsci, 2024, p. 1488). Nesse sentido, tornar nossa concepção de mundo coerente e unitária demanda criticá-la: exige um "conhece-te a ti mesmo" que permita criticar toda a filosofia até hoje existente, "que deixou em ti uma infinidade de traços acolhidos sem análise crítica" (Gramsci, 2024, p. 1488).

Ao recuperar o papel ativo do sujeito na história, Gramsci (Gramsci, 2024, p. 1449) indica que "o homem não se define como indivíduo, psicológica e especulativamente", mas "como o conjunto de relações sociais [...] das suas condições de vida [...] como um bloco histórico" atravessado por elementos "subjetivos e individuais", assim como por "elementos de massa e objetivos ou materiais, com os quais o indivíduo está em relação ativa". Reconhecer, todavia, "a existência de condições objetivas, ou possibilidade, ou liberdade — ainda não é suficiente: é necessário 'conhecê-las' e saber utilizá-las. Querer utilizá-las". Trilhar esse caminho implica, para Gramsci (Gramsci, 2024, p. 1449): 1) imprimir "uma direção determinada e concreta ('racional') ao próprio impulso vital ou vontade"; 2) identificar "os meios que tornam essa vontade concreta e determinada, e não arbitrária"; 3) contribuir "para modificar o conjunto das condições concretas que realizam essa vontade, na medida de suas próprias forças e da maneira mais frutífera".

Gramsci adverte que a filosofia tem em vista superar as "paixões mais bestiais e elementares", de modo a dotar a ação de uma direção consciente, buscando desenvolver o bom-senso — núcleo sadio do senso comum. Superar os traços difusos e genéricos, próprios ao senso comum, é tarefa da filosofia da práxis, por apresentar-se como crítica a ele, ou seja, ao emaranhado de visões fragmentadas que não conduzem a ação consciente na história. Ela consiste em uma atividade polêmica e crítica, "como superação da maneira de pensar precedente e do pensamento concreto existente (ou mundo cultural existente)" (Gramsci, 2024, p. 1495). Somente através de um grande esforço de reflexão, de "disciplina intelectual" (Badaloni, 1990, p. 10), os indivíduos poderão "exprimir uma identidade de pensamento e de práxis em sentido forte" (*ibidem*), o que se efetiva quando elaboram, primeiro individual depois coletivamente, a própria concepção de mundo.

A elaboração de uma filosofia superior e crítica ao senso comum é assegurada pela política, pois é a elevação dos simples, por meio da atividade dos intelectuais, que torna possível a construção de um bloco intelectual-moral que deve ser, ao mesmo tempo, expressão do grande progresso intelectual das massas: a atividade política dos intelectuais, através de um contato cultural com os simples, é, portanto, uma exigência, na medida em que permite a construção de uma autoconsciência crítica. Para existir organização, no entanto, deve-se prescindir da existência de organizadores e dirigentes, isto é, de intelectuais, que são o elemento de ligação entre teoria e prática: estes não se confundem com um estrato de "pessoas especializadas", sendo na verdade o elo que torna possível a "elevação da massa dos simples" aos níveis superiores de cultura.

Ora, a relação entre filosofia e política é o horizonte que conduz toda a perspectiva de Gramsci: essa relação aparece quando afirma que "a compreensão crítica de si mesmo é obtida através de uma luta de hegemonias políticas", ou seja, a elaboração de uma concepção de mundo superior e a superação das visões fragmentadas ocorrem na luta pela hegemonia. Para Gramsci, é a política dos homens que contribui para a elaboração de uma visão superior da realidade e, por esta razão, o:

> Conceito de hegemonia representa, para além do progresso político-prático, um grande progresso filosófico, já que implica e supõe necessariamente uma unidade intelectual e ética adequada à concepção do real que superou o senso comum e tornou-se crítica (Gramsci, 2024, p. 1498).

Nessa perspectiva, a filosofia da práxis representa a unidade indissociável entre teoria e prática. Unidade não como um dado mecânico, mas como um devir histórico, isto é, não existe uma correspondência automática entre o lugar ocupado no processo produtivo e a concepção de mundo a que o 'homem-massa' se vincula: essa correspondência se constrói no bojo da práxis política, de modo que, quando conquistada a autoconsciência crítica ou a compreensão crítica de si mesmo, une-se teoria e prática, tão reivindicada pela filosofia da práxis.

A interpretação marxiana contida nas *Teses sobre Feuerbach*, recuperada por Gramsci, e, mais exatamente, a "Tese XI" (de que os filósofos interpretaram o mundo, trata-se agora de transformá-lo), demonstra o esforço enérgico de Gramsci em afirmar esta unidade: a prática não pretende 'suplantar' a teoria, mas é lugar privilegiado de sua materialização, isto é, representa a historicidade de uma filosofia que se coloca como transformadora do mundo, na medida em que se difunde e se torna concepção de mundo e de realidade da massa social. O caráter da filosofia da práxis "é sobretudo o de ser uma concepção de massa e de massa que opera unitariamente, isto é, que tem normas de conduta não só universais em ideia, mas também 'generalizadas' na realidade social" (Gramsci, 2024, p. 1384).

Se Gramsci inscreve a filosofia na relação direta com a política, também a dimensão histórica é reivindicada. Para ele, conceber a filosofia da práxis de uma maneira historicista significa compreendê-la como uma fase transitória do pensamento filosófico, quer dizer, como uma concepção de mundo que contribuirá para a passagem do "reino da necessidade ao reino da liberdade". Não obstante, Gramsci adverte que ela se relaciona mais ao reino da 'necessidade' do que ao reino da 'liberdade', visto que a 'liberdade' só pode existir historicamente na medida em que a própria filosofia da práxis for superada:

> Assim, se se demonstra que as contradições desaparecerão, demonstra-se implicitamente que também desaparecerá, isto é, será superada, a filosofia da práxis: [pois] no reino da "liberdade", o pensamento e as ideias não mais poderão nascer no terreno das contradições e da necessidade de luta (Gramsci, 2024, p. 1599).

A passagem da necessidade à liberdade, do determinismo econômico à liberdade política, é expressa por Gramsci através do conceito de 'catarse', para indicar quando ocorre "a passagem do momento meramente econômico (ou egoístico-passional) ao momento ético-político, isto é, a elaboração superior da estrutura em superestrutura na consciência dos homens", ou, ainda, "a passagem do 'objetivo ao subjetivo', e da 'necessidade à liberdade'" (Gramsci, 2024, p. 1336). O momento catártico seria, então, "o ponto de partida da filosofia da práxis", do "desenvolvimento dialético" entre estrutura e superestrutura, entre objetividade e subjetividade, "em meio de liberdade, em instrumento para criar uma nova forma ético-política, em origem de novas iniciativas". Aqui, "a teoria das superestruturas é a tradução da concepção subjetiva da realidade em termos de historicismo realista" (Gramsci, 2024, p. 1358) e a filosofia da práxis "é o historicismo absoluto, a mundialização e terrenalidade absoluta do pensamento, um humanismo absoluto da história" (Gramsci, 2024, p. 1549).

A compreensão das esferas política e econômica, é, portanto, remetida à totalidade sócio-histórica, ao "conjunto das relações sociais historicamente determinadas" (Gramsci, 2024, p. 1708). Chegar ao momento catártico, à superação da consciência 'egoístico-passional' e à construção da 'consciência ético-política' requer uma ação efetiva junto às classes subalternas para construir uma concepção global de mundo coerente e unitária. A partir daí, a filosofia da práxis é o elemento que proporciona aos grupos subalternos compreender as contradições postas na realidade, visando transformá-la. Representa a elevação cultural desses grupos, dado que a elaboração de uma concepção de mundo superior é premissa para as classes subalternas saírem da condição de subalternidade e construírem um novo 'bloco histórico'.

Não por acaso, "a tarefa dos intelectuais é determinar e organizar a reforma moral e intelectual, isto é, adequar a cultura à função prática" (Gramsci, 2024, p. 1520), destacando-se aqui o valor da ideologia. Conforme Gramsci, todo aparelho hegemônico cria consigo um novo terreno ideológico, de maneira a promover uma reforma das consciências. Afinal, as ideologias são fatos históricos reais e instrumento de domínio e não simples ilusões ou aparências. Em um bloco histórico, "as forças materiais são o conteúdo e as ideologias a forma" (Gramsci, 2024, p. 945), sendo a distinção entre forma e conteúdo apenas didática, já que as forças materiais e as ideologias não podem ser concebidas isoladamente. Isso significa que as ideologias dão o 'cimento' para a sociedade civil e o Estado, uma vez que a estrutura ideológica construída pela classe dominante se consubstancia em "frente teórica e ideológica", materializando-se através da imprensa e em "tudo o que influi ou pode influir sobre a opinião pública direta ou indiretamente" (Gramsci, 2024, p. 367).

Gramsci, não obstante, pretende destacar a centralidade da filosofia da práxis em relação às outras ideologias: estas são criações inorgânicas porque se voltam à conciliação de interesses opostos e antagônicos. Já as ideologias historicamente orgânicas (como o marxismo) são as dotadas de validade psicológica, capazes de organizar a massa humana e formar o terreno no qual os homens se movem e lutam. Consequentemente, é possível afirmar que a filosofia da práxis não procura resolver pacificamente as contradições, mas é a própria teoria das contradições (Gramsci, 2024): "não é o instrumento de governo de grupos dominantes para obter o consentimento e exercer a hegemonia sobre as classes subalternas; é a expressão destas classes subalternas, que querem educar a si mesmas na arte de governo" (Gramsci, 2024, p. 1432). Manifesta-se, assim, como concepção de mundo transformadora, traduzida na filosofia da práxis, aquela que pretende não somente conservar e preservar a história da intervenção das grandes massas, mas que se torna histórica precisamente porque se transforma em vida:

> É a consciência plena das contradições, na qual o próprio filósofo [...] não só compreende as contradições, mas coloca a si mesmo como elemento da contradição, eleva este elemento a princípio de conhecimento e, consequentemente, de ação (Gramsci, 2024, p. 1599).

Colocando-se radicalmente contra o positivismo e o pensamento conservador, Gramsci afirma que "a atividade crítica", inerente à filosofia da práxis, é a "única possível", notadamente porque busca colocar e resolver de forma crítica todos "os problemas que se apresentam como expressões do desenvolvimento histórico", e não "como um formulário mecânico, que dá a impressão de colocar toda a história no bolso" (Gramsci, 2024, p. 1540).

Essa é, aos olhos do marxista sardo, uma batalha entre diferentes "maneiras de ver a realidade", de disputas de visões de mundo. E nesse embate, "a filosofia da práxis pretende justificar a historicidade das filosofias, não mediante princípios gerais, mas através da história concreta" (Gramsci, 2024, p. 1411), da "historicidade dialética" (*ibidem*).

A modo conclusivo

Como podemos perceber, é nos *Cadernos do cárcere* que Gramsci estrutura um campo teórico inovador na forma de conceber o marxismo, ao retornar a Marx e contrapor-se às interpretações economicistas e mecanicistas deturpadoras de seu pensamento. As reflexões carcerárias não representam meras notas da derrota de Gramsci diante do fascismo, mas a elaboração de uma teoria revolucionária que resiste frente às adversidades de seu tempo. É quase um ensinamento prático de ciência política, nos deixado como brilhante legado: mais do que um modo de conceber a realidade, é fundamento que deve conduzir à intervenção e à transformação.

Como incansável militante de que sempre se constituiu, Gramsci reivindica a filosofia da práxis como "ciência-ação" (Gramsci, 2024, p. 959) e convoca para a luta revolucionária contra todas as formas de exploração e dominação. Afinal, ela se apresenta como ferramenta necessária para as classes e grupos subalternos educarem-se e instrumentalizarem-se na direção da disputa e da construção de uma nova hegemonia, de uma reforma intelectual e moral, que deve conduzir a um novo tipo de sociedade.

Assim, a originalidade e a inovação gramscianas, fundamentadas e retomadas no conceito em questão, evidenciam que o marxista sardo se legitima, de fato, como um dos poucos e verdadeiros marxistas de sua época: lembrando das contribuições de Marx e atendo-se a elas, Gramsci não as dogmatiza, mas corretamente as traduz para as exigências contemporâneas de seu tempo e espaço. Combatendo as tentativas de teóricos que pretendiam aprisionar o pensamento de Marx em esquemas rígidos e imutáveis, Gramsci nos ensina a libertá-lo, pois nos dá uma inquestionável lição: livre de quaisquer tipos de apriorismos, a filosofia da práxis adquire sentido e significado na medida em que impulsiona à práxis política. A teoria de Marx não é somente teoria e não deve limitar-se a esse campo. É, antes de tudo, teoria que se põe em ação, em ato; e só pode ser compreendida na medida em que serve de fundamento para a ação prática de transformação revolucionária da realidade. Eis o desafio que permanece em aberto em nossos tempos.

REFERÊNCIAS

BADALONI, Nicola. "Marxismo e teoria della política". *In*: BADALONI, N. et all (orgs.). *Gramsci e il marxismo contemporaneo*. Roma: Riuniti, 1990.

COSPITO, Giuseppe. "Gramsci tradutor e intérprete de Marx: do 'marxismo' à 'filosofia da práxis'". *In*: DEL ROIO, Marcos; GALASTRI, Leandro (orgs.). *Gramsci e a verdade efetiva das coisas*. São Paulo: Expressão Popular, 2022, p. 101-120.

FRESU, Gianni. *Antonio Gramsci, o homem filósofo*: uma biografia intelectual. Tradução de Rita Matos Coitinho. São Paulo: Boitempo, 2020.

FROSINI, Fábio. *Gramsci e la Filosofia*. Roma: Caroci editore, 2003.

GRAMSCI, Antonio. *Cadernos do cárcere*. Obra completa. Tradução: IGS-Brasil. Rio de Janeiro: IGS-Brasil, 2024.

GRAMSCI, Antonio. *Quaderni del Carcere*. Torino: Einaudi editore, 1977.

MUSTÈ. Marcello. *Marxismo e filosofia dela práxis*. Da Labriola a Gramsci. Roma, Viella, 2018, p.19.

SEMERARO, Giovanni. *Gramsci e os novos embates da filosofia da práxis*. São Paulo: Ideias&letras, 2006.

Cultura: notas sobre Gramsci

CELSO FREDERICO

Gramsci ocupa um lugar solitário nas reflexões marxistas sobre a cultura. Em seus últimos anos de vida, ocorreu o debate sobre o significado do expressionismo entre os exilados alemães, debate que influenciaria as discussões sobre estética durante todo o século XX. O prisioneiro não tomou conhecimento desse importante debate. Por outro lado, ele certamente conhecia bem as discussões sobre arte ocorridas na Rússia revolucionária. Em sua juventude, demonstrou entusiasmo pela *proletkult* e pelo futurismo, entusiasmo que não sobreviveu ao amadurecimento intelectual revelado nos *Cadernos do cárcere* (2000). Talvez por razões, digamos assim, 'diplomáticas', o dirigente italiano não quis intrometer-se nas querelas entre as várias tendências artísticas, cada uma delas apresentando-se como a 'verdadeira representante' da arte revolucionária russa. A truculência stalinista logo iria atingir o campo das artes, o que certamente explica os prudentes comentários esparsos de Gramsci contra os que queriam ver a arte a serviço da propaganda. O primado da política no projeto gramsciano respeita a autonomia das diversas esferas da atividade humana e suas especificidades. Priorizar a política não significa submeter a arte às suas exigências imediatas pois, como assinalou, "só por metáfora fala-se de arte política" (Gramsci, 2000, v. 3, p. 222).

Numa outra passagem Gramsci retorna ao tema contrapondo o político ao literato:

> O literato deve ter perspectivas menos precisas e definidas do que o político, deve ser menos "sectário", se assim se pode dizer, mas de um modo "contraditório". Para o político, toda imagem

> "fixada" a priori é reacionária: o político considera todo o movimento em seu devir. O artista, ao contrário, deve ter imagens "fixadas" e filtradas em sua forma definitiva. O político imagina o homem como ele é e, ao mesmo tempo, como deveria ser, para alcançar um determinado objetivo. [...] O artista representa necessariamente "o que é" em certo momento [...] de modo realista (Gramsci, 2000, v. 6, p. 262-263).

Gramsci, certamente influenciado por Croce, estava sensível à necessidade de manter a autonomia relativa dos 'distintos'. Mas o filósofo napolitano compreendia essas esferas como entidades independentes, como "momentos do Espírito" ligados circularmente à realidade. Assim pensando, ele afastou-se da dialética hegeliana e aproximou-se da razão analítica ('entendimento'), empenhada na tarefa de distinguir, separar, diferenciar os conceitos, visando, assim, a classificá-los em sua positividade e destacar suas características próprias e inconfundíveis. O ato de discernir, necessário ao esclarecimento, é, contudo, um momento a ser superado, negado, na lógica dialética. Nela, a diferença é sempre uma diferença 'determinada': ela pressupõe a alteridade e, em seu movimento, reunifica os diferentes numa nova unidade.

Como um autor que desde sempre combateu o positivismo e suas derivações e, na maturidade, o idealismo, Gramsci toma partido nessa questão. Com Hegel, entende que autonomia não significa indeterminação, e, com Marx, afirma a prioridade ontológica da base material: "a distinção não será entre momentos do Espírito absoluto, mas entre estrutura e superestrutura" (Gramsci, 1975, p. 977). O conceito que abarca essas duas dimensões é o de 'bloco histórico'. Marx não substituiu a Ideia hegeliana pela Matéria, como disse Croce, mas o lugar ocupado pelo Espírito no filósofo napolitano é substituído em Gramsci pela materialidade-idealidade do bloco histórico:

> Conceito de bloco histórico: no materialismo histórico é o equivalente filosófico do "espírito" na filosofia crociana: introduzir no "bloco histórico" uma atividade dialética e um processo de distinção não significa negar a unidade real (Gramsci, 1975, p. 854).

Analisando as superestruturas, Gramsci afirma que toda manifestação cultural contém elementos ideológicos, mas isso não significa diluir a cultura na ideologia. É significativa, por exemplo, a referência a Shakespeare, criticado por diversos autores (Tolstoi, Shaw, Ernest Crosby) devido às suas posições aristocráticas:

> Não existe em toda a obra de Shakespeare quase nenhuma palavra de simpatia para com o povo e as massas trabalhadoras [...] seu drama é essencialmente aristocrático. Quase todas as vezes em que introduz na cena burgueses ou pessoas do povo, apresenta-os de modo depreciativo ou repugnante, fazendo deles objeto ou tema de riso.

Esse tipo de comentário, diz Gramsci, é dirigido "contra Shakespeare 'pensador', e não contra Shakespeare 'artista'". Gramsci critica a "tendenciosidade moralista" desses intérpretes que reduzem a arte à mera expressão ideológica.

Essas e outras incursões em temas culturais e artísticos acompanharam toda a trajetória do nosso autor. Nos artigos para o jornal *Avanti!*, o jovem revolucionário, além da análise da vida política, dedicou centenas de páginas a Pirandello e Ibsen. Nos *Cadernos do cárcere*, a reflexão sobre os temas culturais é parte integrante de um 'plano preestabelecido' que ele expôs à cunhada numa carta de 19 de março de 1927. Nela, Gramsci pretendia realizar: 1) uma pesquisa sobre os intelectuais italianos; 2) um estudo de linguística comparada; 3) um estudo sobre o teatro de Pirandello; 4) um ensaio sobre o romance de folhetim e o gosto popular em literatura (Gramsci, 2005, v. 1, p. 128-129). Os quatro temas que compõem a pesquisa gramsciana fazem parte do projeto da luta pela 'reforma moral da sociedade'.

Esse projeto político-cultural partia de um diagnóstico da vida cultural italiana que constatava o divórcio existente entre os artistas e o povo. Tal divórcio tem uma explicação histórica que começa com César, que transferiu para Roma todos os intelectuais do Império Romano, criando, assim, uma 'organização cultural'. Tem início, então:

> Aquela categoria de intelectuais "imperiais" em Roma, que continuará no clero católico e deixará muitas marcas em toda a história dos intelectuais italianos, com sua característica de "cosmopolitismo" até o século XVIII (Gramsci, 2000, v. 2, p. 163).

Cosmopolitismo significa distanciamento em relação ao povo-nação, tendência que se reforça no Renascimento e no *Risorgimento*. Croce, segundo Gramsci, se insere nessa tradição, sendo "o último homem do Renascimento" (Gramsci, 2000, v. 1, p. 371).

O resultado desse processo de longa duração foi a transformação dos intelectuais italianos numa 'casta' distanciada do povo e alheia aos problemas nacionais. O povo, por sua vez, passou a se identificar com a literatura estrangeira (especialmente a francesa), mais precisamente com os melodramas publicados em suplementos especiais dos jornais, os folhetins (em italiano, *romanzi d'appendice*). O divórcio entre a literatura nacional e o povo interessou profundamente a Gramsci. E não só a ele: no mesmo período, na Alemanha, país que como a Itália foi reunificado tardiamente, Walter Benjamin escreveu em 1932 uma peça radiofônica que tinha o irônico título: "O que os alemães liam, enquanto os seus clássicos escreviam".

Na reiterada comparação com a França, Gramsci procurava apontar a 'especificidade' da formação nacional e das relações entre intelectuais e artistas e o povo. Na França, o desenvolvimento da revolução burguesa aproximou os intelectuais do povo e permitiu o florescimento de uma literatura 'nacional' e 'popular' como expressão do Estado-nação. A aproximação foi possível graças à ação radical dos jacobinos empurrando a revolução burguesa além de seus limites.

Na Itália, contrariamente, consolidou-se uma total divisão faltando, pois, "uma força *jacobina* eficiente, precisamente aquela força que, nas outras nações, criou e organizou a vontade coletiva nacional-popular e fundou os Estados modernos" (Gramsci, 2000, v. 3, p. 17).

Entende-se, assim, o interesse de Gramsci ao relacionar *Risorgimento*, intelectuais e literatura: na Itália, como em todos os países, a formação da literatura nacional estava diretamente vinculada à formação do Estado-nação e àquilo que Machado de Assis chamou de "instinto de nacionalidade".

As referências ao folhetim inserem-se também nessa perspectiva histórica. A paixão que essa literatura menor despertava no presídio de Turi chamou a sua atenção, bem como o fato de os grandes jornais recorrerem a ela (em especial, as obras de Alexandre Dumas) para aumentar as vendas. Essa aliança entre jornalismo e literatura chegou tardiamente na Itália. Na França, logo após a Revolução de 1830, o jornal *La Presse* barateou o preço das assinaturas para auferir lucro nos anúncios publicitários. A criação de um público estável e permanente passou a ser garantida com a publicação dos folhetins. Otto Maria Carpeaux observou os desdobramentos dessa iniciativa:

> O êxito dessa invenção foi tão grande que até os jornais mais antigos, de digna tradição ideológica, se viram obrigados a imitar o exemplo: o *Journal des Débats* publicou os *Mystères de Paris*, de Sue, e o *Constitutionnel* ofereceu o *Juif errant*, do mesmo romancista. Dumas père, Georges Sand, Balzac, aparecerão entre os autores de romances folhetins. Inicia-se uma aliança entre jornalismo e literatura [...] a literatura começa a viver do público dos jornais. Quando Gustav Kolb reorganizou, em 1832, a *Augsburgische Allgemeine Zeitung*, do editor Cotta, editor de Goethe e Schiller, contratou Heine como correspondente em Paris. Em 1843 aparece Charles Dickens entre os repórteres de *Morning Chronicle* [...]. A *Indépendence Belge*, fundada em 1831 em Bruxelas, terá entre os seus colaboradores estrangeiros um Thackeray, um Mazzini, um Gutzkow, um Multatuli, um Dostoievski (Carpeaux, 1982, p. 1396).

A recepção na Itália do folhetim francês levou Gramsci a debruçar-se sobre esse tipo de literatura. Em sua avaliação, o folhetim é considerado uma literatura menor, mas, o que é mais importante, é um elemento de cultura: "um elemento efetivo de cultura, de uma cultura certamente degradada" (Gramsci, 2000, v. 6, p. 39). Numa carta a Berti (8-8-1926), confessou:

> Tenho uma bendita capacidade de encontrar aspectos interessantes até mesmo na produção intelectual mais baixa, como os romances de folhetim, por exemplo. Se tivesse oportunidade, acumularia centenas e milhares de fichas sobre vários temas de psicologia social difusa (Gramsci, 2005, v. 1, p. 176).

Essa "bendita capacidade" distancia Gramsci dos demais teóricos que estudam as questões culturais. Lukács e Adorno, por exemplo, são autores que, digamos assim, olham 'para cima', para a alta cultura, para as obras-primas. A cultura popular, no olhar condescendente de Lukács, é incluída em sua monumental *Estética*, no que ele batizou de "ciclo problemático do agradável". Adorno, por sua vez, condenou a cultura popular ao desaparecimento sob o rolo compressor da homogeneização social que tudo engloba, nivela e descaracteriza. Althusser, empenhado em firmar sua interpretação do marxismo, tinha como referência estética as obras experimentais da chamada vanguarda, não escrevendo nada sobre a cultura popular.

Gramsci e Bakhtin são os únicos teóricos marxistas que olharam 'para baixo' e valorizaram a cultura popular. Diferentemente de Bakhtin, Gramsci não se limitou a ressaltar os aspectos críticos da cultura popular, mas, como veremos mais à frente, ressaltar seu caráter contraditório.

A atitude de Gramsci, portanto, nada tem de elitista, pois compreende que o interesse popular provém de "algo profundamente sentido e vivido". Paralelamente, procurou entender os esquemas psicológicos subjacentes que atraem o interesse do leitor:

> O barroco, o melodramático, aparecem a muitas pessoas do povo como um modo de sentir e agir extraordinariamente fascinante, como um modo de evadir-se daquilo que elas consideram baixo, mesquinho, desprezível em sua vida e em sua educação, a fim de ingressarem numa esfera mais seleta, de altos sentimentos e nobres paixões (Gramsci, 2000, v. 6, p. 214).

O folhetim, portanto, "satisfaz uma exigência da vida", mas, acrescenta, o faz a partir de um critério comercial,

> Dado pelo fato de que o elemento "interessante" não é "ingênuo", "espontâneo", intimamente fundido na concepção (intuição) artística, mas trazida de fora, de modo mecânico, dosado industrialmente como elemento seguro de êxito imediato. Contudo, isso significa, de qualquer modo, que também a literatura comercial não deve ser negligenciada na história da cultura: ao contrário, ela tem um enorme valor deste ponto de vista, já que o sucesso de um livro de literatura comercial indica (e frequentemente é o único indicador existente) qual é a "filosofia da época", ou seja, qual é a massa de sentimentos (e de concepções do mundo) que predomina na multidão "silenciosa". Essa literatura é um "narcótico" popular, é um "ópio" (Gramsci, 2000, v. 6, p. 168-169).

Assim, do lado da produção há o interesse puramente comercial que se utiliza de 'excitantes psicológicos' para envolver o público; e, do lado do consumo literário, há uma multidão anônima que sonha com olhos abertos projetando suas frustrações e seu desejo de justiça social nos heróis do folhetim. Narcótico, ópio: expressões semelhantes àquelas utilizadas por Adorno para condenar a indústria cultural. A diferença é que Gramsci tem a atenção prioritariamente voltada para o público leitor e seus sentimentos: a literatura responde a uma real necessidade sentida que é anterior à produção. Os escritores, conscientes disso, procuram satisfazer tais necessidades, mas estas também poderiam ser satisfeitas pela literatura artística, lembrando o apreço do povo por Shakespeare e pelo teatro grego. Pensando assim, Gramsci acena para estudos de recepção.

Para o marxismo, o que deve ser privilegiado: a produção ou o consumo? Marx enfrentou essa questão nos *Grundrisse* ao discorrer sobre os momentos que formam o ciclo econômico: produção, distribuição, circulação e consumo, entendendo esses termos como partes integrantes de um 'silogismo dialético', como momentos de um processo interativo em que cada um deles atua como mediador, trocando de lugar num permanente movimento. O que importa para Marx é a exigência de se relacionar todos esses termos, tratando-os como momentos de um mesmo processo, de modo a não autonomizar nenhum deles. Mas, o 'momento determinante', o ponto de partida do ciclo econômico, é a produção. O mesmo critério deveria valer para a literatura, como ensina Antonio Candido (1969). Quando se iniciou nossa literatura? Antes do Arcadismo existiam 'manifestações literárias', mas não uma literatura propriamente dita. Esta, diz o crítico recorrendo à sociologia funcionalista, deve ser entendida como um 'sistema' formado por três partes conectadas: obra, autor e público, partes que só se firmaram a partir do Arcadismo. Tanto o marxismo como o funcionalismo, tão diferentes em tudo, aproximam-se na reivindicação da perspectiva holística.

Voltando para as observações de Gramsci e Adorno, podemos observar que ambos concedem prioridade à esfera da produção. A diferença central entre eles reside em dois pontos. Em primeiro lugar, ressalte-se a importância conferida à recepção em Gramsci e à necessidade de se realizarem pesquisas sociológicas sobre o público leitor. Adorno, por sua vez, não descarta a esfera da recepção, mas esta é 'deduzida' a partir dos "esquemas prévios do entendimento" e da psicanálise. Em segundo lugar, existe a forte convicção de Gramsci de que não se pode falar em homogeneidade ('massificação', diria Adorno): "um determinado momento histórico-social jamais é homogêneo; ao contrário, é rico de contradições" (Gramsci, 2000, v. 6, p. 65).

Aprofundando essa ideia, Gramsci afirmou: "existem no povo diversos estratos culturais, diversas 'massas de sentimento', preponderantes num ou noutro estrato". Consequentemente, existe uma "variedade de tipos de romance popular". Gramsci chegou a acenar para uma tipologia a ser utilizada na extensa pesquisa que pretendia fazer: 'romances de caráter nitidamente ideológico-político', ligados às ideologias de 1848; 'romance de tipo sentimental'; 'romance de pura intriga', de conteúdo conservador-reacionário; 'romance histórico'; 'romance policial'; 'romance de terror'; 'romance científico de aventuras' (Gramsci, 2000, v.6, p. 45-46). Em outras passagens procurou assinalar diferenças internas no interior de cada tipo. No caso do romance policial, por exemplo, ressaltou numa de suas cartas as qualidades literárias de um Chesterton, "um grande artista", contrapondo-o a Conan Doyle, "um escritor medíocre":

> Chesterton escreveu mais uma finíssima caricatura das histórias policiais do que histórias policiais propriamente ditas. O Padre Brown é um católico que ironiza o modo de pensar dos protestantes [...], Sherlock Holmes é o policial "protestante", que descobre o fio da meada de um crime a partir de fora, baseando-se na ciência, no método experimental, na indução (*Cartas*, I, 445).

O discernimento no estudo da literatura popular se estende também para o folclore, que mistura elementos 'fossilizados' e 'progressistas', formando "um aglomerado indigesto de fragmentos". Talvez por isso, tenha sido visto como algo 'pitoresco', 'uma bizarria', quando, na verdade, deveria ser entendido como "reflexo das condições de vida cultural do povo".

No interior das manifestações folclóricas devem-se distinguir diferentes estratos:

> Os fossilizados, que refletem condições de vida passada e que são, portanto, conservadores e reacionários; e os que são uma série de inovações, frequentemente criadoras e progressistas, determinadas espontaneamente por formas e condições de vida em processo de desenvolvimento, e que estão em contradição com a moral dos estratos dirigentes, ou são apenas diferentes dela (Gramsci, 2000, v. 6, p. 133-135).

O esforço para discernir matizes no interior das manifestações culturais populares não existe nas análises de Adorno. Mas, há outra diferença que não pode ser minimizada — a distância temporal entre eles. Adorno, nos Estados Unidos, pôde ver realizada e em pleno funcionamento a indústria cultural. Gramsci acompanhou os seus primeiros sinais, demonstrando preocupação com as novas ameaças ao seu projeto de disputar a hegemonia:

> Entre os elementos que recentemente perturbaram a direção normal da opinião pública por parte dos partidos organizados e definidos em torno de programas definidos, devem ser postos na linha de frente a imprensa marrom e o rádio (onde estiver muito

> difundido). Eles possibilitam suscitar extemporaneamente explosões de pânico ou de entusiasmo fictício, que permitem alcançar objetivos determinados, nas eleições, por exemplo (Gramsci, 2000, v. 3, p. 270).

A perplexidade do prisioneiro parece indicar o nascimento de um novo momento que irá requerer novas formas de ação. Numa outra passagem, constata:

> Também hoje a comunicação falada é um meio de difusão ideológica que tem uma rapidez, uma área de ação e uma simultaneidade emotiva enormemente mais amplas do que a comunicação escrita (o teatro, o cinema e o rádio, com a difusão de alto-falantes nas praças, superam todas as formas de comunicação escrita, desde o livro, até a revista, o jornal, o jornal mural), mas na superfície, não em profundidade (Gramsci, 2000, v. 4, p. 67).

Lembremos que até então o movimento comunista seguia a orientação de Lênin em *Que fazer?*, utilizando como meio de divulgação prioritários o jornal e a revista — o primeiro, voltado à agitação imediata, e a revista para a propaganda das ideias revolucionárias. No momento em que Gramsci fazia suas anotações, a Alemanha da República de Weimar atravessava um momento de turbulência política. A vigência da frágil democracia permitiu as experiências de Walter Benjamin em suas peças radiofônicas, bem como os revolucionários textos sobre o rádio escritos por Brecht entre 1927-1932. Na Itália fascista, essas tentativas de utilização do então novo meio de comunicação pelo movimento operário não puderam ocorrer. Restrito à palavra escrita, Gramsci apostava no "nascimento de uma nova cultura entre as massas populares", que faria desaparecer "a separação entre cultura moderna e cultura popular ou folclore", movimento que "corresponderia no plano individual ao que foi a Reforma nos países protestantes" (Gramsci, 2000, v. 6, p. 136).

A nova cultura projetada por Gramsci tem ocasionado uma sucessão de mal-entendidos. O pomo da discórdia é uma passagem em que Gramsci faz duas afirmações que, infelizmente, não foram desenvolvidas: 1) "somente a partir dos leitores da literatura de folhetim é que será possível selecionar o público suficiente e necessário para criar a base cultural da nova literatura". 2) Para isso, é preciso abandonar os preconceitos, sendo que:

> O preconceito mais comum é o de que a nova literatura deva se identificar com uma escola artística de origem intelectual, como foi o caso do futurismo. A premissa da nova literatura não pode deixar de ser histórico-política, popular: deve ter como objetivo elaborar o que já existe, não importa se de modo polêmico ou de outro modo; o que importa é que aprofunde suas raízes no húmus da cultura popular tal como ela é, com seus gostos, suas tendências, etc., com seu mundo moral e intelectual, ainda que atrasado e convencional (Gramsci, 2000, v. 6, p. 234).

A proposta de uma nova literatura a partir do "húmus da cultura popular" propiciou diversas acusações de 'populismo', acusações reforçadas pela referência ao nacional-popular. Afinal, o que se deve entender por essa expressão? Num texto esclarecedor, Maria Bianca Luporini (1995) lembrou a origem russa da expressão: a palavra *narod* serviu, até um certo momento, para designar tanto o povo como a nação, pois na afrancesada cultura russa do século XIX não havia palavras para traduzir *nacionalité* e *populaire*. A junção do substantivo abstrato *narodnost* com o adjetivo *narodnyj* nasceu na polêmica travada pelos literatos românticos contra a universalidade abstrata do classicismo. [1]

Gramsci divulgou a expressão na Itália. Nos *Cadernos*, observou:

> Em muitas línguas, "nacional" e "popular" são sinônimos ou quase. [...] Na Itália, o termo "nacional" tem um significado muito restrito ideologicamente e, de qualquer modo, não coincide com "popular", já que na Itália os intelectuais estão afastados do povo,

---

[1] Esta não é a única fonte de Gramsci. Antes dele, Vicenzo Gioberti criticara o cosmopolitismo e acenara, de modo conciliador, ao nacional-popular. Outra fonte de Gramsci vem da Alemanha, país de reunificação tardia, através de autores filiados ao idealismo alemão. *Cf.* Arantes, Paulo Eduardo, "Uma reforma intelectual e moral", *in*: *Ressentimento da dialética* (São Paulo: Paz e terra, 1996).

> ou seja, da "nação", estando ligados, ao contrário, a uma tradição de casta, que jamais foi quebrada por um forte movimento político popular ou nacional vindo de baixo (Gramsci, 2000, v. 6, p. 41-42).

Tempos depois, a expressão acabou sendo pejorativamente associada aos *narodniks*, os 'populistas' russos, um movimento político revolucionário do século XIX. Gramsci, contudo, foi bem claro ao mostrar que o nacional-popular era algo 'inexistente' na Itália. Tratava-se, portanto, de um 'projeto' que visava reconciliar os escritores com o povo e a nação.

Uma questão permanece em aberto. Nacional-popular: qual dos dois termos é o mais importante? Deve-se privilegiar uma literatura nacional que se colocaria acima das divisões de classes ou uma literatura popular como expressão direta da vivência das classes subalternas? Os discípulos de Gramsci oscilaram entre essas duas possibilidades.

Gramsci, entretanto, manteve os termos unidos, marcando distância seja do nacionalismo ou do que viria a ser chamado de populismo. Quanto ao nacionalismo, assinalou:

> Uma coisa é ser particular, outra é pregar o particularismo. Aqui reside o equívoco do nacionalismo. [...] Ou seja, nacional é diferente de nacionalista. Goethe era "nacional" alemão, Stendhal, "nacional" francês, mas nenhum dos dois era "nacionalista". Uma ideia não é eficaz se não for expressa de alguma maneira, artisticamente, isto é, particularmente. Mas um espírito é particular na medida em que é nacional? A nacionalidade é uma particularidade primária; mas o grande escritor se particulariza ainda entre seus conterrâneos e esta segunda "particularidade" não é o prolongamento da primeira (Gramsci, 2000, v. 2, p. 72).

Gramsci, aqui, procurou diferenciar-se do fascismo que também havia constado o divórcio entre os escritores e o povo para reivindicar o caráter nacional da literatura, entendido, porém, apenas como uma primeira particularidade. O apelo à "alma nacional" é um recurso ideológico. Wagner, diz Gramsci, "sabia o que fazia quando afirmava que sua arte era expressão do gênio alemão, convidando assim toda uma raça a se aplaudir a si mesma em suas obras". Aferrar-se como representante da alma nacional:

> É útil, para quem não tem personalidade, decretar que o essencial é ser nacional. Max Nordau escreve sobre alguém que exclamou: "Vocês dizem que nada sou. Mas, vejam, eu sou alguma coisa: sou um contemporâneo!" (Gramsci, 2000, v. 2, p. 72-73).

No caso específico da Itália, a nacionalidade reivindicada pelo fascismo, num país de histórico cosmopolitismo, era uma "excrescência anacrônica" que se resumia à "exaltação do passado", "da tradição" — enquanto Gramsci estava preocupado em desenvolver uma "crítica impiedosa da tradição", passo necessário à "renovação cultural-moral, da qual poderá nascer uma nova literatura" (Gramsci, 1975, p. 740).

A análise matizada do significado do nacional nas artes acompanhou, como vimos, a abordagem diferenciadora sobre a cultura popular com seu esquematismo e ambiguidades. Para superar esses limites, torna-se imprescindível a ação de uma política cultural orientada pela filosofia da práxis. Esta, afirmou,

> Não busca manter os "simples" na sua filosofia primitiva de senso comum, mas busca, ao contrário, conduzi-los a uma concepção de vida superior. Se ela afirma a exigência do contato entre intelectuais e simples, não é para limitar a atividade científica e para manter uma unidade no nível inferior das massas, mas justamente para forjar um bloco intelectual-moral que torne politicamente possível um progresso intelectual de massa e não apenas de pequenos grupos de intelectuais (Gramsci, 2000, v. 1, p. 103).

Ou seja: torna-se necessário superar os limites da cultura popular, que, apesar de conter elementos críticos, apresenta também as limitações de uma população que não teve acesso à educação e à boa literatura.

E é justamente na alta literatura que Gramsci encontra o modelo para o seu projeto:

> A literatura popular em sentido pejorativo (como a de Sue e epígonos) é uma degenerescência político-comercial da literatura nacional-popular, cujo modelo são precisamente os trágicos gregos e Shakespeare (Gramsci, 2000, v. 6, p. 227).

O nacional-popular, convém repetir, é um 'projeto' subordinado aos imperativos da reforma moral da sociedade, da luta pela hegemonia. Não tem sentido, portanto, considerá-lo uma literatura realmente existente na Itália. A ênfase no 'nacional', como veremos mais à frente, obedecia à lógica de seguir o exemplo de Lênin e aclimatar o marxismo às condições italianas. Daí as incursões na história do Renascimento e do *Risorgimento* e o estudo sobre o papel dos intelectuais. No campo das artes, a 'nacionalização' do marxismo apontava para um caminho totalmente contrário à pasteurização promovida por Zdanov a partir de 1934.

Tempos depois, as observações de Gramsci seriam consideradas ultrapassadas pelos estudiosos que, extraindo-as de seu contexto histórico e geográfico, afirmaram sua total inadequação aos tempos modernos da globalização e do advento de uma pretensa cultura 'internacional-popular' (a rigor, os produtos da indústria cultural). A cultura nacional-popular para Gramsci faz parte de um momento a ser superado quando se realizar a "unificação do gênero humano" — quando, então, prevalecerá a "literatura universal", como prognosticou Marx no *Manifesto*.

Divergências à parte, há consenso entre os diversos intérpretes na constatação de que Gramsci abriu um caminho original na tradição marxista ao incluir o estudo da literatura no interior da cultura, e não mais vendo-as como exclusiva da linguística ou das teorias estéticas. E, assim fazendo, Gramsci depara-se uma vez mais com a sombra de Croce, autor de elaborados livros sobre estética. Gramsci, ao incluir a literatura no interior da cultura, não combateu Croce no campo específico da estética. Afastando-se de seu antigo mestre e de sua análise "frigidamente estética", amparou-se em De Sanctis:

> [...] o tipo de crítica literária próprio à filosofia da práxis é fornecido por De Sanctis, não por Croce ou por qualquer outro [...]: neste tipo devem se fundir a luta por uma nova cultura, isto é, por um novo humanismo, a crítica dos costumes, dos sentimentos e das concepções do mundo, com a crítica estética ou puramente artística (Gramsci, 2000, v. 6, p. 66).

Em vez de lutar por uma nova arte, como pretendiam os futuristas, Gramsci propõe a formulação de uma 'nova cultura' capaz de reconciliar os artistas com o povo. A proposta do 'nacional-popular' era o núcleo da 'política cultural' defendida por Gramsci. A literatura e as questões estéticas são vistas a partir dessa preocupação educacional, desse desejo de elevar a consciência das massas, pois o que interessa verdadeiramente ao revolucionário sardo é o 'valor cultural' e não apenas o 'valor estético' da obra literária.

Ao analisar uma obra, ensina Gramsci, é necessário separar 'valor artístico' e 'valor cultural'.

Uma obra literária pode ter escasso valor artístico, mas um importante valor cultural (pode expressar, por exemplo, o modo de vida das classes subalternas). Deslocando o foco da crítica literária das teorias estéticas para o estudo da cultura, afirma também que a literatura não é um ramo da linguística, como futuramente afirmará o estruturalismo. Arte não é somente linguagem: esta é o 'material', o veículo da literatura. Por isso, Gramsci não propõe uma nova linguagem, uma nova arte, como pleiteavam as várias correntes vanguardistas que surgiram na Rússia revolucionária, mas uma 'nova cultura'. Esse projeto de 'renovação da cultura', da luta por uma nova hegemonia, apoia-se na defesa de uma arte 'nacional-popular'. Mas tal renovação não é o resultado de um processo endógeno, da evolução natural da própria cultura. Gramsci, para afirmar suas ideias, recorre a uma passagem de Croce em *Cultura e vita morale* e a 'traduz', em seguida, em termos materialistas: "Poesia não gera poesia; a partenogênese não tem lugar; é necessária a intervenção do elemento masculino, do que é real, prático, moral". Esta passagem, diz Gramsci,

> Pode ser própria do materialismo histórico. A literatura não gera literatura etc., as ideologias não criam ideologias, as superestruturas não geram superestruturas a não ser como herança da inércia e da passividade: elas são geradas, não pela "partenogênese", mas pela intervenção do elemento "masculino" — a história — a atividade revolucionária que cria o novo "homem", isto é, novas relações sociais (Gramsci, 1975, p. 733).

A inclusão da arte na esfera da cultura é o modo pelo qual Gramsci se contrapôs à estética de Croce. Moral, afetos, intuição, termos caros a Croce, foram substituídos no deslocamento efetuado por Gramsci pela história cultural e pelas relações sociais.

O filósofo napolitano escreveu sobre arte num momento em que, na Itália, duas posições antagônicas se confrontavam: a corrente racionalista, herdeira de Hegel, que entendia a arte como "manifestação sensível do Espírito", e a corrente irracionalista, que entendia a arte como um fenômeno inconsciente. Croce, nesse embate, seguiu um caminho próprio ao afirmar a arte como um produto da 'intuição'. Falando sobre a poesia em *Breviário de estética*, afirma que ela é "'intuição lírica' ou 'intuição pura', na medida em que é pura de qualquer referência histórica e crítica à realidade ou irrealidade das imagens de que se entretece, a capta o palpitar da vida em sua idealidade" (Croce, 1997, p. 156). Separando a intuição lírica de qualquer contato com o mundo exterior, Croce, segundo se pode ler no ensaio de Alfredo Bosi, considera que "as imagens do poema são entes ideais, produção da intuição, e não da percepção". Logo, não podem ser objeto de ciências empíricas e classificatórias, como a sociologia, a antropologia cultural, a psicologia" (Bosi, 2003, p. 401).

A crítica de Gramsci reforça o caráter social e histórico da arte:

> Por que os poetas escrevem, por que os pintores pintam? [...] Croce responde mais ou menos o seguinte: para se recordarem das próprias obras, já que, segundo a estética crociana, a obra de arte é "perfeita", já e apenas, no cérebro do artista. [...] Na realidade, volta-se a questão da "natureza do homem" e à questão do que é o "indivíduo?" Se o indivíduo não pode ser pensado fora da

> sociedade (e, portanto, se nenhum indivíduo pode ser pensado a não ser como historicamente determinado), é evidente que todo o indivíduo e também o artista, e toda a sua atividade, não podem ser pensados fora da sociedade, de uma determinada sociedade. O artista, portanto, não escreve ou pinta, etc., isto é, não "registra" externamente suas fantasias apenas para "sua recordação pessoal", para poder reviver o instante da criação, mas só é artista na medida em que "registra" externamente, em que objetiva, historiciza suas fantasias (Gramsci, 2000, v. 6, 240).

Reconduzindo a arte ao mundo social, Gramsci desloca o foco da interpretação. Em Croce, temos a obra literária como um 'a priori', uma 'idealidade', o que convida o intérprete a enfocar as obras de arte como um mundo à parte, desligadas da história social. Essa visão 'individualizante' da arte, entendida como 'intuição lírica', um 'a priori' concebido na mente do artista, é contestado por Gramsci que remete a questão para a 'função da arte':

> A "beleza" não basta: é preciso um conteúdo "humano e moral" que seja a expressão das aspirações do público. Isto é, a literatura deve ser ao mesmo tempo elemento atual de cultura (*civiltà*) e obra de arte (de beleza) (Gramsci, 1975, p. 86-87).

A estética intuicionista de Croce recebe o acréscimo de um conteúdo, uma massa de sentimentos, afinado com as aspirações do público: a arte, portanto, deixa de ser uma façanha restrita à mente do escritor ('arte interior') e passa a ser pensada em termos históricos e inserida em um circuito de relações sociais. Nas palavras de Niksa Sticevic:

> Gramsci concentrará a maior parte de sua atenção de fato sobre a "comunicabilidade" da obra de arte, e mais precisamente sobre a parte reversa da "comunicação": não da obra ao leitor, mas do leitor à obra. Se Croce se pergunta "o que é a arte"? Gramsci, ao contrário, se pergunta quais os motivos capazes de criar uma atmosfera de vivo interesse em torno de uma obra; em outras palavras, por quais razões ela se afirma no tempo (Sticevic, 1968, p. 56).

A mudança de foco, contudo, não levou o nosso autor a propor o que mais tarde seria chamado de "estética da recepção". A sugestão gramsciana aproxima-se mais de uma abordagem sociológica dos diversos momentos da atividade literária, parte integrante da 'frente cultural' na luta pela conquista da hegemonia. Uma vez mais, reaparecem as relações entre literatura e política — setores das superestruturas a serem pensados em suas relações de reciprocidade e de autonomia relativas.

"A atividade política é precisamente o primeiro momento ou primeiro grau das superestruturas" (Gramsci, 1975, p. 977). Prioridade não significa submissão da arte às conveniências da política, adverte Gramsci atento à politização da arte na Rússia e, portanto, interessado em separar as duas esferas. Pela mesma razão manteve distância dos movimentos vanguardistas em seu empenho em criar uma nova arte. Sem concessões, portanto, seja ao conteudismo ou ao formalismo:

> Deve-se falar de luta por uma "nova cultura" e não por uma "nova arte" (em sentido imediato). Talvez nem se possa dizer, para ser exato, que se luta por um novo conteúdo da arte, já que este não pode ser pensado abstratamente, separado da forma. Lutar por uma nova arte significaria lutar para criar novos artistas individuais, o que é absurdo, já que é impossível criar artificialmente os artistas. [...] Que não se possam criar artificialmente artistas individuais, portanto, não significa que o novo mundo cultural, pelo qual se luta, suscitando paixões e calor de humanidade, não suscite necessariamente "novos artistas"; ou seja, não se pode afirmar que Fulano e Beltrano se tornarão artistas, mas pode-se afirmar que do movimento nascerão novos artistas. Um novo grupo social que ingressa na vida histórica com postura hegemônica, com uma segurança de si que antes não possuía, não pode deixar de gerar, a partir de seu interior, personalidades que, antes, não teriam encontrado força suficiente para se expressar (Gramsci, 2000, v. 6, p. 70).

Também aqui, e não só na vida política, a 'perturbadora' vontade se faz presente, pois é ela que "põe em movimento a fantasia artística".

Estamos distantes, portanto, da concepção kantiana da arte como "finalidade sem fim", pois as manifestações artísticas são pensadas visando a um finalismo: 'uma concepção superior de vida'. Entende-se, portanto, que a arte, a linguagem, o senso comum, o folclore, a filosofia etc. são partes integrantes de uma mesma "família de conceitos", de uma "rede categorial". A definição gramsciana de cultura torna-se, assim, compreensível:

> Uma coerente, unitária e nacionalmente difundida "concepção da vida e do homem", uma "religião laica", uma filosofia que tenha se transformado precisamente em "cultura", isto é, que tenha gerado uma ética, um modo de viver, um comportamento cívico e individual (Gramsci, 2000, v. 6, p. 63-64).

ARANTES, Paulo Eduardo. "Uma reforma intelectual e moral". *In*: *Ressentimento da dialética*. São Paulo: Paz e Terra, 1996.

BOSI, Alfredo. "A estética de Benedetto Croce: um pensamento de distinções e mediações". *In*: *Céu, inferno. Ensaios de crítica literária e ideológica*. São Paulo: Duas cidades/34, 2003.

CANDIDO, Antonio. *Formação da literatura brasileira*. São Paulo: Martins Fontes, 1969.

CARPEAUX, Otto Maria. *História da literatura ocidental*, vol. 6. Rio de Janeiro: Alhambra, 1982.

CROCE, Benedetto. *Breviário de estética. Estética in nuce*. São Paulo: Ática, 1993.

GRAMSCI, Antonio. *Cadernos do cárcere*, 6 volumes. Rio de Janeiro: Civilização Brasileira, 2000.

GRAMSCI, Antonio. *Cartas do cárcere*, 2 volumes. Rio de Janeiro: Civilização Brasileira, 2005.

GRAMSCI, Antonio. *Quaderni del cárcere*. Torino: Einaudi, 1975.

MACHADO, Carlos Eduardo Jordão. *O debate sobre o expressionismo*. São Paulo: Unesp, 2011.

LUPORINI, Maria Bianco. "Alle origini del "nazionale-popolare". *In*: BARATTA, G. e CATONE, A. (orgs.). *Antonio Gramsci e il progresso intelletualle di massa*. Milano: Unicopli, 1995.

RICUPERO, Bernardo. *O romantismo e a ideia de nação no Brasil* (1830-1870). São Paulo: Martins Fontes, 2004.

STICEVIC, Niksa. *Gramsci e il problemi litterari*. Milano: Mursia, 1968.

'Nacional-popular' versus cosmopolitismo: os intelectuais e as categorias analíticas da filosofia da emancipação

GIANNI FRESU

Introdução

Dentro das contradições intrínsecas à formação econômica e social da Itália, Gramsci interpreta de forma historicista o fascismo como síntese de um fenômeno complexo, rico em premissas e implicações, cujas causas mais profundas deveriam ser buscadas nas múltiplas contradições imanentes à história das suas classes dirigentes. Tudo isso chama a atenção no déficit de liberalismo de sua burguesia, e não apenas na 'psicose' que precedeu e acompanhou a guerra.

Athos Lisa, nos seus depoimentos sobre os anos vividos com Gramsci no cárcere de Turi, explicou como o intelectual sardo, nas suas conversas, sempre definia "o fascismo como uma forma particular de reação burguesa que estava em relação às peculiares condições históricas da classe burguesa em geral, e do nosso País em particular" (Lisa, 1975, p. 91). Para entender essa 'forma especifica', era preciso explicar as origens antigas do fascismo remontando até a formação do Estado italiano, analisando a falta de unidade da sua burguesia e, por consequência, a ausência de uma revolução liberal na história dela (Buci-Glucksman, 1976). Ainda na fase anterior à elaboração do cárcere, declarando o caráter 'cesarista' do fascismo, Gramsci interpretou esse fenômeno "como solução ao 'equilíbrio instável' que caracteriza a Itália no primeiro pós-guerra" (Antonini, 2024, p. 182), sendo "uma solução sociopolítica funcional à consolidação do sistema de poder existente e proteger os interesses das classes dominantes" (*ibidem*).

Nesse sentido, embora nos *Cadernos* ele raramente fale direta e explicitamente sobre o fascismo, suas anotações do *cárcere* a respeito da fratura entre intelectuais e massas, que teve sua tradução política numa ideia de modernização passiva que obstaculizou a ampliação das bases sociais do Estado italiano, representam uma importante tentativa de investigação científica sobre esse grande drama histórico.

> Apesar do número relativamente limitado de ligações diretas, as reflexões de Gramsci sobre o fenômeno fascista e, mais em geral, sobre a história italiana recente, são um ponto de referência imprescindível para o desenvolvimento das suas reflexões teóricas. Num certo sentido, podemos dizer que a inteira análise dos *Cadernos do cárcere* seja plasmada pela vontade de Gramsci de compreender as causas do sucesso da ditadura de Mussolini (e, por consequência, do fracasso do movimento operário) (Antonini, 2024, p. 184).

Os intelectuais distantes do povo e da 'nação'

No parágrafo 5 do *Caderno* 21, ao comentar as linhas editoriais dos principais jornais e a política literária na Itália, Gramsci trata extensivamente do conceito de 'nacional-popular', justamente para esclarecer a origem dessa contradição orgânica. Segundo Desogus (2022, p. 204), "a literatura nacional-popular amplifica o poder da língua e, portanto, as potencialidades de enriquecimento cultural, moral e político" do povo que a assume para construir sua visão do mundo. "Com isso em mente, Gramsci questiona a literatura popular justamente para testar a situação das classes subalternas italianas em relação à cultura nacional" (*ibidem*).

Para além do lado cultural das suas considerações, o intelectual sardo aborda através desta chave o que ele considera ser uma das principais contradições culturais e políticas do seu país: aquela entre os intelectuais e o povo. As reflexões de Gramsci tomam a sua deixa de uma polêmica na "Critica fascista", datada de 1 de agosto de 1930, contra a tendência dos principais jornais nacionais para republicar romances populares franceses do século XIX (O *Conde de Montecristo* e *Joseph Balsamo*, de A. Dumas, e o *Calvário de uma Mãe*, de Paul Fontenay), a fim de capturar o gosto popular e vender mais, em vez de dar espaço a novas produções da literatura italiana.

Segundo Gramsci, "La Critica", antes de mais, confundiu várias ordens de problemas: o da não-difusão entre a população da chamada literatura artística; o da inexistência de uma literatura popular italiana, para a qual os jornais são 'forçados' a recorrer ao estrangeiro. Para além da confusão de planos, Gramsci notou como essa polêmica assinalou a ausência de uma identidade de concepção do mundo entre 'escritores' e 'o povo', ou seja, os sentimentos populares não são vividos como seus próprios pelos escritores, que não desempenham uma função de 'educação nacional', porque eles sempre se desinteressaram em elaborar sentimentos capazes de envolver o elemento popular.

Se, em 1930, os jornais italianos, a fim de satisfazer as necessidades do povo, foram obrigados a publicar em apêndice romances franceses do século XIX, isso significava que, na Itália, uma literatura popular nacional estava ausente. A esse respeito, como bom estudioso de glotologia, Gramsci salienta que em muitas línguas nacionais (por exemplo, na Alemanha e na Rússia), 'nacional' e 'popular' são sinônimos ou pelo menos quase intercambiáveis entre si, enquanto na França o conceito de 'popular' sofreu uma reviravolta política como resultado de sua história, em que estava estreitamente interligado com o conceito de soberania. Na Itália, por outro lado, o termo 'nacional' tinha um significado ideológico muito restrito que, de qualquer modo, não coincidia com o conceito de popular:

> Os intelectuais estão distantes do povo, ou seja, da "nação", e, em vez disso, estão ligados a uma tradição de casta, que nunca foi rompida por um forte movimento político popular ou nacional vindo de baixo: a tradição é "livresca" e abstrata, e o típico intelectual moderno se sente mais ligado a Annibal Caro ou Ippolito Pindemonte do que a um camponês *pugliese* ou *siciliano*. Na Itália,

> o termo atual "nacional" está ligado a essa tradição intelectual e livresca, daí a facilidade tola e, em última análise, perigosa de chamar de "antinacional" qualquer pessoa que não tenha essa concepção arqueológica e carcomida pelos traças dos interesses do país (Gramsci, 1975, p. 2116).

Se o povo italiano preferia ler escritores estrangeiros, isso significava que ele estava sujeito à sua hegemonia intelectual e moral, sentindo-se mais ligado aos intelectuais estrangeiros do que aos de seu próprio país. Em outras palavras, tudo isso mostrava que não havia um bloco intelectual e moral nacional na Itália, nem hierárquico nem igualitário.

> Os intelectuais não saem do povo, mesmo que acidentalmente alguns deles sejam de origem popular, não se sentem conectados a ele (além da retórica), não conhecem e sentem suas necessidades, aspirações, sentimentos generalizados, mas, em relação ao povo, são algo destacado, algo fora do ar, uma casta, isto é, e não uma articulação, com funções orgânicas, do próprio povo. A questão deve ser estendida a toda a cultura nacional-popular e não se restringir apenas à literatura narrativa: o mesmo deve ser dito do teatro, da literatura científica em geral (ciências naturais, história etc.) (Gramsci, 1975, p. 2117).

O conceito de 'nacional-popular' torna-se relevante em relação a outro tema no centro das reflexões de Gramsci sobre os intelectuais italianos, o cosmopolitismo. Nas notas do *Caderno 19*, Gramsci (1975) destacou quatro conjuntos temáticos preliminares, necessários a compreensão das origens desse grupo de problemas: 1) a análise dos diversos significados assumidos pela palavra Itália nas diferentes épocas históricas; 2) o estudo das fases de passagem da Republica ao Império com a 'nacionalização' de Roma e da península, uma transição que levou ao redimensionamento da hegemonia itálica e a formação de uma classe imperial, supranacional e cosmopolita; 3) a interrupção do desenvolvimento político-social da civilidade comunal; 4) a escassa importância nacional na Itália da era do mercantilismo, diferente dos demais novos grandes Estados modernos. A frustrada formação de um Estado italiano unitário na era moderna e a consequente e tradicional ausência de um sentimento nacional comparável ao que se desenvolveu nas nações interessadas na afirmação dos grandes Estados absolutistas são temas particularmente importantes nos *Cadernos*.

Segundo o intelectual sardo, o papel histórico das comunas medievais e da burguesia italiana revelou-se desagregador da unidade existente e não se chegou a encontrar novas formas de unidade, mais avançadas. Quando nos outros países se começou a adquirir uma consciência determinada a organizar a própria cultura nacional, a Itália perdeu sua função de centro internacional de cultura sem que se originasse um processo próprio de agregação nacional. Em vez de se nacionalizar, seus intelectuais se transferiram para o exterior e assumiram papeis de primeiríssimo plano político e cultural nas cortes europeias.

A falência de um processo de integração nacional da burguesia italiana, sucessivamente impossibilitada pelo domínio estrangeiro, foi historicamente atribuída a dois fatores externos: 1) a invasão turca no Oriente Próximo e no Oriente Médio, com a interrupção do comercio dirigido ao Leste; 2) a transferência das relações comerciais do Mediterrâneo para o Atlantico, com as grandes descobertas geográficas. Na realidade, segundo Gramsci, esses fenômenos devem ser considerados o efeito do declínio das Repúblicas italianas, não sua causa. Em linhas gerais, a burguesia desenvolveu-se melhor nos Estados absolutistas, exercendo um poder indireto, enquanto na Itália, a burguesia, embora tivesse um papel político determinante, sofreu um processo involutivo. Isso se deveu primeiramente ao quadro de desagregação política da península, que por um longo período decretou seu declínio. Apesar de muito ricas, nem as comunas nem as senhorias comunais podiam ser consideradas Estado, porque lhes faltavam um vasto território e uma população suficiente para uma política internacional independente. Portanto, a burguesia italiana foi a primeira a existir e a gerar formas significativas de acumulação capitalista, mas não soube sair da dimensão corporativo-municipal e acabou sofrendo um processo de involução, o que a levou a abandonar o comercio e o risco dos investimentos produtivos em favor da renda fundiária. A burguesia se ruralizou, assumindo o comportamento parasitário típico da velha aristocracia, enquanto os intelectuais conservaram seu caráter cosmopolita sem, contudo, se tornarem nacionais. O cosmopolitismo da tradição institucional e intelectual italiana — que a Igreja herdou do Império Romano — é uma das causas de sua subalternidade nas relações internacionais durante a Idade Média. Na Itália, a Igreja, com seu duplo papel de monarquia espiritual universal e principado temporal, não teve nem forca suficiente para ocupar toda a península nem foi fraca a ponto de permitir que outro o fizesse. A tradição da universalidade romana e medieval impediu o desenvolvimento das forças nacionais burguesas para além do campo puramente econômico-municipal, coisa que só aconteceu depois da Revolução Francesa.

Para dar continuidade a um estudo sério sobre a formação histórica dos intelectuais italianos, era necessário remontar à era imperial romana, quando a península italiana foi ponto de atracão intelectual para todos os domínios do Império. Isso tornou os grupos dirigentes, incluindo o imperador, cada vez mais imperiais e menos latinos. Nesse sentido, no *Caderno 3*, Gramsci fala de uma linha de continuidade unitária, mas não nacional, a respeito do desenvolvimento das classes cultas italianas, de modo a determinar um desequilíbrio interno na composição de sua população. O tema da função cosmopolita dos intelectuais italianos e posteriormente desenvolvido no *Caderno 5*. Por um longo período, a Itália desempenhou uma função cultural de nível internacional, atraindo para suas universidades estudiosos interessados em se aperfeiçoar, assimilando a cultura sob a orientação dos intelectuais italianos. Para além dessa realidade, havia também um fenômeno migratório de outra natureza dirigido à Itália: viajantes que, de todas as partes do mundo, chegavam à península, vista como um grande museu a céu aberto, e por muito tempo considerada imprescindível na formação intelectual das classes cultas europeias. Apesar disso, a partir de determinado momento, os intelectuais italianos (com exceção dos eclesiásticos) começaram a emigrar, enquanto o fenômeno inverso cessou. Se, de um lado, o centro romano se internacionalizava, de outro, os demais países adquiriam uma cultura nacional própria com a contribuição decisiva dos intelectuais italianos. Tudo isso levou à desagregação da cosmópole medieval; todavia, a perda do papel histórico de centro internacional de cultura não alimentou a gênese de uma cultura nacional própria.

O tema da debilidade das classes dirigentes italianas tem suas raízes profundamente enterradas no tempo, bem antes do século XIX, na constrição do desenvolvimento capitalista da civilidade comunal, na natureza cosmopolita dos estratos intelectuais, e na malograda formação de um Estado unitário moderno antes que uma série de acontecimentos de caráter internacional permitisse tal processo.

O *Risorgimento* como revolução passiva

O próprio processo fundador do Estado italiano que se desenrolou no *Risorgimento* foi um manifesto desta flagrante contradição, e a hegemonia moderada sobre o Partido de Ação é, para Gramsci, um dos temas mais paradigmáticos da história das classes dominantes italianas, funcional ao entendimento do papel desempenhado pelos intelectuais na definição das estruturas de hegemonia predominantes (Fresu, 2012). Durante o *Risorgimento*, os intelectuais do Partido de Ação adotaram uma atitude paternalista em relação às massas populares, às quais não queriam se ligar, e, portanto, acabaram sendo absorvidos e incorporados 'molecularmente' pelos moderados. O fenômeno tipicamente italiano do 'transformismo' tem origem, portanto, nessa dinâmica entre os intelectuais e as duas classes sociais fundamentais e inclui o problema geral da formação de grupos nacionais de liderança burguesa, ou seja, o tema do completo fracasso das perspectivas democráticas do Partido de Ação, incapaz de colocar em toda a sua amplitude a questão agrária, que, para Gramsci, era a única 'mola' capaz de mobilizar as massas populares[1].

[1] Não obstante todas as limitações identificadas no processo do *Risorgimento*, nas orientações historiográficas marxistas, o *Risorgimento* assume um valor e uma importância centrais que vão muito além de seus resultados. Assim, o PCI da clandestinidade, em sintonia com o historicismo de Antonio Gramsci, referia-se idealmente ao *Risorgimento* em antítese ao fascismo (não por acaso ele chamaria suas divisões partidárias de Brigadas Garibaldi) e interpretou a Resistência como o cumprimento do *Risorgimento* italiano.

Um grupo social é dominante, para Gramsci, quando consegue ser dirigente das classes aliadas e dominante das inimigas ou adversárias; em virtude disso, a classe dominante deve ser dirigente antes e depois da tomada do poder (Gramsci, 1975). Assim, os moderados exerceram essa direção no Partido de Ação durante o *Risorgimento*, mas o fizeram também depois, com o 'transformismo', e, graças à capacidade dos moderados de exercer uma hegemonia política sobre os acionistas [do Partido de Ação], o *Risorgimento* assumiu a forma de "uma revolução sem revolução".

> De fato, pode-se dizer que toda a vida do Estado italiano de 1848 em diante é caracterizada pelo transformismo, ou seja, pela elaboração de uma classe dominante cada vez maior nas estruturas estabelecidas pelos moderados após 1848 e a queda das utopias neoguelfianas e federalistas, com a absorção gradual, mas contínua, alcançada com métodos que variavam em sua eficácia, dos elementos ativos que surgiram dos grupos aliados e também dos opositores e que pareciam irreconciliavelmente inimigos. Nesse sentido, a liderança política tornou-se um aspecto da função de dominação, já que a absorção das elites de grupos inimigos leva à sua decapitação e aniquilação durante um período geralmente muito longo (Gramsci, 1975, p. 2011).

Para Gramsci, os moderados representavam uma classe social relativamente homogênea, sujeita a poucas flutuações, enquanto o Partido de Ação, sem estar apoiado em nenhuma classe histórica, acabava submetido constantemente à direção dos moderados (Gramsci, 1975). Os intelectuais da frente moderada eram realmente expressão orgânica das classes altas e, portanto, eram ao mesmo tempo intelectuais, organizadores políticos, empresários, grandes proprietários de terras, ou seja, de fato pertenciam a essas classes e individualmente conseguiram combinar a identidade do representado com a do representante. Precisamente por essa natureza 'condensada', os intelectuais moderados foram capazes de exercer uma atração espontânea em toda a massa de intelectuais na Itália.

O Partido de Ação, pelo contrário, jamais esteve em condição de exercer esse poder de atração e, portanto, sofreu o dos moderados. Os *mazzinianos* só poderiam ter resistido à capacidade hegemônica dos moderados incorporando em seu próprio programa as demandas das massas populares, a começar pelas reivindicações dos trabalhadores rurais sem terra. Era necessário contrastar a 'atração empírica' dos moderados com uma 'atração organizada' (Gramsci, 1975), isto é, um programa orgânico de governo capaz de mobilizar as massas populares. Mas o Partido de Ação nunca teve um programa governamental e não conseguiu expressar uma direção política, mesmo entre seus membros, limitando-se a ser apenas um movimento de agitação e propaganda dos moderados, que seguia a tradição retórica da literatura italiana, confundindo a unidade cultural com a unidade política e territorial.

As contradições da unificação nacional refletiram-se também no nível historiográfico, de modo que as interpretações múltiplas e díspares desse processo seriam, segundo Gramsci, uma confirmação das ambiguidades, fraquezas e inconsistências imanentes às forças protagonistas do *Risorgimento*, da falta de elementos suficientemente nacionais entre suas classes dirigentes. O conjunto dessas interpretações tem um caráter imediatamente político e não histórico, além de ser afetado por certa abstração e parcialidade subjacente. Trata-se de uma literatura que brota nas fases mais agudas da crise política e social, marcadas pelo distanciamento entre governantes e governados e por temores em razão dos riscos de esmagamento da vida nacional em seus equilíbrios conservadores devido à chamada crise de hegemonia (Fresu, 2014).

Toda a análise do passado da Itália, desde a era romana até o *Risorgimento* e pós-unificação, na historiografia italiana, teve como objetivo encontrar uma unidade nacional de fato, justificando o presente com o passado histórico. Essa operação ideológica deveu-se à necessidade de fanatizar os 'voluntários da nação' com as supostas glórias da história da Itália, compensando assim as deficiências e limitações de um *Risorgimento* feito por pequenas elites, com a total ausência das massas populares. Com essa mitologia nacional, tentou-se substituir a adesão orgânica das massas populares ao Estado pela seleção de 'voluntários' de uma nação concebida abstratamente (Gramsci, 1975). Isso basicamente mostrou que ninguém era capaz de entender o problema proposto por

Maquiavel em seus textos militares: a necessidade de unir-se às massas camponesas para substituir os mercenários por uma milícia nacional, adotar o elemento popular nacional como uma alternativa ao voluntarismo, uma vez que este representa uma solução equivocada e perigosa, tanto quanto o mercenarismo.

Essa maneira de representar eventos históricos — que Gramsci chama de 'história fetichista' — transforma personagens abstratos e mitológicos em protagonistas da história da Itália e, portanto:

> O problema de buscar as origens históricas de um evento concreto e detalhado, a formação do Estado moderno italiano no século XIX, foi transformado no problema de ver esse Estado, como Unidade ou como Nação ou genericamente como Itália, em toda a história anterior, assim como o galo deve existir no ovo fecundado (Gramsci, 1975, p. 1981).

A ideia de que a Itália sempre foi uma nação parecia a Gramsci uma construção puramente ideológica, um preconceito responsável pelas acrobacias dialéticas anti-históricas destinadas a rastrear essa unidade no passado anterior ao *Risorgimento*. Na Itália do século XIX, essa unidade nacional não existia porque carecia de um elemento fundamental, o povo-nação, e uma conexão estreita com os intelectuais nacionais. Por essas razões, as reconstruções historiográficas eram, na verdade, propaganda que buscava criar a unidade nacional com base na literatura e não na história; essa abordagem da unificação era um 'querer ser' em vez de um 'dever ser' determinado pelas condições de fato já existentes.

Na Itália, segundo Gramsci, apenas a história dos intelectuais foi ininterrupta; portanto, mesmo o chamado sentimento nacional — antes e depois do *Risorgimento* — não estava vinculado a instituições objetivas, não era 'popular-nacional', mas simplesmente um sentimento de 'intelectuais'. Na Itália, não havia elementos objetivos capazes de desempenhar uma função unificadora real, como criar um sentimento nacional que não fosse puramente subjetivo. Essa função não podia ser desempenhada nem pela linguagem, descontínua pela predominância dos dialetos;

nem pela cultura, muito restrita e de uso de pequenos grupos intelectuais com caráter de casta; nem pelos partidos políticos, pouco sólidos e atuando apenas em situações eleitorais. O único elemento 'popular-nacional' válido e espraiado foi a Igreja, mas, dada sua natureza cosmopolita tradicional e sua luta contra o Estado secular, ela desempenhou uma função desagregadora, em vez de favorecer a formação de um sentimento nacional unitário.

A cultura histórica francesa, ao contrário, tivera uma base unificadora — além das várias tendências políticas que se seguiram (da dinástica à radical-socialista) — e uma consciência 'popular-nacional', justamente porque o elemento permanente daquela história, marcada por mudanças de caráter político, era o 'povo-nação'; lá, aquela conexão entre 'povo-nação' e intelectuais existiu de fato. Na Itália, pelo contrário, os intelectuais — engajados no trabalho de construção da unificação mitológica, e não histórica — distinguiram-se do povo, colocaram-se do lado de fora, criando e fortalecendo entre si um espírito particular de casta, caracterizado precisamente pela desconfiança do povo. Os jacobinos, por outro lado, lutaram arduamente para garantir o vínculo entre a cidade e o campo, conquistando forte hegemonia política, impondo-se à burguesia e levando-a a uma posição muito mais avançada do que ela realmente desejaria e do que seria possibilitado pelas próprias condições históricas (Gramsci, 1975). Em geral, nos estágios iniciais da revolução, a burguesia apresenta apenas seus interesses corporativos imediatos, "fala grosso, mas na realidade demanda muito pouco". Na Revolução Francesa, foram os jacobinos que "levaram a classe burguesa adiante, chutando-lhe o traseiro" (Gramsci, 1975, p. 2027), fazendo com que ela perdesse seu caráter corporativo até se tornar uma classe hegemônica e dando uma 'base permanente' ao novo Estado.

Como Marcello Mustè (2022) escreveu em seu excelente livro *Revoluções Passivas*, no pensamento de Gramsci, a referência ao jacobinismo chamava para uma análise mais ampla da história francesa, que ele viu como o fenômeno completo da modernização burguesa, "um tipo realizado de todas as energias nacionais e especialmente das categorias intelectuais", a pátria do povo-nação, em comparação com a qual a Itália (colocada no extremo oposto do espectro de uma nação-retórica), mas também a Inglaterra e a Alemanha, apareceram como soluções de compromisso.

Os jacobinos foram o único "partido da revolução ativa", porque representavam não apenas os interesses imediatos da burguesia francesa, mas o movimento revolucionário como um todo, conseguindo se colocar à frente de um novo bloco social revolucionário, no qual também desempenharam um papel as massas populares e os trabalhadores rurais, conscientes da necessidade de constituir um bloco comum com os jacobinos para derrotar definitivamente as classes da aristocracia fundiária.

Mesmo na Itália, teria sido possível desagregar o bloco reacionário que unia as classes dos latifundiários aos grupos intelectuais legitimistas e clericais, desde que os grupos democráticos tivessem se colocado à frente de um novo bloco social, atraindo e dirigindo as massas rurais e os intelectuais das "camadas intermediárias e inferiores". Era precisamente essa a tarefa programática que os bolcheviques tomaram em 1917 e que Gramsci, tendo atrás uma longa elaboração, definiu como estratégica tanto nas Teses do Congresso de Lyon quanto no ensaio *A questão meridional*, de 1926.

Na Itália, a fraqueza dos partidos políticos liberais, a partir do *Risorgimento*, deveu-se ao desequilíbrio entre agitação e propaganda e à falta de princípios e continuidade orgânica. As tendências ao oportunismo, à corrupção e ao 'transformismo' seriam encontradas no estreito horizonte cultural e estratégico dos partidos políticos e na ausência de vínculos orgânicos entre eles e as classes representadas. Esses partidos não se desenvolveram como uma expressão política e coletiva dos interesses de uma classe, como uma consciência consolidada e teorizada de sua função histórica, mas como meros consórcios de interesses imediatos condensados em torno de personalidades ou restritos grupos de notáveis. Tratava-se de comitês eleitorais, e não de partidos, careciam de qualquer atividade teórica ou visão programática voltada para o futuro (Gramsci, 1975). Na Itália, os partidos políticos "não eram permeados pelo realismo efetivo da vida nacional"e, em decorrência disso, não cumpriram a função histórica de construir uma classe dominante nacional; por esse motivo, os principais grupos que formaram suas capacidades intelectuais no mundo acadêmico ou no mundo da produção eram grupos de "quadros apolíticos", com uma base mental e cultural puramente "retórica e não nacional".

O mesmo fracasso do Estado liberal depois da primeira guerra mundial, então o advento do fascismo, tinham raízes profundas na história da Itália e a principal responsabilidade estava a cargo da classe dominante nacional que, excluindo as grandes massas populares do processo do *Risorgimento*, impedira que o novo Estado surgisse desde baixo, envolvendo e incorporando ao espírito nacional até as camadas mais baixas do ponto de vista econômico e cultural.

A teoria da 'revolução passiva', um 'oximoro' conceitual que reflete "o desenvolvimento paradoxal da transição para a Europa moderna" (Mustè, 2022, p. 7), representa, desse ponto de vista, uma junção teórica de fundamental importância para o desenvolvimento do pensamento de Gramsci entre os mais estudados internacionalmente[2]. Como esclarece Marcello Mustè, que reconstrói as origens e a genealogia da ideia de revolução passiva de Gramsci, na definição dessa concepção, descendente da de hegemonia e com um duplo caráter (analítico e programático), configuram-se alguns dos termos essenciais da renovação do marxismo indicada nas notas dos *Cadernos* pelo pensador sardo. Se no ensaio de 1926, Gramsci (1991) vê em Croce uma chave conservadora fundamental para o sistema meridional, em suas reflexões na prisão, o filósofo de Pescasseroli torna-se o maior representante da revolução passiva na Itália. A esse respeito, Frosini (2019) escreveu que a posição revisionista adotada no final do século XIX por Croce, e preservada, embora com formas renovadas, no novo século, assumiu para Gramsci uma função política precisa (ainda totalmente operacional durante o fascismo) de absoluta importância para

---

[2] O trabalho da terceira edição da Escola Internacional de Estudos Gramscianos "Ghilarza Summer School", realizada em setembro de 2018, girou em torno desse tema. Para mais detalhes, consulte os interessantíssimos Anais reunidos no volume *Crisi e rivoluzione passiva. Gramsci interprete del Novecento*, de COSPITO, G.; FRANCIONI, G.; FROSINI, F. (org.). Ibis, Como-Pavia, 2021.

a dinâmica da modernização passiva essencial para qualquer 'revolução-restauração'[3]. O anticomunismo, em essência, empurraria Croce para o fascismo, concebido como uma forma renovada de revolução passiva, correspondendo à nova estrutura histórica marcada pela "política de massa", uma barragem de contenção contra o perigo bolchevique e uma garantia dos antigos equilíbrios sociais passivos. O fascismo, que nos anos imediatamente anteriores e posteriores à Marcha sobre Roma representava o legado da antiga direita histórica, era objetivamente "o movimento correspondente ao do liberalismo moderado e conservador" (Gramsci, 1975, p. 1228). O elo orgânico entre 'revolução passiva' e 'transformismo' tem sua raiz na vontade de conservar o equilíbrio passivo entre as classes, fundamentado na contradição entre dirigentes e dirigidos abordada nas reflexões sobre o conceito de 'nacional-popular'.

> O transformismo aparece, portanto, como uma forma, um dispositivo ligado à revolução passiva, na medida em que modifica as relações de forças de maneira molecular, drenando e recrutando — por meio de cooptação e transferência voluntária — forças e poder para um projeto de dominação, a fim de garantir a passividade e promover a desmobilização das classes subordinadas. Toda revolução passiva é apoiada e alimentada por um processo transformista, embora nem todo transformismo implique uma revolução passiva (Modonesi, 2024, p. 137).

---

3 "Essa função pode ser resumida na necessidade de absorver os impulsos rebeldes dos subalternos, decapitando suas organizações por meio da assimilação de seus intelectuais de referência. Com sua crítica a Marx, com a Filosofia do Espírito, com a História Ético-Política e agora com A Religião da Liberdade, Croce sempre buscou o mesmo objetivo: o controle das tentativas de auto-organização das classes subalternas. Esse objetivo, portanto, não estava em desacordo com o fascismo, exceto de forma superficial". FROSINI, F., *La «storia d'Europa» di Benedetto Croce e il fascismo*, Unicopli, Milano, p. 29, 2019.

A reforma intelectual e moral

Segundo Gramsci, diferentemente do que ocorrera na França com a filosofia racionalista do século XVIII, ou na Alemanha, antes com a Reforma luterana e depois com a filosofia alemã do século XIX, na Itália não houve uma reforma intelectual e moral capaz de envolver não apenas as classes mais elevadas, mas também as populares. Apesar de constituir uma reforma, o idealismo moderno de Croce não tinha, por exemplo, esse caráter, enquanto precisamente nesse terreno deveriam ter sido avaliadas a capacidade e a diversidade do materialismo histórico, para o qual Gramsci (1975, p. 515) indica uma "função totalizante", não apenas com relação à visão de mundo orgânica e coerente, mas por sua capacidade de envolver toda a sociedade até suas raízes: "O erro histórico da classe dominante foi impedir sistematicamente que tal fenômeno ocorresse no período do *Risorgimento* e fundamentar sua continuidade histórica em manter uma situação cristalizada, a partir do *Risorgimento*" (Gramsci, 1975, p. 816).

Um dos principais elementos de força, significado e persistência entre as massas religiosas, e em particular da católica, é precisamente o fato de que a Igreja lutou constantemente pela união doutrinária de toda a massa religiosa, de modo que não se formasse uma religião dos intelectuais e outra das 'almas simples', para que as camadas intelectuais superiores não se separassem das inferiores.

A Igreja soube manter sua comunidade de fiéis por meio da repetição coerente de sua apologética e da manutenção da continuidade entre ela e os fiéis. Quando essa continuidade foi interrompida — como nos tempos da Reforma religiosa e da Revolução Francesa —, a Igreja sofreu danos incalculáveis.

A 'filosofia da práxis' deveria ter tirado uma lição desse exemplo. Toda nova visão do mundo que pretenda substituir o senso comum e as antigas concepções deve necessariamente agir de duas maneiras: em primeiro lugar, nunca se cansar de repetir seus próprios argumentos, dando-lhes coerência e continuidade; em segundo, trabalhar para:

> Elevar intelectualmente camadas populares cada vez mais vastas, o que significa trabalhar para suscitar elites intelectuais de um

> novo tipo que surjam diretamente das massas e permaneçam em contato com elas para se transformar em sua base de sustentação (Gramsci, 1975, p. 1392).

Se, no entanto, um dos pontos fortes da Igreja católica residia em sua intenção de manter, na unidade doutrinária, o contato entre os estratos intelectuais mais elevados e as massas, esse objetivo nunca foi alcançado com um trabalho destinado a elevar as massas ao nível dos intelectuais, mas com uma disciplina férrea sobre os intelectuais, para que não ultrapassassem certos limites na distinção entre eles e as massas. Para Gramsci, o marxismo deveria ser metodologicamente (não apenas ideologicamente) antitético a essa concepção, uma vez que não deveria manter as massas em sua filosofia primitiva do senso comum, mas ter o objetivo de elevá-las a uma concepção superior da vida[4].

---

[4] Nessa abordagem, percebe-se a grande influência de *O que fazer?*, de Lênin, em que a questão é tratada extensivamente. Em tal obra, podemos ler, por exemplo: "A primeira e mais imperiosa de nossas obrigações é contribuir para a formação de operários revolucionários que, do ponto de vista de sua atividade no partido, estejam no mesmo nível dos revolucionários intelectuais [...]. Por isso, nossa atenção deve voltar-se principalmente para elevar os operários ao nível dos revolucionários e não para descermos nós próprios infalivelmente ao nível da 'massa operária', como querem os 'economistas' [...]" (LÊNIN, Vladímir Ilitch, *Che fare?*, Turim, Einaudi, 1979, p. 151 [ed. bras.: *O que fazer?*, trad. Edições Avante! e Paula Vaz de Almeida, São Paulo, Boitempo, 2020, p. 145]). E, ainda nesse sentido, uma citação que Lênin faz de Karl Kausty: "A consciência socialista moderna não pode surgir senão na base de profundos conhecimentos científicos. [...] o portador da ciência não é o proletariado, e sim a *intelectualidade burguesa*: foi do cérebro de alguns membros dessa camada que surgiu o socialismo moderno e foram eles que o transmitiram aos proletários intelectualmente mais desenvolvidos [...]" (*ibidem*, p. 47 [ed. bras.: p. 55]), que depois o revolucionário russo comenta em nota de rodapé: "Isso não significa, é claro, que os operários não participem dessa elaboração. Mas participam não como operários, participam como teóricos do socialismo [...]; em outras palavras, só participam no momento e na medida em que conseguem dominar, em maior ou menor grau, a ciência da sua época e fazê-la progredir. E para que os operários o consigam com maior frequência, é preciso esforçar-se o mais possível para elevar o nível de consciência dos operários em geral; é preciso que os operários não se confinem no quadro artificialmente restrito da 'literatura para operários', mas aprendam a assimilar cada vez mais a literatura geral. Seria mesmo mais justo dizer, em vez de 'não se confinem', 'não sejam confinados', porque os próprios operários leem e querem ler tudo quanto se escreve também para a intelligentsia, e só alguns (maus) intelectuais pensam que 'para os operários' basta falar das condições nas fábricas e repisar aquilo que já sabem há muito tempo" (*ibidem*, p. 47-8 [ed. bras.: p. 55-6]).

> Se ele afirma a necessidade de contato entre intelectuais e pessoas simples, não é para manter a unidade no nível mais baixo das massas, mas precisamente para construir um bloco intelectual-moral que torne politicamente possível o progresso intelectual das massas e não apenas de escassos grupos intelectuais (Gramsci, 1975, p. 1384).

Na visão de Gramsci, a emancipação imanente ao socialismo, para tornar-se orgânica e não reproduzir em si mesmo o dualismo burocrático da velha ordem, deveria ter como premissa essencial a superação da distinção entre trabalho manual e intelectual, uma distinção não natural, mas historicamente determinada, como consequência de uma divisão do trabalho imposta às massas de trabalhadores instrumentais. A criação, pelas classes subalternas, de seus próprios intelectuais orgânicos é o elemento-chave, mas essa tarefa é dificultada pelas próprias condições dessas classes, cuja história é necessariamente desagregada e episódica.

Para Gramsci, também os grandes intelectuais formados no contexto do marxismo, além de serem pouco numerosos, não estavam ligados ao povo, e muito menos vieram do povo, mas sempre foram uma expressão da classe dominante à qual retornaram nas grandes viradas históricas. Quanto aos que permaneceram no campo do marxismo, o fizeram submetendo-o a uma revisão profunda, em vez de favorecer seu desenvolvimento autônomo e autossuficiente no sentido conceitualizado por Labriola.

A chave de leitura do transformismo também é usada por Gramsci para explicar a irresistível capacidade de atração exercida pelas classes dominantes sobre os líderes do movimento socialista italiano; daí a tendência cíclica à sua absorção nos equilíbrios conservadores do país. O movimento socialista italiano formou estratos inteiros de intelectuais que depois passaram em grupos para a classe cuja dominação social eles contestaram. O Mussolini foi apenas o último exemplo de uma longa tradição. Uma questão que, segundo o intelectual sardo, novamente poderia ser explicada pela insignificante adesão das classes altas ao povo.

Desse modo, a criação de seus próprios intelectuais orgânicos torna-se central para evitar a decapitação sistemática dos movimentos políticos das massas populares em tempos de crise. No entanto, essa criação não deve consistir em separar os proletários individuais de suas classes de origem para torná-los líderes do movimento, mas em transformar radicalmente a concepção, o papel e a função dos intelectuais e, sobretudo, reorientar completamente a relação entre atividade manual e atividade intelectual.

Gramsci contrapõe essa nova ideia da função intelectual ao tipo 'tradicional' e 'vulgarizado', isto é, ao literato, ao filósofo, ao jornalista, ao artista, a todas aquelas categorias de indivíduos que pretendem exercer com exclusividade a atividade intelectual. Na verdade, esse é um resíduo ossificado do passado, pois na moderna sociedade industrial já se determina espontaneamente uma estreita intersecção entre atividade técnico-prática e atividade intelectual. A criação de 'intelectuais orgânicos' e sua estreita ligação com os 'intelectuais tradicionais' assumem particular importância para o partido moderno. Se levamos em conta a função predominante que os membros de um partido desempenham, ou seja, a função diretiva e organizativa, temos de concluir que todos eles são, em certo sentido, intelectuais.

Para Gramsci, O *Príncipe*, de Maquiavel, é a metáfora do moderno partido político, no qual se concentra uma vontade coletiva propensa a se tornar "universal e total", isto é, a fundar o próprio Estado. Nas notas dos *Cadernos* evoca-se a elaboração de um "moderno Príncipe", entendido como organismo que encarna plasticamente a vontade coletiva das massas populares. O "moderno Príncipe" deve necessariamente ter uma parte dedicada ao jacobinismo, um exemplo de como uma vontade coletiva, em alguns aspectos originais, foi formada e operada concretamente; ele também deve investigar quais condições devem existir para despertar e desenvolver uma vontade coletiva que seja criação *ex novo*.

Segundo Gramsci, O *Príncipe*, de Maquiavel, não é uma fria utopia, mas um "livro vivo", porque consegue mesclar ideologia e ciência política por meio do mito, porque nele a concepção política não tem nada de abstratamente doutrinário, mas se objetiva num líder ideal que, embora não exista na realidade histórica imediata, representa a vontade coletiva de um povo disperso e pulverizado. Por intermédio de sua forma fantástica e artística, O *Príncipe* tem a capacidade de estimular, convencer e despertar a organização dessa vontade coletiva. Se, na exposição, Maquiavel identifica com rigor e distanciamento científico as qualidades necessárias ao príncipe para guiar um povo e fundar um Estado, nas conclusões ele se faz povo, confunde-se com ele, torna-se sua consciência e expressão orgânica.

Em tudo isso está, segundo Gramsci, a força e a modernidade de *O Príncipe*, na compreensão de que a formação de uma vontade coletiva popular nacional não é possível sem a irrupção das grandes massas na vida política. Essa intuição está contida na ideia da reforma da milícia, na qual Gramsci capta no "jacobinismo precoce de Maquiavel" o germe de sua concepção revolucionária que depois se traduziu historicamente na função desempenhada pelos jacobinos na Revolução Francesa.

A ideia de um "moderno Príncipe", a construção de um partido que é a real expressão das massas populares, tem como principal objetivo justamente a quebra de qualquer "equilíbrio passivo" por meio da realização de uma profunda "reforma intelectual e moral", ou seja, uma concepção de mundo que coincide com o desenvolvimento posterior dessa vontade coletiva em direção a uma "forma superior e total de civilização", uma transformação radical da sociedade a partir de seu modo social de produção econômica. Assim como, para Marx, em sua polêmica juvenil com Bruno Bauer acerca da "Questão judaica", a emancipação humana não pode se limitar à emancipação política, da mesma forma. Segundo Gramsci (1975), não pode haver uma reforma cultural, uma elevação civil das classes exploradas se antes não ocorreu uma transformação econômica radical capaz de pôr fim à sua condição de subalternidade.

Conclusões

Uma das figuras mais interessantes do cenário intelectual italiano pós-Segunda Guerra Mundial, Edoardo Sanguineti (1975), político, poeta, crítico literário, dramaturgo e animador do movimento literário neovanguardista Gruppo 63, observa dois aspectos principais nas reflexões de Gramsci sobre o conceito de 'nacional-popular'. O primeiro é delineado 'negativamente', configurando a ideia de uma produção artística e literária 'funcional' e 'orgânica', em oposição ao indivíduo objetivado no subjetivismo estético e cultural. A segunda, por outro lado, designa, em termos positivos, "a forma necessária de um universal concreto que supera todo resíduo municipal e folclórico, regional e dialetal, assim como supera toda fronteira elitista e aristocraticamente reservada". É em relação a essas perspectivas que, de acordo com Sanguineti, Gramsci desenvolve suas reflexões sobre esses temas, "e não, como muitas vezes foi entendido, em vista de alguma estratégia limitadora de um caráter, se não 'nacionalista' e 'populista', pelo menos não muito distante de tal declinação" (Sanguineti, 1975, p. XXIII).

À torção nacionalista e populista do conceito de nacional-popular corresponde à leitura culturalista das categorias sobre grupos subalternos, tematizados de forma inédita a partir da dialética entre as partes subalternas e hegemônicas do mundo. Gramsci está constantemente presente nos estudos pós-coloniais, às vezes de forma aproximada e incoerente, por meio da tradução de suas categorias, da dimensão histórica e territorial italiana para a dimensão planetária na relação entre o Norte e o Sul do mundo[5]. Entretanto, é preciso explicar que em Gramsci, a análise da relação Norte/Sul, assim como aquela entre Leste/Oeste, nunca é aproximável ao ecletismo pós-moderno. Pelo contrário, ela é inseparável da concepção materialista da história, ou seja, da centralidade das relações sociais de produção e, portanto, do conflito internacional entre capital e trabalho, na definição dos conceitos de hegemonia e dominação tanto na metrópole capitalista quanto na 'periferia' colonial.

Como Buttigieg teve a oportunidade de apontar na Conferência Internacional realizada em Turim em dezembro de 1997, na raiz de um uso excessivamente eclético nos estudos culturais das categorias gramscianas está o fato de que:

---

5 De particular interesse a esse respeito foi a Conferência Internacional "Gramsci na Ásia e na África", realizada na Universidade de Cagliari em 12 e 13 de fevereiro de 2009, cujos anais foram editados por Annamaria Baldussi e Patrizia Manduchi a partir do volume de mesmo nome publicado no mesmo ano pela editora Aipsa.

> Em um número surpreendentemente grande de casos, aqueles que consideraram o termo subalterno útil e o utilizaram em seu trabalho não foram diretamente familiarizados com os escritos de Gramsci sobre o assunto; eles o aprenderam de segunda mão. Claro exemplo disso é o famoso ensaio de Gayatri Spivak, *Can the Subaltern Speak?*, por anos muito citado e frequentemente incluído em antologias sobre os estudos subalternos (Buttigieg, 1999, p. 194).

De acordo com Buttigieg, esses intérpretes, além de nunca terem realizado nenhum estudo sistemático do conceito de subalterno antes de usá-lo, se serviram de Gramsci para desenvolver suas próprias linhas de pesquisa e elaboração teórica, nas quais o autor dos *Cadernos* foi interpretado a partir das teorias desconstrucionistas de Derrida e Foucault, ou ainda, utilizaram-no para "formular uma política de oposição, afastando-se do conceito de classe — que, de acordo com o trabalho de Ernesto Laclau e Chantal Mouffe, é cada vez mais considerado essencialista e, portanto, insustentável" (Buttigieg, 1999, p. 194). Finalmente, as concepções de Gramsci em torno do tema da subalternidade têm sido empregadas na análise de fenômenos culturais e sociopolíticos em uma chave pós-moderna e pós-marxista que desconsidera totalmente a estrutura analítica e política na qual Gramsci elaborou suas categorias.

Todavia, as reflexões gramscianas sobre os subalternos e o 'nacional-popular' precisam ser pensadas de acordo com as elaborações "sobre hegemonia, sociedade civil, transformismo, revolução passiva e a função dos partidos políticos" (Buttigieg, 1999, p. 194). Gramsci não pode ser objeto de uma "leitura seletiva e parcial" (*ibidem*, p. 197) e usado para conceber "a luta do subalterno contra a hegemonia dos grupos dominantes como uma pura disputa cultural travada no terreno raciocinativo da historiografia e de outras ciências humanas, ou mesmo na arena da mídia de comunicação de massa" (*ibidem*). Tanto o conceito de subalterno quanto a chave hermenêutica do 'nacional-popular', de fato, assumem uma função analítica e política sem precedentes, precisamente por causa de sua maneira de conceber o marxismo como uma concepção integral e autossuficiente do mundo, da interpretação e da transformação da realidade, na qual se delineia a relação unitária e inseparável entre teoria e práxis.

ANTONINI, Francesca. *Gramsci. Tra cesarismo e bonapartismo. Egemonia e crisi della modernità*. Treccani, Roma, 2024

BALDUSSI, Annamaria; MANDUCHI, Patrizia (orgs.). *Gramsci in Asia e in Africa*. Aìpsa, Cagliari, 2009.

BUCI-GLUCKSMAN, Christine. *Gramsci e lo Stato*, Editori riuniti, Roma, 1976.

BUTTIGIEG, Joseph. "I subalterni nel pensiero di Gramsci". *In*: BURGIO, Alberto; SANTUCCI, Antonio A. (orgs.). *Gramsci e la rivoluzione in Occidente*. Editori Riuniti, Roma, 1999.

COSPITO, Giuseppe; FRANCIONI, Gianni; FROSINI, Fabio (orgs.). *Crisi e rivoluzione passiva. Gramsci interprete del Novecento*. Ibis, Como-Pavia, 2021.

DESOGUS, Paolo. "Dal romanzo di appendice francese a Maciste. Appunti sulla letteratura gramsciana del superuomo popolaresco". *In*: LA PORTA, Lelio; MAROLA, Francesco (orgs.). *L'Europa di Gramsci. Filosofia, letteratura e traducibilità*, Bordeaux edizioni, Roma, 2022.

FRESU, Gianni. "Moderati e democratici nell'Ottocento. L'interpretazione di Gramsci", *In*: CARPINELLI, Cristina; GIOIELLO, Vittorio (orgs.). *Il Risorgimento: un'epoca? Per una ricostruzione storico-critica*, Frankfurt, Zambon, 2012.

FRESU, Gianni, "Il trasformismo permanente. Feticismo storico e mitologia nazionale". *In*: PALA, Mauro (org.), *Gramsci, Narrazioni egemoniche. Gramsci, letteratura e società civile*. Bologna, Il Mulino, 2014.

FRESU, Gianni. *Antonio Gramsci. O homem filosofo*, Boitempo, São Paulo, 2021.

FRESU, Gianni. *Questioni gramsciane. Dall'interpretazione alla trasformazione del mondo*. Meltemi, Milano, 2024.

FROSINI, Fabio. *La "storia d'Europa" di Benedetto Croce e il fascismo*. Unicopli, Milano, 2019.

GARIN, Eugenio. *Cronache di filosofia italiana* (1904-1943), vol. I., Laterza, Bari 1996.

GRAMSCI, Antonio. *Quaderni del carcere*. Einaudi, Torino, 1975.

GRAMSCI, Antonio. *La questione meridionale*. Editori Riuniti, Roma, 1991.

GRAMSCI, Antonio. *Lettere dal carcere*. Einaudi, Torino, 2021.

LISA, Athos. *Memorie*, Feltrinelli, Milano, 1975.

MODONESI, Massimo. *Gramsci e il soggetto politico. Subalternità, autonomia, egemonia*. Bordeaux edizioni, Roma, 2024.

MUSTÈ, Marcello. *Rivoluzioni passive. Il mondo tra le due guerre nei Quaderni del carcere di Gramsci*. Viella, Roma, 2022.

SANGUINETI, Edoardo. "Introduzione". *In*: GRAMSCI, Antonio. *Letteratura e vita nazionale*, Editori Riuniti, Roma, 1975.

No samba o veneno popular contra o regime[1]

CARLOS NELSON COUTINHO
(*sob o pseudônimo* **JORGE GONÇALVES**)[2]

'Desde a primeira metade dos anos sessenta, a música popular combinou temas políticos com a crítica social tradicional'

A música popular brasileira tem uma função cultural que os europeus nem sempre conseguem avaliar adequadamente: no quadro da produção artística e ideológica do Brasil, ela desempenha um papel profundamente diferente daquele do folclore ou da música de simples entretenimento de outros países. Em certo sentido, e se levarmos em conta a sua principal linha de desenvolvimento, a música brasileira assumiu certas funções que — em outras condições históricas e nacionais — normalmente cabem à literatura, função que corresponde ao que Gramsci tão bem identificou como a de criação e expressão de uma consciência nacional-popular.

---

1 Publicado originalmente na Itália, o artigo "*Nel samba, il veleno popolare contro il regime*" (*Realidade Brasileira*, n.4. Milão, 6.1976) permaneceu inédito em português durante quase meio século, a despeito da importância e da originalidade de sua tese sobre a função cultural da música popular brasileira. Desde os anos 1980, fotocópias desse texto circularam entre os alunos de Carlos Nelson Coutinho e inspiraram dissertações e teses de Doutorado. Agora, finalmente, o artigo é impresso e divulgado em nosso país. Tradução: Eduardo Granja Coutinho.

2 O pseudônimo Jorge Gonçalves é uma reverência a dois grandes intérpretes da música popular brasileira: Nelson Gonçalves e Jorge Veiga. Este último, um cantor de sambas malandros, era o intérprete preferido de Carlos Nelson Coutinho.

Sufocada pelas condições de dependência e de colonialismo cultural, a literatura brasileira tornou-se cosmopolita, adotando uma problemática essencialmente estranha aos problemas concretos do nosso povo. Pelas análises de Gramsci, sabemos que a literatura italiana sofreu um processo semelhante que sacrificou o elemento nacional-popular, tão vivo ao contrário na literatura russa ou francesa do século XIX. E Gramsci indicou como, devido a esse fracasso da literatura, foi a ópera que ocupou (especialmente no século passado) o papel na formação da consciência nacional-popular italiana que normalmente caberia à arte literária. No Brasil, esta última foi amplamente substituída pela música popular.

O fato é que a música popular, apesar de não ter as mesmas possibilidades estético-expressivas da literatura, e de ter sofrido a mesma pressão do colonialismo cultural (especialmente nos últimos tempos), conseguiu superar continuamente a tendência ao cosmopolitismo, valendo-se de sua união mais íntima com a vida das classes subalternas da população brasileira. É claro que mesmo na literatura foram obtidos resultados excepcionais na formação da consciência nacional-popular (basta pensar em Machado de Assis, Lima Barreto ou Graciliano Ramos); mas, precisamente porque se trata de casos excepcionais, esses autores permanecem fenômenos relativamente isolados.

No campo da música popular, o quadro é diferente. Além da expressão dos chamados sofrimentos privados (paixões amorosas etc.) e da crônica cotidiana, sempre se desenvolveu na nossa música popular uma dimensão de crítica social, devida ao fato de os compositores serem, tradicionalmente, indivíduos provenientes das classes populares e, por isso, menos sujeitos ao processo de alienação imposto pelo colonialismo cultural. Dessa forma, a música popular superou gradativamente seu aspecto folclórico e marginal para se tornar um importante elemento de formação da consciência nacional-popular brasileira.

Essa conversão se concretizou a partir das primeiras décadas do século, durante o processo de urbanização vivido pela nação brasileira, quando boa parte dos ex-escravizados negros que saíram dos engenhos baianos migraram para o bairro da Saúde, na periferia do Rio de Janeiro, à espera de conseguir emprego na ainda fraca indústria nacional. Da fusão dos ritmos africanos com os problemas urbanos vividos pela classe trabalhadora, nasceu o tipo de música que ganhou o nome de 'samba'.

Já durante a Primeira Guerra Mundial, uma música intitulada "No telefone" foi gravada pela primeira vez sob a designação 'samba'; certamente não é por acaso que continha uma crítica ao delegado de polícia do Rio de Janeiro, que na época tentava reprimir os chamados jogos de azar (muito difundidos entre as camadas mais pobres da população), porém, utilizando uma força policial completamente corrompida pelos aproveitadores do próprio jogo. A partir de então, como nas canções de Sinhô, Noel Rosa, Ismael Silva, Wilson Batista e tantos outros, o samba continuou a desenvolver essa linha de crítica aos costumes, voltando-se cada vez mais para a expressão da consciência nacional-popular das classes subalternas, que envolviam desde o proletariado industrial até os setores mais pobres da pequena burguesia urbana.

Durante a década de 1950 e a primeira metade da década de 1960, a música popular brasileira passou a aliar a temática política à sua já antiga linha de crítica social. E isso pode ser observado, por exemplo, nas produções de compositores vinculados ao Centros Populares de Cultura, organização que reunia estudantes e intelectuais progressistas sob a direção da União Nacional dos Estudantes do Brasil. Isso explica porque a repressão desencadeada imediatamente após o golpe militar de 1964 não poupou a nossa música popular, nem mesmo no que havia de mais significativo.

Mas os compositores reagiram com grande coragem à onda de repressão. Já no final de 1964, autores e cantores reuniram-se num memorável espetáculo musical, "Opinião", no qual talvez pela primeira vez se manifestasse publicamente a oposição artística ao novo regime. Realizado em todo o Brasil, o espetáculo dirigiu a um público predominantemente jovem uma mensagem de anticonformismo, resumida nos versos iniciais de sua música principal, do cantor Zé Keti:

> Podem me bater, podem me prender
> Podem até deixar-me sem comer
> Que eu não mudo de opinião...

Apropriando-se dos grandes espaços que a repressão não conseguiu ocupar, numerosos artistas fizeram da música popular um dos veículos mais importantes desse vasto movimento político e cultural de protesto, que culminou nas grandes manifestações de massa de 1968. Durante essas manifestações, os estudantes cantaram pelas ruas "Caminhando", de Geraldo Vandré, uma canção antimilitarista dirigida aos soldados:

> Nos quartéis lhes ensinam uma antiga lição
> De morrer pela pátria e viver sem razão

Em resposta a essa expansão da luta de massas, o regime com o Ato Institucional nº. 5 radicaliza o processo de fascistização do país, criando condições muito mais duras para a criação cultural em geral e, portanto, para o exercício da crítica político-social por parte da nossa música popular. A repressão não para: Geraldo Vandré é forçado ao exílio pelo ódio dos militares; Caetano Veloso e Gilberto Gil foram presos e, posteriormente, expulsos do país; inúmeras músicas e shows são proibidos por uma censura muito feroz. Isso não significa que a música popular capitula perante o fascismo. Já em 1969, numa mensagem-canção que omitiu habilmente o nome do destinatário, Chico Buarque alertou o ditador do momento:

> Apesar de você, amanhã há de ser outro dia...

Duramente perseguidos pela censura (estima-se que, por exemplo, uma em cada três canções seja proibida), os compositores continuam hoje a sua linha de ação de combate ao fascismo, não só através da criação de canções de protesto com uma linguagem adequada às necessidades dos novos tempos, mas também se baseando na permanente reivindicação organizada de uma ampla liberdade de criação. Dessa forma, a música popular brasileira continua cumprindo sua função histórica: contribuir para a formação de uma consciência nacional-popular democrática em nosso país.

Música popular e vida nacional: a imagem do povo em Noel Rosa

EDUARDO GRANJA COUTINHO

Tudo aquilo que o malandro pronuncia,
Com voz macia,
É brasileiro, já passou de português.

[NOEL ROSA, "NÃO TEM TRADUÇÃO", 1933]

O título deste ensaio tem uma clara inspiração gramsciana: é uma referência a *Literatura e vida nacional* [1], um dos volumes da edição temática dos *Cadernos do cárcere*. Nesse livro, Gramsci defende o reencontro da cultura e das artes com os problemas da vida social e nacional italiana, o que equivale a dizer: uma aproximação dos intelectuais e artistas em relação ao povo-nação. Esse é o sentido mais profundo da estratégia político-cultural que ele chamou de 'nacional-popular'. Desse deslocamento dos intelectuais em direção às massas, isto é, dessa articulação dialética

[1] *Literatura e vida nacional* (1986) é um dos seis volumes da primeira edição dos *Cadernos*, organizada por Palmiro Togliatti e Felice Platone após a Segunda Guerra. Sabe-se que Togliatti, líder do Partido Comunista Italiano e estreitamente ligado ao *Comintern*, não publicou nessa 'edição temática' as partes incompatíveis com o marxismo oficial dos partidos ligados à Internacional Comunista. Entretanto, observa Coutinho (2001, p. 26), malgrado os limites dessa edição, "ela foi responsável por uma enorme difusão de nosso autor tanto na Itália como no mundo. [...] Sem esse empenho talvez Gramsci fosse até hoje conhecido apenas como um mártir na luta contra o fascismo, mas não como um dos mais lúcidos pensadores do século XX". Somente em 1975, com a 'edição crítica' de Valentino Gerratana, os *Cadernos* foram publicados na ordem em que foram escritos, cronologicamente, sem a intervenção do editor na ordenação da matéria.

entre 'saber' e 'sentir', depende o estabelecimento de um novo processo de conhecimento que se articula em torno da 'compreensão', ou seja, da 'educação recíproca'. 'Nacional-popular' significa então: expressão coerente e organizada do povo.

Gramsci formula esse conceito no contexto de luta contra o nacionalismo burguês. O nacional-popular gramsciano se contrapunha à interpretação reacionária que o fascismo — uma forma exacerbada do nacionalismo — fazia do passado nacional. Nos textos gramscianos, o nacional-popular significa a possibilidade das classes populares refazerem a memória social num sentido contrário ao da classe dominante. É sob esse viés contra-hegemônico, observa Chaui (1990, p. 89), que Gramsci reinterpreta O *Príncipe* de Maquiavel. Enquanto o fascismo se serve desse autor no sentido de restaurar o passado imperial de Roma, Gramsci faz uma leitura da obra de Maquiavel contra a tradição burguesa, substituindo o mito fascista do 'condutor' pela ideia-força do partido proletário, o Moderno Príncipe. Assim como o Príncipe de Maquiavel, o 'moderno príncipe' encarna a vontade coletiva transformadora e se ocupa da organização de um novo tipo de Estado.

Ao investigar as tendências morais e intelectuais da intelectualidade italiana, Gramsci chama atenção para a inexistência nesse país de uma autêntica cultura 'nacional-popular', como decorrência da separação entre os intelectuais e a 'nação'. Na Itália, diz ele:

> O termo "nacional" tem um significado muito restrito ideologicamente e, de qualquer modo, não coincide com o "popular", já que os intelectuais estão afastados do povo, isto é da 'nação', estando ligados, ao contrário, a uma tradição de casta, que jamais foi quebrada por um movimento político popular ou nacional vindo de baixo: a tradição é "livresca" e abstrata e o intelectual moderno típico sente-se mais ligado a Anibal Caro ou a Ippolito Pindemonte do que a um camponês pugliese ou siciliano (Gramsci, 1986, p. 105).

Essa fragilidade do nacional-popular na cultura italiana possui determinações históricas e sociais. Na Itália, a transição para o capitalismo se deu 'pelo alto', sem participação popular, por meio de acordos entre as elites velhas e novas, num processo conceituado por Gramsci como 'revolução passiva'. Tal processo, assinala Coutinho (1990), tem como consequência a hipertrofia do Estado — o instrumento e o local da conciliação de classes — e a fragilidade da sociedade civil, a 'esfera material' da cultura, na qual atuam os intelectuais na construção e difusão da visão de mundo dos grupos que representam. Esse modelo de evolução política limita o horizonte de possibilidades de atuação dos intelectuais, afastando-o da vida cultural do país e integrando-o, em muitos casos, ao aparelho burocrático do Estado.

Da análise de Coutinho (1976)[2] e Konder (1975), sabemos que a vida intelectual brasileira foi condicionada por um processo análogo. Aqui também, as transformações sociais pelo alto (Independência, República etc.), por meio de acordos entre as classes dominantes no âmbito do Estado, tiveram como consequência a debilidade da sociedade civil, *medium* próprio da cultura, restringindo o âmbito das alternativas que se colocavam à ação do intelectual. Tais processos criaram uma carência na vida espiritual de nosso povo, notadamente no início do século XX, quando, desligada das questões sociais e apartada da vida nacional, a literatura chegou a ser definida por um acadêmico como o "sorriso da sociedade". Nesse período, raros são os escritores em cuja obra o povo é representado numa perspectiva que não seja a das elites, os artistas e intelectuais que propuseram uma imagem alternativa de Brasil, colocando-se contra a corrente dominante.

Contudo, observam Coutinho e Konder, a cultura brasileira apresenta esforços para superar essa carência de uma produção intelectual, literária e artística identificada ao universo popular. A reação mais profunda contra essa situação de fraqueza gerou finalmente uma força: a da música popular.

---

[2] Cf. na presente coletânea o artigo de Carlos Nelson Coutinho, "No samba o veneno popular contra o regime", publicado em Milão em 1976 e somente agora disponível ao público brasileiro.

> Em certo sentido [...] a música brasileira assumiu certas funções que — em outras condições históricas e nacionais — normalmente cabem à literatura: funções que correspondem ao que Gramsci tão bem identificou como a de criação e expressão de uma consciência nacional-popular (Coutinho, 1976, p. 15).

O canto popular aparece como uma forma alternativa de representação da nação; uma forma que, como disse Gramsci (1986, p. 190), se distingue pelo "seu modo de compreender o mundo e a vida em contraste com a sociedade oficial".

O nacional-popular no tempo de Noel Rosa

O nacional-popular como representação contra-hegemônica da nação floresce no Brasil moderno. Ele já está presente na literatura no início do século XX, e mesmo antes, mas de forma esporádica. Carlos Nelson Coutinho cita o romance picaresco *Memórias de um sargento de milícias* (1854), de Manuel Antônio de Almeida, a poesia de Castro Alves e a obra de Lima Barreto, particularmente *O triste fim de Policarpo Quaresma* (1915), como algumas das primeiras manifestações do nacional-popular na Literatura Brasileira, alternativas à cultura intimista e ao nacionalismo 'pelo alto' das elites. Como exceção no panorama literário da Primeira República, diz Coutinho (1990, p. 83)[3], "Lima se propõe a criação de uma literatura [...] que conjugue indissoluvelmente a grandeza estética com um profundo espírito popular e democrático, com uma aberta tomada de posição em favor dos humilhados e ofendidos".

A partir da Primeira Guerra, o nacionalismo burguês invade a cultura brasileira, expandindo-se na literatura. Em contrapartida, a visão de mundo nacional-popular ganha força no campo da música, com a consolidação

3 Salvo engano, foi num ensaio de Coutinho de 1972, intitulado "O significado de Lima Barreto em nossa literatura" (1990) que a noção gramsciana de 'nacional-popular' foi utilizada pela primeira vez para se estudar problemas específicos de nossa produção literária.

do samba e da marcha como gêneros musicais do proletariado urbano. Observa-se, já nos anos 1920, a característica de crítica social e de costumes da música popular. É possível encontrar nas canções de Sinhô, o Rei do Samba, uma imagem alternativa do povo-nação. Tome-se como exemplo o samba "Fala, meu louro" (1920), que ridiculariza a derrota de Rui Barbosa nas eleições presidenciais de 1919, ou "A favela vai abaixo" (1927), que revela uma percepção popular das reformas urbanas no Rio de Janeiro naquele período:

> Minha cabrocha, a favela vai abaixo
> Quanta saudade tu terás deste torrão [...]
> Vê agora a ingratidão da humanidade
> E o poder da flor sumítica, amarela
> Que sem brilho vive pela cidade
> Impondo o desabrigo ao nosso povo da favela...

Mas é na era Vargas que o nacional-popular se afirma como uma tendência ideológica em nossa música. Nesse período, o Estado burguês, necessitando ampliar sua base de consenso, tratou de incorporar o povo à nação. A velha política de marginalização das classes trabalhadoras, sintetizada na frase tantas vezes citada, "a questão social é uma questão de polícia", deveria ser substituída por um outro padrão de dominação social que implicasse a busca do consenso ativo e espontâneo do dominado (Fausto, 1991). Vargas assimila a classe operária, que se agitava e fazia greves, ao seu projeto de poder, contemplando em alguma medida as suas aspirações; torna-se "o pai dos pobres" ao conceder-lhes as leis trabalhistas. E adota postura semelhante em relação à cultura popular, levantando o cerco policial contra a música do povo e o turbulento carnaval dos cordões, desde que essas manifestações fossem submetidas ao controle do Estado. O samba, até então "duramente reprimido nas esquinas, nos botequins e nos terreiros"[4], como cantou Nelson Sargento (1978), foi

[4] "Agoniza mas não morre" (1978), espécie de hino do sambista brasileiro, consagrado na voz de Beth Carvalho.

assimilado como fundamento da identidade nacional. Tornou-se cultura tipicamente nacional. Pela primeira vez na história brasileira, pode-se falar num projeto de hegemonia, ainda que limitado.

Ora, toda hegemonia envolve a possibilidade de uma contra-hegemonia, isto é, de uma resistência a partir de dentro da cultura hegemonizada. É nesse período que a ideologia nacional-popular se fixou e amadureceu como uma contratendência ao sistema simbólico dominante. A partir dos anos 1930, em oposição, por um lado, ao caráter intimista e ornamental da cultura brasileira e, por outro, ao nacionalismo 'pelo alto' (o 'verde-amarelismo'), o nacional-popular floresceu em nossa cultura, expressando-se no terreno da prosa (Jorge Amado, Graciliano Ramos), da poesia (Manuel Bandeira, Carlos Drummond de Andrade), das artes plásticas (Tarsila do Amaral, Portinari, Di Cavalcanti), e de forma particularmente vigorosa no campo da música popular (Noel Rosa, Lamartine Babo, Assis Valente, Wilson Batista, Geraldo Pereira etc.).

Observa-se nesse período uma aproximação dos intelectuais em relação às massas. Nas palavras de Gramsci, "os sentimentos populares são vividos como próprios pelos intelectuais", que "desempenham uma função educadora nacional", colocando-se "o problema de elaborar os sentimentos populares após tê-los revivido e deles se apropriado" (1986). Noel Rosa é um bom exemplo desse intelectual 'afetivamente' ligado à vida das camadas baixas, disposto a aprender com elas. Ele é o primeiro compositor branco, letrado, a subir o morro para fazer samba em parceria com os músicos populares. Por isso, era malvisto por seus vizinhos, que diziam: "Noel só vive metido com gentinha" (Máximo; Didier, 1990). E essa 'gentinha' eram os sambistas do Estácio (Ismael, Bide), da Mangueira (Cartola e Gradim), do Salgueiro (Canuto e Antenor Gargalhada) etc. Diferentemente, por exemplo, do cantor Francisco Alves, Noel se aproximava desses sambistas não para comprar e se apropriar dos seus sambas, mas para aprender com eles, beber na fonte do samba popular.

Com Noel Rosa nasce o samba moderno: um samba popular pelo ritmo, mas com uma poética sofisticada, crítica, irreverente.

Um samba moderno

Noel Rosa nasce em 1910, grava o seu primeiro samba em 1929 e morre de tuberculose em 1937, aos 26 anos, deixando uma obra genial. Nesses sete anos de vida profissional, Noel compõe mais de 250 músicas: marchas, emboladas, choros, *fox trots*, mas principalmente sambas.

O período em que Noel compõe coincide praticamente com a chamada República Nova, situada entre a Revolução de 1930 e o Estado Novo. É um período de relativa liberdade para os compositores. Ele morre poucos meses antes do golpe que instaura a ditadura. Não vive para ver a nova política cultural, que envolve censura e repressão ao samba crítico e estímulo ao chamado samba de exaltação nacionalista. É difícil imaginar Noel se adaptando às imposições do Departamento de Imprensa e Propaganda (DIP), criado em 1939 por Vargas para promover a ideologia do regime.

Noel se beneficia de uma atmosfera favorável à cultural nacional, ao samba. Se ele tivesse produzido na década seguinte, não teria havido lugar para os seus sambas. No pós-guerra, pelo menos no plano da canção, o nacional e o popular caíram num certo ostracismo com a penetração massiva da música estrangeira no Brasil via indústria cultural estadunidense. O próprio Noel Rosa é ignorado pelas gravadoras (só voltará à tona nos anos 1950, quando Aracy de Almeida grava dois álbuns com canções suas). O samba e a marchinha perderam, em larga medida, o seu lugar nos meios de comunicação.

O tempo de Noel é também um período de florescimento da indústria cultural no Brasil: do advento da gravação elétrica (1927), do cinema falado (1929), da rádio comercial (1932), novos meios que deram um considerável impulso à música popular. Noel começa a compor no momento em que se conclui a transição de uma música popular de tradição oral com características folclóricas, ritualísticas, à música de massa, autoral e difundida pelos meios de comunicação. Nesse sentido, seus sambas eram modernos. Já não eram mais sambas de partido alto, com versos improvisados: eram sambas gravados em disco, com introdução e segunda parte fixa.

Era comum, aliás, em suas parcerias com sambistas do morro, Noel fazer a segunda parte do samba. O sambista já tinha pronto um estribilho de partido alto, sem segunda parte, que ele levava para o improviso na roda. Noel pedia para colocar uma 'segunda' nesse samba. Isso possibilitaria o registro da música em estúdio, afinal, seria impossível improvisar na hora da gravação. Na verdade, o samba em sua forma primitiva era incompatível com a indústria: ele precisou se adaptar para ser gravado em disco. Além da segunda parte fixa e da introdução, o samba passa a ter o estribilho mais longo e a melodia mais elaborada. Enfim, sem deixar de ser samba, o samba que 'sai da roda para o disco de vitrola' é um outro samba.

Também do ponto de vista da lírica, do refinamento poético, da experimentação, o samba de Noel é moderno. Moderno pelo humor, pelo caráter paródico, pelo *nonsense*. Essas são características que o aproximam muito mais do modernismo brasileiro do que de um samba tradicional. Alguns teóricos já apontaram uma afinidade entre o samba de Noel Rosa e a poesia de Oswald de Andrade. Muitas de suas letras se assemelham aos poemas-piadas modernistas, por seu efeito cáustico e crítico (Sant'Anna, 1980).

Moderno do ponto de vista da forma, mas também do conteúdo. Como cronista da vida nacional, Noel revela através de um olhar crítico as contradições da realidade de sua época. Inserido concretamente no universo das classes subalternas, Noel, que num sentido amplo poderíamos considerar como 'intelectual orgânico' dessas classes, expressa em seus sambas e marchas um conteúdo intelectual e moral 'nacional-popular', ou seja, representa a nação sob um viés popular. Essa representação não tem nada de xenófoba ou ufanista (do tipo 'Brasil acima de tudo'): é uma representação crítica, que revela as contradições sociais.

Se a hegemonia burguesa é um dos traços característicos desse Brasil moderno que surge com a Revolução de 1930, a contra-hegemonia — o nacional sob um viés popular — também o é. O samba moderno de Noel Rosa é um samba contra-hegemônico.

O nacional-popular na batida do samba

Na luta pela cultura, as elites — que, como disse Marx, são o poder espiritual dominante — detém o monopólio dos símbolos pátrios, de maneira que a sua representação da nação prevaleça. Só elas podem se valer desses símbolos para impor os seus valores, as suas ideias, a sua visão de mundo. As elites falam em nome da nação.

Tome-se como exemplo o "Hino Nacional Brasileiro". Durante muito tempo, esse signo da nacionalidade não podia ser interpretado livremente pelo povo. Havia uma única forma de executá-lo. De acordo com uma lei da ditadura, de 1971, que trata sobre a forma e a apresentação dos símbolos nacionais, era "obrigatória a tonalidade de si bemol para a execução instrumental" do Hino Nacional. Ocorre que o si bemol é um tom muito alto em que quase ninguém consegue cantar. Além disso, pela lei, era proibida a execução do Hino com arranjos vocais diferentes do definido por Alberto Nepomuceno, o pai do nacionalismo na música erudita brasileira. Era necessária a autorização do próprio presidente da República para sua a execução com um outro arranjo.

Ocorre que as camadas populares também representam a vida nacional — e se apropriam dos símbolos nacionais — sob uma perspectiva conveniente aos seus interesses. É essa imagem alternativa da nação, crítica e democrática, que Gramsci chamou de nacional-popular.

Se o nacionalismo — a ideologia burguesa por excelência — representa a sociedade como um todo uno, sem contradições, sem relações de dominação, o nacional-popular é uma representação da nação feita a partir de baixo, contrapondo-se ao nacionalismo oficial. Como observa Chaui (1986), o termo 'nacional' remete à ideia de unidade (ou seja, somos todos brasileiros, os opressores e os oprimidos), mas o termo 'popular' remete à ideia de classe social. Assim, em oposição ao nacionalismo burguês, que se apropria do sentimento popular de pertencimento à nação, no sentido de camuflar as relações de dominação, o nacional-popular significa a possibilidade dos grupos subalternos mobilizarem os signos da tradição sob uma perspectiva histórica não hegemônica.

Já em seu primeiro sucesso, Noel Rosa expressa uma imagem alternativa do povo-nação, apropriando-se criticamente de um símbolo nacional. "Com que roupa?" (1929) é, de fato, uma paródia realista do "Hino Nacional Brasileiro". Ele inverte aquela representação idealista do Brasil contida no Hino, retratando o Brasil dos miseráveis, do sujeito que não tem roupa sequer para ir ao samba. E o curioso é que ele faz isso em cima da melodia e da harmonia do Hino, a partir de uma perspectiva popular, de classe.

"Com que roupa?" foi lançado no carnaval de 1930, com algumas alterações melódicas a fim de evitar que a música fosse proibida pela censura (Máximo; Didier, 1990). Afinal, não se pode brincar com os símbolos pátrios. Toda a letra deste samba cabe perfeitamente na música de Francisco Manoel da Silva, sílaba por sílaba, nota por nota. Trata-se, portanto, de uma paródia, num tom realista, daquele que, ao lado da bandeira, é considerado o símbolo maior da nação. Assim cantou Noel:

> [...] *Eu hoje estou pulando como um sapo*
> *Pra ver se escapo dessa praga de urubu*
> *Já estou coberto de farrapos*
> *Eu vou acabar ficando nu*
> *Meu paletó virou estopa*
> *E eu não sei mais com que roupa*
> *Com que roupa que eu vou*
> *Ao samba que você me convidou...*

Esse é o primeiro samba gravado do jovem compositor e é, de certa forma, emblemático de sua obra, uma vez que nele já está presente, claramente, a crítica social e a maneira de ver o mundo e de compreender a realidade brasileira em contraste com a sociedade oficial que marcará a sua produção posterior. Identificado ao que chamou "Brasil de tanga", Noel Rosa nos mostrará a nação que não é cantada nos hinos, não consta na história oficial, nem naquela outra vertente ideológica do samba conhecida como samba de exaltação nacionalista. É de uma nação à beira da indigência, desnudada pela penúria, maltrapilha, que fala Noel. O samba é escrito pouco antes do desmoronamento da bolsa de Nova York, que lançaria o mundo numa crise de superprodução sem precedentes e abalaria sensivelmente a já debilitada economia nacional, piorando ainda mais as condições de vida da população. Logo depois do *crack* da bolsa, 'estoura' o samba e a revolução de 1930.

O escritor e crítico literário Múcio Leão via as coisas de ângulo próximo ao de Noel:

> Mas há mais do que isso no carnaval deste ano: há uma canção proletária! A hora atual é de crise profunda, e o brasileiro sofre todas as amarguras de uma miséria a que não estava habituado. E esse estado de alma está refletido numa das nossas músicas populares. Eu não conheço nada mais característico da alma do brasileiro miserável dos dias de hoje do que a canção que por aí corre e na qual vemos um indivíduo queixar-se de não ter uma roupa com que vá a um samba para que foi convidado. [...] Eu creio que nada exista na literatura brasileira culta que, como documento, valha essas pequenas canções vagabundas que iluminam o nosso carnaval (Leão *apud* Máximo; Didier, 1990, p. 159).

Em "Com que roupa?", o "povo heroico" cantado no hino transforma-se na 'plebe' miserável das cidades, adquirindo contornos nem sempre enobrecedores. Estamos longe aqui daquela imagem do povo bonzinho, humilde, porém, generoso, caridoso, afetuoso ou 'cordial'. Em meio à penúria generalizada, a cordialidade não parece ser um atributo da gente por ele retratada. O que Noel canta em sua paródia é o povo oprimido das ruas, o marginal inserido em sua realidade histórico-social:

> *Agora eu não ando mais fagueiro*
> *Pois o dinheiro não é fácil de ganhar.*
> *Mesmo eu sendo um cabra trapaceiro*
> *Não consigo ter nem pra gastar...*

Diferentemente do samba de exaltação, que representa o país de forma idealizada, cantando as belezas e riquezas da nação e os heróis nacionais, em sintonia com o "Hino Nacional", Noel Rosa cantou o Brasil real, na perspectiva dos de baixo. Se o seu samba é uma 'paródia' que subverte os textos da cultura oficial, o samba de exaltação inscreve-se como 'paráfrase' desses textos. Trata-se de uma "continuação dos padrões ideológicos dominantes, preservação de uma mesma interpretação dos fatos" (Sant'Anna, 1980, p. 202). A crítica à história sucumbe ante o elogio e o endosso. Herdeira da tradição ufanista que vem da prosa de José de Alencar e da poesia de Olavo Bilac e afinado com a produção erudita dos compositores nacionalistas, essa tendência veicula o mito verde-amarelo, "as fábulas do Brasil pobre, mas alegre, unido, ativo, o paraíso tropical, o Deus brasileiro, tomando por vezes colorações chauvinistas e quase xenófobas" (Matos, 1982, p. 47).

Da letra do Hino Nacional temos que o Brasil é um "gigante pela própria natureza", "deitado eternamente em berço esplêndido"; somos um "povo heroico", coberto de "glória no passado", "nossos bosques têm mais vida", nossos "risonhos lindos campos têm mais flores", etc. Este conjunto de ideias e imagens fazem parte da mitologia verde-amarela, cultivada pela classe dominante brasileira e constantemente atualizada pelas diversas manifestações do nacionalismo cultural.[5] Essa foi a tônica do Canto Orfeônico no Estado Novo e do samba apologético-nacionalista, cujo exemplo mais conhecido é o "Aquarela do Brasil" (1939), composto por Ari Barroso, a pedido do próprio Vargas.

Analisando o solo comum à música nacionalista e ao verde-amarelismo na literatura moderna, Sant'Anna observa que, a exemplo de um Cassiano Ricardo em *Martin Cererê*, o samba de exaltação:

> Sentimentaliza e idealiza a história, tira-lhe o suor, o sangue e a lágrima. Os tiros e mortes são teatrais. A História do Brasil parece emergir como por milagre de comum acordo e entre risos gerais. O preto, o índio e o branco são elementos mais cromáticos que humanos, mais coreográficos que dramáticos (Sant'Anna, 1980, p. 201).

---

5 Nos últimos anos, as cores da bandeira foram de tal maneira assimiladas ao discurso hegemônico que hoje é praticamente impossível o cidadão vestir a camisa da seleção brasileira sem ser confundido com um fascista. A própria festa cívica brasileira, no bicentenário da Independência, foi apropriada pelo candidato oficial à reeleição, que usou e abusou do verde e amarelo.

Em um samba chamado “Brasil” (1939), Benedito Lacerda e Aldo Cabral constroem uma imagem da nação em tudo semelhante àquela presente no texto da cultura oficial. Nesta canção — onde o uso da paráfrase é evidente — se encontram os elementos básicos estruturais do gênero exaltação.

Brasil, és no teu berço dourado
Um índio civilizado
E abençoado por Deus
Brasil, gigante de um continente
És terra de toda gente
E orgulho dos filhos teus...

Já no primeiro verso encontramos uma referência a uma imagem contida na letra do Hino Nacional: “Deitado eternamente em berço esplêndido...”. O samba conserva a simbologia e o seu significado. A alusão ao “Gigante pela própria natureza”, no quarto verso, se faz com a mesma intenção da letra de Duque Estrada, a de exaltar e enaltecer o país abençoado. Não há uma atitude crítica, como quando Noel se apropria da melodia do mesmo hino para cantar a pátria mãe nada gentil para os filhos deserdados deste solo.

O céu da Pátria

Há no texto da cultura hegemônica, desde os hinos aos sambas de exaltação, passando pela literatura romântica, uma permanente reverência para com a natureza brasileira. A exaltação do céu da pátria, por exemplo, é um fenômeno que ocorre tanto no Hino Nacional — “Em teu formoso céu risonho e límpido a imagem do cruzeiro resplandece” —, quanto na bandeira, que o simboliza através da cor azul. Neste céu, onde brilha o sol da liberdade, encontra-se o Cruzeiro, indicando que somos uma nação cristã, e o dístico “Ordem e Progresso”, aliás, ironizado por Noel e Orestes Barbosa no samba “Positivismo” (1933). Pois esse céu é retratado na mesma perspectiva ufanista e idealizante pelos sambas apologéticos. Veja-se por exemplo, de João de Barro, Alberto Ribeiro e Alcir Pires Vermelho, "Onde o azul é mais azul" (1940):

Onde o céu azul é mais azul
E uma cruz de estrelas mostra o sul
Aí se encontra o meu país
O meu Brasil grande tão feliz.

A atitude de Noel Rosa em relação ao céu da pátria é totalmente distinta, e revela, no mínimo, um descaso em relação à simbologia hegemônica. Em "O orvalho vem caindo" (1933), o céu de que falam Noel e Kid Pepe nada tem de idealizado. É o céu real, que molha o morador de rua quando chove:

O orvalho vem caindo
Vai molhar o meu chapéu
E também vão sumindo
As estrelas lá no céu
Tenho passado tão mal
A minha cama é uma folha de jornal
Meu cortinado é o vasto céu de anil
E o meu despertador é o guarda-civil
(Que o salário ainda não viu!)
A minha terra dá banana e aipim
Meu trabalho é achar quem descasque por mim
(Vivo triste mesmo assim!)
A minha sopa não tem osso e não tem sal
Se um dia passo bem, dois e três passo mal
(Isso é muito natural!)

O "vasto céu de anil" que cobre a nação — o anil azul da bandeira, símbolo da brasilidade — é aqui associado à vida do povo brasileiro, à indigência, à fome, à miséria. Para o indigente, que dorme ao relento e tem "passado tão mal", o céu "risonho e límpido" transforma-se num sombrio e inquietante "cortinado", e as estrelas vão sumindo para dar lugar ao incômodo orvalho. Aqui, como em outras canções, Noel subverte a simbologia ufanista. Sobre este samba, ilustrativo da irreverência crítica que caracteriza o conjunto da obra de Noel, Muniz Sodré comenta:

> Quanto mais se ouvem as canções de Noel, mais evidente se torna que o compositor da Vila não apostava nada no *status-quo*; que ele tinha plena consciência da distância do povo com relação à ordem oficial das coisas. Isto transparece numa lírica vazada entre o irônico e o divertido, capaz de fazer compreender que mesmo a pretensa autoridade, o pequeno representante do poder é tão desabrigado quanto o cidadão comum (Sodré, 1991).

Não sendo abençoada por Deus, a natureza do país praticamente não é tematizada por Noel. Numa única vez em que se refere à grandeza do Brasil, diferentemente da exaltação da dimensão continental das nossas terras feita pelos sambas ufanistas, Noel o faz num contexto de crítica à contradição entre a grandeza física do país e a miséria do povo. É o que ocorre no seu e de João de Barro "Samba da Boa Vontade" (1931):

> *Conserva sempre o teu sorriso*
> *Mesmo que a vida esteja feia*
> *E que vivas na pinimba*
> *Passando a pirão de areia*
> *Neste Brasil tão grande*
> *Não se deve ser mesquinho*
> *Pois quem ganha na avareza*
> *Sempre perde no carinho...*

Tomemos ainda como exemplo do 'nacional-popular' em Noel Rosa o samba "São coisas nossas" (1932). Diversamente de um samba de exaltação como "Isto aqui, o que é?" (Ari Barroso, 1942), que exprime uma visão idealizada do povo brasileiro — um povo "que canta e é feliz" —, o samba de Noel nos fala de um povo que samba, "pois o samba mata a fome". "São coisas nossas" remete à ideia de brasilidade, mas também às contradições de classe, às relações de dominação; expressa aquele "sentimento de nacionalidade" a que se refere Machado de Assis, valorizando as coisas do Brasil, mas sem ocultar o 'drama da história'. Pelo título da canção, poderíamos supor que se tratasse de uma canção ultranacionalista que louvasse o país tropical abençoado por Deus e bonito por natureza, mas não: o samba fala das nossas coisas boas e ruins, dos tipos populares e antipopulares (trabalhadores, vagabundos, malandros, prestamistas, vigaristas, 'coronéis'); fala do samba, da fome, da miséria, da 'prontidão'[6], enfim, da vida nacional atravessada por profundas contradições sociais.

> (...) *Malandro que não bebe,*
> *Que não come, que não abandona o samba*
> *Pois o samba mata fome,*
> *Morena bem bonita lá da roça,*
> *Coisa nossa, coisa nossa.*
> *Baleiro, jornaleiro,*
> *Motorneiro, condutor e passageiro,*
> *Prestamista e vigarista*
> *E o bonde que parece uma carroça,*
> *Coisa nossa, muito nossa!*
> *O samba, a prontidão e outras bossas,*
> *São nossas coisas, são coisas nossas!*

Na obra de Noel, portanto, a questão nacional é inseparável do tema social. Os símbolos pátrios não são sacralizados: possuem historicidade. É o que se verifica em um de seus mais inspirados sambas, "Quem dá mais?" (1930), também conhecido como "Leilão do Brasil". Neste samba, são leiloados três patrimônios do povo brasileiro, três 'coisas nossas'. O primeiro deles é a mulata, "diplomada em matéria de samba e de batucada". Traçada com contornos realistas no conjunto da obra de Noel, essa mulher do povo é um 'tipo' social problemático, que "bebe e faz arruaça", "samba e dá rasteira", "só anda com tipo à toa" e é obrigada pela miséria a

---

[6] 'Prontidão': falta de dinheiro, dureza, pindaíba.

"se passar pros coronéis".[7] O segundo patrimônio é um violão em ruínas, que "pertenceu a D. Pedro, morou no palácio" e, ironicamente, "foi posto no prego por José Bonifácio", o Patriarca da Independência. Tão caro ao sambista, esse violão é o símbolo de um país dilapidado, cuja independência foi penhorada por suas próprias elites.

O samba é a última das riquezas a serem negociadas no grande Leilão do Brasil. Noel fala de um samba sem introdução e sem segunda parte, tal como era feito pelos negros nos morros da cidade, antes de sair da roda para o disco de vitrola: um simples estribilho para que a partir dele se cantassem versos improvisados. Um samba que "exprime dois terços do Rio de Janeiro".

Quem dá mais...
Por um samba feito nas regras da arte
Sem introdução e sem segunda parte
Só tem estribilho, nasceu no salgueiro
E exprime dois terços do Rio de Janeiro

Noel tinha apenas 20 anos quando compôs essa canção, mas já era capaz de perceber o processo de expropriação do samba como linguagem plebeia. No momento em que escreveu "Quem dá mais?", o samba estava sendo duplamente incorporado: pela indústria cultural nascente e pelo Estado nacional. Uma vez 'arrematado' e posto a serviço da apologia nacionalista, o 'samba' se afasta da temática 'vagabunda' tão realisticamente expressa por Noel. A 'exaltação' patriótica não admite conflitos, contradições, miséria, malandragem, expressões de descontentamento, nada que possa turvar a imagem límpida e imaculada da nação.

Os versos finais de "Quem dá mais?" parecem-me particularmente expressivos do caráter nacional-popular das composições de Noel Rosa:

---

7 A mulata plebeia de Noel, tão diferente, por exemplo, daquela idealizada por Ari Barroso, é uma mulher real, uma entre tantas, analfabeta, rude, miserável, mas "formosa, fiteira e vaidosa". Ela pode ser encontrada em sambas como: "Nunca...jamais" (1931), "Mulata fuzarqueira" (1931) e "Maria-fumaça" (1936).

Quanto é que vai ganhar o leiloeiro
Que é também brasileiro
E em três lotes vendeu o Brasil inteiro?
Quem dá mais...?

"Quem dá mais?" exprime, sem dúvida, uma forma de nacionalismo: um discurso de defesa da nação contra a exploração estrangeira, contra a dilapidação das nossas riquezas. Mas não se trata aqui de um sentimento ufanista que coloca mais alto o que é nacional do que os fatores sociais e de classe que determinam a vida social. O patriotismo que se pode perceber nessa música assinala uma não homogeneidade do social, uma distinção no interior da nação entre os que especulam com as riquezas nacionais e "vendem o Brasil", e o povo ('plebe') explorado e vendido, "subtraído em tenebrosas transações", como diria décadas mais tarde Chico Buarque, um herdeiro de Noel. Há nesse nacionalismo a consciência de que setores nacionais, representados pelo "leiloeiro", lucram e assumem um papel decisivo no processo de espoliação do Brasil por potências estrangeiras. Tal como em Gramsci — que escreveu seus *Cadernos* na prisão exatamente no período em que Noel compunha suas canções —, consciência nacional e perspectiva de classe se encontram presentes na obra do sambista.

Um outro samba emblemático dessa moral nacional-popular é o "Filosofia" (1933), feito em parceria com André Filho. Esse samba é como que uma resposta ao comentário dos seus vizinhos, "Noel só vive metido com gentinha". Nele, o sambista manifesta desprezo pelo mundo burguês e orgulha-se de manter-se livre, indiferente ao dinheiro e aos valores da "aristocracia". A esses valores de uma sociedade hipócrita e corrompida, o "Filósofo do Samba", como era chamado, contrapõe os de uma cultura nacional-popular — o seu samba "vagabundo".

Não me incomodo que você me diga
Que a sociedade é minha inimiga
Pois cantando neste mundo
Vivo escravo do meu samba, muito embora vagabundo
Quanto a você da aristocracia
Que tem dinheiro, mas não compra alegria
Há de viver eternamente sendo escrava dessa gente
Que cultiva hipocrisia.

CHAUI, Marilena. *Conformismo e resistência*. São Paulo: Brasiliense, 1986.

CHAUI, Marilena. Cultura e democracia: o discurso competente e outras falas. 5a. ed. São Paulo: Cortez, 1990.

COUTINHO, Carlos Nelson [sob o pseudônimo de Jorge Gonçalves]. "Nel samba il veleno popolare contro il regime". *In*: *Realidade Brasileira*. Milão: n.4, p.15, julho, 1976.

COUTINHO, Carlos Nelson. *Cultura e sociedade no Brasil*: ensaio sobre ideias e formas. Belo Horizonte: Oficina de Livros, 1990.

FAUSTO, Boris. *A revolução de 30*. São Paulo: Brasiliense, 1991.

GRAMSCI, Antonio. *Literatura e vida nacional*. Rio de Janeiro: Civilização Brasileira, 1986.

GRAMSCI, Antonio. *Cadernos do cárcere*. v.1. Rio de Janeiro: Civilização Brasileira, 2001.

KONDER, Leandro. [sob o pseudônimo de Lair Cordeiro]. "L'importance politique et culturelle de la musique populaire brésilienne". *In*: *Études brésiliennes*, n.2. Versailles, 6.1975.

MATOS, Claudia. *Acertei no milhar: samba e malandragem no tempo de Getúlio*. Rio de Janeiro: Paz e Terra, 1982.

MÁXIMO, João; DIDIER, Carlos. Noel Rosa: uma biografia. Brasília: EdUNB, 1990.

SANT'ANNA, Affonso Romano de. *Música popular e moderna poesia brasileira*. Petrópolis: Vozes, 1980.

SODRÉ, Muniz. A lira independente *In*: CHEDIAK, Almir. *Songbook — Noel Rosa* (v.3), Rio de Janeiro: Lumiar, 1991.

Algumas observações sobre a cultura do povo

RONALDO DO LIVRAMENTO COUTINHO

As observações que seguem constituem nada mais que algumas notas em função do que acho possível numa abordagem inicial do tema.[1]

Cumpre lembrar inicialmente que a Antropologia vem de uma longa tradição de análise da cultura. Tanto a tradição inglesa quanto a norte-americana estiveram sempre preocupadas com o equacionamento teórico do problema da cultura e com a explicitação do modo pelo qual a articulação "cultura-estrutura social" poderia ser concebida.

Nos limites de nosso tema, parece importante lembrar que o mérito principal da Antropologia foi o de ter demonstrado que a heterogeneidade cultural é o resultado da capacidade especificamente humana de criar soluções diferentes para a questão básica da manutenção da vida. Além disso, a Antropologia tornou evidente que a análise das diferenças culturais só faz sentido por referência ao processo histórico de constituição e desenvolvimento das sociedades humanas. Isso significa que se a cultura deve ser entendida como expressão das relações sociais, é apenas por referência à estruturação dessas relações (elucidadas a partir de certas determinações fundamentais) que o sentido da produção cultural pode ser apreendido.

A análise do problema da cultura parte do reconhecimento de que não existe atividade humana desvinculada da construção de significados que passam a dar sentido à existência. Em sua vida social, os homens produzem

---

[1] Este artigo reproduz, no essencial, a comunicação apresentada à reunião da Associação Brasileira de Antropologia sobre "Cultura Popular" (Museu Nacional/PPGAS-1981).

formas de pensar essa vida e sua inserção nela. Analisar a cultura envolve a consideração do produto da atividade humana, mas também do processo dessa produção, do modo como esse produto é socialmente elaborado. Como lembra E. Durhan, a cultura "como o trabalho morto na concepção de Marx, só possui eficácia na medida em que é acionada pelo trabalho vivo, isto é, absorvida e recriada na ação social concreta" (1977, p. 34).

A partir do momento em que os antropólogos passam a enfrentar a questão da heterogeneidade cultural não mais num campo intersocietário apenas, mas no interior da própria ordem capitalista, torna-se de crucial importância a heterogeneidade dos modos de vida à constituição da estrutura de classes da sociedade e aos mecanismos de reprodução dessa estrutura.

Na realização de tal empreendimento, é preciso estar atento para não cair em esquemas mecanicistas e reducionistas, e lembrar que, apesar de referida à dinâmica da reprodução de um sistema de classes, há fatores históricos, regionais demográficos e naturais que interferem e contribuem para a diferenciação cultural.

Um possível ponto inicial da referência para a abordagem da diferenciação cultural no âmbito das sociedades complexas está na própria estruturação do espaço. Não é apenas a dicotomia campo/cidade — de extrema importância — que deve ser levada em conta. Ao se analisar a questão urbana de modo específico, tem-se que a heterogeneidade das formas de vida que aí se configuram começa pela própria organização do espaço. Segundo H. Lefebvre, a "cidade é a projeção da sociedade sobre um espaço localizado" (1969, p. 39), o que implica no reconhecimento do fato de que a concentração de certos grupos em determinadas porções do espaço parece caracterizar a cidade como um conjunto de áreas segregadas, em cujos limites se confina a heterogeneidade dos grupos, a qual tem sua determinação fundamental na participação dos indivíduos no processo produtivo.

Nesse sentido, a cidade aparece não somente como um certo espaço estruturado, mas como um espaço estruturado onde ocorre uma segregação cujos fundamentos estão na própria forma pela qual, em nível societário, está organizada a produção.

A partir daí, é possível verificar que o que se tem no interior dos grupos segregados é a organização de um certo universo material e o desenvolvimento de certos padrões de sociabilidade, de certas expressões culturais e formas de existência, cujo sentido fundamental está no fato de serem reveladoras da vivência concreta de determinadas situações de classe.

A questão essencial a ser enfrentada é a da constituição de um universo de vivência proletária a que, como tal, correspondam manifestações culturais próprias, passíveis de serem reconstituídas pela análise sob uma rubrica conceitual como, por exemplo, a de 'cultura do povo'. A possibilidade de equacionar um conjunto de condições que definam a vivência de uma situação de classe proletária[2], a meu ver, não permite falar de uma subcultura proletária autônoma, e as razões disso devem ser buscadas no próprio padrão de articulação do sistema enquanto totalidade. Não é compatível com a realização do capitalismo a emergência de modalidades de ação e consciência social que deem conta efetivamente da tipicidade de cada situação de classe. Se assim fosse, a contradição básica desse sistema afloraria espontaneamente à consciência.

Parece oportuno introduzir aqui o tema da 'cultura de massa'. Dois pontos merecem destaque. De um lado, a existência de uma indústria da produção cultural. Essa é uma decorrência do próprio desenvolvimento do capitalismo industrial e tem contribuído para eliminar ou dificultar uma elaboração cultural relativamente autônoma das classes dominadas. O núcleo do problema reside no fato de que elementos culturais passam a ser consumidos cada vez mais intensamente por uma população que não participa diretamente da elaboração de seus significados simbólicos.

Produção e consumo de cultura surgem dissociadas, abrindo-se o campo da produção cultural ao controle de certos detentores dos meios de produção da cultura, para os quais surgem novas possibilidades de controle social e político sobre parcelas cada vez mais ampliadas da população (à medida que essa própria indústria se expande).

---

2 Preferi recorrer à expressão que o próprio Marx utilizou mais frequente e consequentemente para fugir aos limites, quase sempre equivocados, do conceito de "classe operária" ou (o que é pior) de "classes populares".

O segundo ponto é praticamente uma decorrência do primeiro e implica no reconhecimento do fato particular de que os mecanismos da indústria cultural reforçam a ideia de que as diferenciações sociais entre a população nada mais envolvem que estilos de vida propiciados pelo consumo. Nesse sentido, a indústria cultural não cria a ideologia, mas, ao manipulá-la, contribui para sua fixação. Assim sendo, a própria noção de 'cultura de massa' é, como demonstra Gabriel Cohn (1973), ideológica.

A posse de bens envolve um componente ritual, simbólico, operando como indicador empírico, para os agentes sociais, do grande prestígio e poder que se acredita que as pessoas detêm na sociedade (o que, obviamente, nada tem a ver com garantias concretas de poder real).

O acesso à cultura passa, assim, a ser equacionado pela classe proletária como acesso à renda, através da qual poderão ser adquiridos os bens necessários à efetivação de um estilo de vida 'superior'. Nesse sentido, o desejo de cultura (de melhor participação na cultura) representa uma reafirmação do poder do capital. Daí podemos enfatizar que o relevante para a investigação não é somente a forma do consumo de bens culturais, mas a explicitação de como esse processo implica na incorporação pelos indivíduos dos resultados cristalizados de um conjunto de relações sociais, que precisamente estão ocultas pelo caráter mercantil desses bens.

Gostaria, portanto, de sugerir que é importante que a análise da cultura se preocupe em explicitar não apenas de que maneira o proletariado incorpora uma ideologia de mobilidade social (Coutinho, 1980), mas, também, em reconstituir a maneira pela qual a condição proletária é concretamente vivida em função dessa incorporação.

Para tanto, é preciso considerar que as condições objetivas da situação proletária definem um certo âmbito de acesso à cultura e, mesmo, de elaboração cultural própria, principalmente levando-se em conta que as avaliações acerca da sociedade são mediatizadas pela vivência de universos segregados, ainda que de modo relativo.

Defendo o ponto de vista de que não há uma aceitação passiva dos elementos que a 'cultura de massa' e a ideologia dominante de forma mais abrangente apresentam, em que se destaca a ideia de ascensão social mediante o trabalho e a poupança, porém uma manipulação própria e bastante criativa de elementos culturais que passam a definir a condição proletária. Não se trata de consumir passivamente uma cultura que é estranha a seus interesses e condições objetivas de vida, mas de reinterpretar e mesmo criar (na medida em que a própria reinterpretação implica na atribuição de novo sentido simbólico) formas peculiares de expressão cultural que envolvam um sentido de rejeição e resistência.

Na medida em que a condição proletária se caracteriza por níveis de renda muito precários, que definem possibilidades bastante restritas de participação na distribuição, ocorre uma rejeição da condição proletária e no limite do sistema que inviabiliza as aspirações de mobilidade que cria. Pertencer às camadas mais baixas da população, ser socialmente desprestigiado, não desfrutar de uma situação econômica que permita viver com dignidade, trabalhar duro, ganhar pouco e viver mal são condições rejeitadas desde que representam modos extremamente limitados de participação no conjunto da riqueza socialmente produzida.

Se a incorporação de um conjunto de valores que representa uma reafirmação de poder do capital (sendo a indústria cultural um entre vários mecanismos) é um requisito para a reprodução da ordem capitalista, isso não significa que as classes proletárias deixem de produzir e manipular conjuntos culturais que expressem uma rejeição da situação a que estão sujeitas, na medida em que não conseguem visualizar possibilidades concretas de mobilidade social.

Há uma ambiguidade das formas culturais através das quais a condição proletária se expressa. A investigação científica da prática atual do proletariado deve procurar reconstituir aqueles aspectos em que a luta contra a uniformidade representa, em termos culturais e simbólicos, uma rejeição, ainda que parcial, da dominação de uma classe sobre outras. A ambiguidade que caracteriza as formas de vida das classes proletárias deve ser elucidada enquanto uma expressão das contradições que estão na base da ordem capitalista; sua compreensão está situada na dimensão dos mecanismos pelos quais a estrutura de classes é produzida e reproduzida. Sua investigação naquilo que representa uma rejeição dessa mesma ordem envolve o reconhecimento do fato de que a realidade social nunca é integrada harmoniosamente, de forma mecânica. Mecanicistas, quando muito, são certos esquemas teóricos de apreensão da realidade...

COUTINHO, Ronaldo L. *Operário de Construção Civil*. Rio de Janeiro, ed. Achiamé, 1980.

COHN, Gabriel. *Teoria e ideologia*. São Paulo: Pioneira, 1973.

DURHAN, Eunice. "A dinâmica cultural na sociedade moderna". In: *Ensaios de opinião, vol. 4*, Rio de Janeiro, 1977.

LEFEBVRE, Henri. *O direito à cidade*. São Paulo: São Paulo: Ed. Documentos, 1969.

A 'questão social' e a questão cultural no Brasil: elementos para pensar o nacional-popular no samba

MARCELO BRAZ

Hoje é manhã de carnaval (ao esplendor)
As escolas vão desfilar (garbosamente)
E aquela gente de cor com a imponência de um rei
Vai pisar na passarela (salve a Portela)
Vamos esquecer os desenganos (que passamos)
E ver alegria que sonhamos (durante o ano)
E damos o nosso coração
Alegria e amor a todos sem distinção de cor
Mas depois da ilusão, coitado
Negro volta ao humilde barracão
(...)
Negro, acorda, é hora de acordar
Não negue a raça, torne toda manhã dia de graça
Negro, não humilhe nem se humilhe a ninguém
Todas as raças já foram escravas também
E deixa de ser rei só na folia
E faça da sua Maria, uma rainha todos os dias
E cante um samba na universidade
E verá que teu filho será príncipe de verdade
Aí então, jamais tu voltarás ao barracão, aí então

[CANDEIA, "DIA DE GRAÇA"]

Esse conhecido samba nos permite perceber a presença de duas questões que envolvem o fenômeno do samba: a 'questão cultural' e a 'questão social'. A primeira se exprime nas contradições que envolvem as escolas de samba e seus desfiles anuais durante o carnaval, em que se enaltece a questão racial ("negro não se humilhe..."), que é parte constitutiva da 'questão social' no Brasil. Essa, por sua vez, também pode ser notada na canção quando se exalta o problema da moradia (o "humilde barracão"), da educação ("cante um samba na universidade") ou quando se apresenta um processo que vai da alienação ("mas depois da ilusão, coitado...") à tomada de consciência ("negro, acorda...").

Para além da letra que evoca tais reflexões, o proprio samba é uma expressão sociocultural que condensa uma síntese dialética da 'questão social' e da questão cultural, ao mesmo tempo em que nele, como parte integrante da formação cultural brasileira, também se expressam momentos do nacional-popular.

Tal síntese dialética entre as duas 'questões (a social e a cultural) para conhecer o fenômeno do samba se justifica pelo entendimento de que a noção de questão cultural, categoria analítica discutida por Carlos Nelson Coutinho (2011) de que trataremos mais adiante, não é suficiente para entender o caráter multifacetado do samba. Se ela apreende de modo satisfatório o 'problema' da cultura brasileira no âmbito das camadas médias urbanas, não permite compreender as formas de manifestação artístico-cultural que se desenvolvem entre as camadas mais baixas da classe trabalhadora. Para dar conta de tais manifestações, é necessário que se entenda como os trabalhadores expressam seus interesses sociais para além dos meios intelectuais dos setores médios urbanos. E a forma (social, política e cultural) como tais interesses sociais se exprimem se encontra no cerne do que se entende por 'questão social'.

A 'questão social' e o samba

Por 'questão social' entende-se aqui o conjunto das manifestações (sociais, políticas e culturais) que surgem da dinâmica contraditória do desenvolvimento capitalista que põe e repõe em constante antagonismo os interesses sociais das duas classes fundamentais da sociedade.

O modo de produção capitalista se organiza, fundamentalmente, para aumentar a riqueza social excedente extraída da exploração do trabalho assalariado. Seu desenvolvimento se dá como expansão das relações capitalistas como forma de criar condições para a reprodução ampliada do capital. Como a base dessa socialização da produção está assentada na propriedade privada dos meios de produção fundamentais, todo aumento da produção social é simultaneamente aumento de sua apropriação privada. O pauperismo social que daí decorre — absoluto ou relativo — se expressa nas condições de vida daqueles que dispõem da força de trabalho, produzem a riqueza social a partir dela, mas se apropriam apenas da fração (ou parte dela) que corresponde às necessidades sociais de sua reprodução social.

Quanto mais trabalham para o capital, mais veem pauperizadas suas condições sociais, e, quanto mais o capital expande suas relações, mais o trabalho se subordina a essa dinâmica. A reiteração desse movimento do capital em contínuos ciclos dá sentido à noção de que uma 'lei geral da acumulação' comanda o movimento geral do capitalismo, como cunhou Marx. A sua reprodução ampliada — que não se dá apenas com a conversão da mais-valia em novo capital, mas também com a necessária reprodução das relações sociais de produção (entre as classes) que lhes são correspondentes — é assim, também, reprodução da pauperização social e, na base dela, da desigualdade entre as classes fundamentais. Assim, o movimento do capital reproduz, permanentemente, as condições que determinam a chamada 'questão social' que, como tal, não pode ser suprimida nos marcos da ordem capitalista.

A 'questão social' surgiu na terceira década dos anos 1800 para denominar o fenômeno do pauperismo de novo tipo engendrado pela contradição central entre a socialização da produção e apropriação privada, polarização que se desenvolve junto ao processo de acumulação de capital. Diferentemente das sociedades anteriores, no modo de produção capitalista, a pobreza resulta do próprio processo de produção e expansão da riqueza social. Surgida no alvorecer do modo de produçao capitalista como desdobramento da Revoluçao Industrial do século XVIII, a 'questão social' foi amplamente divulgada nas décadas seguintes, voltando-se sempre para designar o conjunto dos 'problemas' sociais derivados do desenvolvimento do capitalismo. Em dois séculos de capitalismo, o fenômeno jamais deixou de ser reposto, sempre ganhando novas formas de se manifestar de acordo com os ciclos históricos de desenvolvimento capitalista e sempre se apresentando conforme as condições particulares que encontra em cada região ou país, como no Brasil.

Os sentimentos de classe subjacentes à 'questão social' são exatamente aqueles que dizem respeito ao povo e exprimem relações contraditórias entre capital e trabalho nas quais a classe trabalhadora pode assumir níveis de consciência de classe mais elevados e construir uma autoimagem autônoma e independente do processo político que a exclui do centro decisório. A despeito das fronteiras e dos limites estruturais demarcados pela chamada questão cultural no país, as contradições de classe que marcam a 'questão social' no Brasil, especialmente entre as camadas mais baixas da classe trabalhadora em formação no país na entrada do século XX, tiveram no samba uma intensa e significativa forma de expressão sociocultural dos interesses sociais dos 'de baixo'.

Essas camadas trabalhadoras lutavam por uma inserção social menos submissa no quadro da introdução de relações capitalistas no Brasil, criando seus próprios organismos políticos, embriões da fase inicial da classe operária brasileira — as primeiras grandes greves, o salto na organização sindical, as formas de mutualismo, o anarquismo influenciado pelos operários imigrantes, o Partido Comunista mais adiante (em 1922) —, recebendo do Estado o tratamento repressivo que predominou até 1930, quando o padrão de intervenção estatal na 'questão social' começa a, efetivamente, ir além de vê-la apenas como 'caso de polícia'. Recorde-se que tais formas organizativas surgidas com o avanço do desenvolvimento capitalista entre nós foram precedidas pelas diversas lutas organizadas pelas massas negras escravizadas e pelos povos indígenas que resistiram contra a brutalidade do processo colonizador. Esse lastro histórico marcou as organizações políticas dos trabalhadores que receberam os influxos de experiências históricas de lutas, mas também influenciou o padrão de intervenção estatal sobre as sequelas da 'questão social', criminalizando-as em larga medida, tornando o braço repressivo do Estado sempre mais pesado contra as 'classes perigosas', como percebeu Alberto Passos Guimarães (2008). Daí derivaram expressões culturais sincréticas que também se colocavam como formas de resistência que, como tais, foram objeto de repressão do Estado, como se deu com o próprio samba em suas origens.

Estudos e relatos diversos mostram que, desde o fim do século XIX, o samba e as religiões de origem africana foram objeto dessa repressão:

> Segundo depoimento unânime de velhos foliões das classes mais baixas das primeiras décadas do século XX, a norma policial comum era a repressão contra seus grupos, inclusive em suas reuniões de caráter religioso. [...] Por comodidade de ação policial, qualquer grupo reunido para cantar e fazer figurações de dança ao ar livre, ao som de palmas, atabaques e pandeiros era por princípio enquadrado como incurso nas disposições contra malandragem e a capoeiragem (Tinhorão, 1998, p. 274-275).

Ao se considerar tais contradições, percebemos que o samba deve ser entendido numa relação dialética entre as expressões da 'questão social' e da questão cultural no Brasil. Sua origem se deu no mesmo quadro histórico em que se estruturaram as relações sociais que conformaram determinados traços da cultura brasileira no curso do desenvolvimento das relações capitalistas entre nós. Em meio a elas emergiam lutas da classe trabalhadora, inclusive de amplas camadas das massas egressas da escravidão, em busca por afirmar-se como sujeito histórico dotado de consciência social.

O nacional-popular, que terá no samba uma de suas expressões culturais, é impensável sem a consideração das lutas sociais que estão no âmago de uma 'questão social' no Brasil. Segundo Coutinho (2011), o nacional-popular se objetiva na vida cultural em determinadas formas de 'oposição democrática' às expressões ideológicas surgidas do 'prussianismo' na sociedade brasileira. Para ele,

> [...] Embora a situação italiana divirja em muitos pontos da brasileira, acredito que a definição gramsciana do nacional-popular — precisamente na medida em que Gramsci o concebe como alternativa à cultura elitista, gerada na Itália pela predominância da "revolução passiva" como forma de transformação social e pelo consequente processo de "transformismo" (de cooptação) dos intelectuais — possa contribuir grandemente para iluminar algumas contradições também da nossa vida cultural.
>
> [...] A descrição gramsciana adéqua-se muito bem ao caso brasileiro: o nacional-popular, assim, é — visto pelo lado negativo — a quebra desse distanciamento entre os intelectuais e o povo, distanciamento que está na raiz do florescimento da cultura 'intimista' ou do elitismo cultural e que, no mais das vezes, não resulta de uma escolha voluntária do intelectual.
>
> [...] Assim, se o nacional-popular é essencialmente um modo de articulação entre os intelectuais e o povo (que faz desses intelectuais — na expressão de Gramsci — "intelectuais orgânicos" das correntes populares), ele não pode ser entendido, no que se refere às suas figuras concretas e ao seu conteúdo, como algo oposto ao universal, como simples afirmação de nossas pretensas raízes culturais 'autônomas' contra a penetração do 'cosmopolitismo alienado' etc. (Coutinho, 2011, p. 53-54).

As formas de articulação entre intelectuais e povo, de que fala Coutinho acima, não dependem apenas das condições subjetivas, de uma ou outra vontade política, uma vez que também dependem das condições objetivas com as quais se deparam os sujeitos da história. Nas primeiras décadas do século XX essas questões podem ser notadas claramente segundo o que se lerá a seguir:

> [...] enquanto o público da classe média emergente da fase de transição da economia pré-industrial, manufatureira, para a moderna indústria, se deixava arrear com as novidades importadas, as camada populares urbanas mais baixas viviam, no mesmo período histórico, um dinâmico processo de grande riqueza criativa. Levados pela natureza excludente da economia a viver por si, os componentes das camadas mais pobres (trabalhadores não qualificados, biscateiros e subempregados em geral) passaram a organizar-se culturalmente para si. De fato, enquanto os menos de trezentos mil operários qualificados de todo o país oficialmente recenseados em 1920 de certa maneira se conseguiam integrar no sistema (lutavam por 'melhorias' organizados em sindicatos, associações, caixas de socorros etc.), a massa de cerca de um milhão de trabalhadores não qualificados e eventuais, situados à margem dessa parte 'organizada' da sociedade, precisou criar, nas cidades, as próprias formas de sobrevivência física e cultural (Tinhorão, 1998, p. 263).

Os trechos citados remetem claramente à questão cultural no Brasil, tal como a problematizou Coutinho, em especial ao problema da relação povo-nação e ao nacional-popular daí derivado. O autor supõe aqui a forma prussiana pela qual se inseriram as relações capitalistas entre nós e, junto a ela, a "assimilação da cultura universal" (Coutinho, 2011) como "transplantação cultural" (Sodré, 1965). A 'dupla dominação', a qual alude Tinhorão, está na base também da 'questão social', pois envolve não apenas o problema da 'cultura inautêntica' entre nós, mas porque atribui centralidade aos aspectos de natureza econômica relacionados à criação cultural. Especificamente, ele chama a atenção para a profunda desigualdade na difusão das ideias (e da cultura) entre as classes sociais, que se constata tanto nos meios de comunicação de massa quanto na indústria cultural:

> É que a cultura realmente representativa da realidade do país como um todo — que são as culturas da gente pobre, sem oportunidade de escola e de recursos — tem de enfrentar não apenas a concorrência da cultura da elite (que, por ser oficial, dispõe

> de escolas, teatros, conservatórios, orquestras, programas e verbas), mas ainda a da classe média, que, enquanto consumidora de produtos da indústria cultural [...] e identifica mais com as elites do que com o povo, o que lhe garante maior espaço nos meios de divulgação (Sodré, 1965, p. 10).

A questão cultural e o samba

No Brasil, a forma de ingresso das relações capitalistas enfrentou as particularidades de um país periférico em que só tardiamente se introduziriam elementos tipicamente burgueses. Como tal introdução se fez 'pelo alto', excluindo das decisões políticas 'os de baixo', ou seja, as classes sociais ou estratos de classes ligadas ao trabalho e, ainda, importando elementos do exterior em nossa formação econômica, as consequências desse processo atingem não apenas a economia, mas se refletem também em nossa formação cultural. Como afirmou Ianni, a 'questão social' no Brasil "reflete disparidades econômicas, políticas e culturais, envolvendo classes sociais, grupos raciais e formações regionais [colocando] em causa as relações entre amplos segmentos da sociedade civil e o poder estatal" (Ianni, 2004, p. 103). No campo da cultura, tais disparidades são ainda incrementadas por um processo histórico particular que nos legou uma verdadeira questão cultural (Coutinho, 2011).

A penetração dos traços constitutivos da cultura europeia que se universalizava durante o processo de acumulação primitiva do capital se fez entre nós superando a resistência heroica que aqui encontrou, especialmente a que as massas negras escravizadas foram capazes de organizar, construindo processos organizativos emblemáticos que chegaram mesmo a edificar formas coletivas de organização da vida social, como foram os diversos quilombos. Um deles chegou mesmo a durar cerca de um século na Serra da Barriga, resistindo a inúmeros ataques de expedições portuguesas e holandesas — o que tornou o Quilombo de Palmares um exemplo histórico que ecoa até os nossos dias. Ao mesmo tempo, é evidente que a cultura indígena aqui, ao ser progressivamente trucidada, não conformou um obstáculo mais robusto ante a brutalidade das forças colonizadoras, mesmo se considerarmos a resistência organizada dos povos indígenas na história do Brasil, como se deu, entre outros, no exemplo da Confederação dos Tamoios.

Tal 'modelo' de colonização que se deu no Brasil se diferenciou muito de outras experiências, como as que se deram no México e no Peru ou, ainda, na Índia e na China. Na América Latina, há que acrescentar ainda um fator diferencial da colonização liderada por Espanha e Portugal. As colônias hispano-americanas tiveram a 'sorte' de ver introduzidos processos de 'modernização cultural' — a criação das primeiras universidades das Américas no México e no Peru ainda no século XVI — que atendiam aos interesses de expansão da cultura hispânica, que àquela altura se encontrava enfraquecida frente ao controle de amplos territórios pelos mouros.

Para Coutinho, a:

> História da cultura brasileira, portanto, pode ser esquematicamente definida como sendo a história de um processo de assimilação — mecânica ou crítica, passiva ou transformadora — da cultura universal [...] pelas várias classes e camadas sociais brasileiras (Coutinho, 2011, p. 41).

Já na passagem do século XIX para o XX, à medida que as relações capitalistas vão sendo introduzidas — e junto a elas a industrialização, que no mundo capitalista já avança para o estágio monopolista —, diversifica-se a formação de camadas urbanas médias e subalternas que experimentam de modo diferenciado aquele processo de assimilação da cultura universal em curso.

Com o processo de colonização, as classes dominantes acabaram por estruturar no país uma verdadeira 'ideologia do colonialismo', como bem nominou Nelson Werneck Sodré (1965) — tratando de afastar qualquer possibilidade de se construir uma 'cultura autêntica', cortando suas raízes ou depurando-as com elementos da cultura europeia, como ocorreu com a cultura indígena e com a cultura negra, que só puderam subsistir:

> No quadro de um amálgama da cultura europeia (basta pensar, por exemplo, no processo ocorrido na música popular) [ou] quando resistiram a esse amálgama (...) as culturas índia e negra, transformaram-se ou em folclore ou na expressão de grupos marginais (Sodré, 1964, p. 40).

Já a partir da entrada do século XX, temos um desenvolvimento econômico que criará novas camadas sociais que passarão a ter uma relação mais crítica com a cultura exterior, o que supõe um processo de desenvolvimento da consciência social sobre o 'nacional', o 'popular' e o 'autêntico', ainda que num nível do que Lucien Goldman chamou de "máximo de consciência possível". Em Goldmann temos um "deslocamento do foco da *consciência real* dos indivíduos atomizados para a *consciência possível* dos indivíduos integrados a grupos e classes sociais diferenciadas" (Frederico, 2006, p. 114). Para o intelectual romeno, o:

> *Máximo de consciência possível* de um grupo é explicitado pelas obras literárias, artísticas e filosóficas — aquelas que "aspiram à totalidade", à afirmação de uma visão global de mundo. Em todos os grupos existe um mínimo de coerência, que estrutura de forma significativa os valores comuns compartilhados (Frederico, 2006, p. 117).

E é justamente nesse sentido — o que evoca o "máximo de consciência possível" — que identificamos momentos do nacional-popular no samba, conforme veremos na parte final do texto.

Foi no curso do desenvolvimento das disparidades culturais legadas pelo processo histórico brasileiro que se formou entre nós uma 'questão cultural' que é, para Coutinho (2011), a expressão da forma como a cultura universal introduziu-se entre nós, refletindo o processo político 'pelo alto' conduzido pelas classes dominantes, que, se por um lado estavam permanentemente em disputa pela hegemonia entre seus próprios segmentos internos, por outro jamais vacilaram em se unir contra as classes trabalhadoras. "Façamos a revolução antes que o povo a faça"[1], expressão do

---

1 A famosa frase, de 1929, é do então governador de Minas Gerais Antonio Carlos (Ribeiro de Andrada). Ela é emblemática da reação das velhas oligarquias à ruptura da chamada "política do café com leite", que culminou na conhecida Revolução de 1930.

modus operandi das classes dominantes no Brasil, que, para dar curso à sua hegemonia, procuram agir à maneira de Tancredi, personagem central d'O *Leopardo* — "é preciso mudar algo para que tudo permaneça como está" (Di Lampedusa, 1958).

Na sociedade brasileira, o espírito tancrediano — que é, de modo geral, mais que o espírito de uma época (a da segunda metade do século XIX na Europa), mas o modo de agir que prevaleceu (ou tende a prevalecer) em todas as formações sociais na quais a burguesia dependeu de alguma maneira da aliança com outras classes dominantes remanescentes — já aparece até mesmo antes de a burguesia gozar de alguma força social mais significativa.

Tal *modus operandi* é aquele analisado por Marx em duas obras que recuperam criticamente as experiências do proletariado nas revoluções de 1848-1849 e os eventos desdobrados nos anos imediatamente posteriores, expressando-se no fenômeno do bonapartismo. Tanto em *As lutas de classe na França — 1848-1850* como em *O 18 Brumário de Luís Bonaparte* encontramos extraordinárias análises sobre o papel que as classes sociais em confronto jogaram no processo político francês, especialmente a atuação política da burguesia, que, Marx já não mais tinha dúvidas, teme mais a revolução proletária que qualquer outra forma política. No Brasil, isso se traduziu em reiterados processos de contrarrevolução preventiva, como insistia Floresta Fernandes (1975).

Os acontecimentos históricos marcantes do processo político das classes dominantes brasileiras na Colônia, no Império e na República, são encarnações do espírito tancrediano que se corporifica politicamente na chamada 'via prussiana' — categoria analítica elaborada por Lenin para designar os processos políticos nos quais a burguesia, à maneira prussiana, instala-se no poder prescindindo de uma revolução clássica (à francesa) nas estruturas de poder existentes.

Desde o refúgio da Coroa Portuguesa no Brasil, em 1808, as classes dominantes conduziram o processo político brasileiro sempre 'pelo alto', como se deu na Independência de 1822, na Abolição de 1888 e na Proclamação da República em 1889, antecipando-se (para abortar) aos processos de transformação social que vinham 'de baixo'.

A questão cultural no Brasil, a interdição do nacional-popular e a vitória do Samba

Samba,
Agoniza, mas não morre
Alguém sempre te socorre
Antes do suspiro derradeiro
Samba,
Inocente pé no chão
A fidalguia do salão
Te abraçou
Te envolveu
Mudaram
Toda sua estrutura
Te impuseram outra cultura
E você não percebeu

[NELSON SARGENTO, "AGONIZA MAS NÃO MORRE"]

Tais aspectos da formação social brasileira legaram traços estruturais à nossa formação cultural, engendrando uma particularidade que se materializou numa verdadeira 'questão cultural' entre nós — expressão que tem a força de categoria analítica porque foi apreendida pelo pensamento para dar conta da dinâmica da própria realidade, coisa que não se pode dizer da expressão 'questão social', que não pode ser uma categoria justamente porque surgiu para mistificar a realidade, encobrindo seus nexos causais. Coutinho (2011) trabalhou a categoria para abarcar a problemática cultural brasileira como uma questão diretamente relacionada à formação social do país, particularizada por uma via 'não clássica' de introdução das relações capitalistas, legando-nos uma burguesia pouco desenvolvida do ponto de vista das ideias liberais (mesmo após o momento em que elas 'entram no lugar'), débil economicamente e, por isso, dependente e submissa, e, sobretudo, politicamente antidemocrática e violenta, incapaz de conviver com elementos democratizantes da vida social. Tal configuração morfológica da burguesia brasileira engendraria uma vida política autocrática, excludente e pouco afeita à participação dos 'de baixo', que foram sistematicamente excluídos dos processos políticos mais significativos, uma vez que eles se deram quase sempre 'pelo alto'.

Mais que isso: tal formação social e tal estrutura de classes respondem por uma formação cultural marcada pela 'inautenticidade' e pela submissão, ou por aquilo que Nelson Werneck Sodré (1965) denominava 'transplantação cultural'. A questão cultural da qual fala Coutinho é fruto dessas contradições: expressa, num só tempo, o caráter socio-cultural 'inautêntico' e submisso da burguesia brasileira e, ao mesmo tempo, o quadro social que historicamente buscou excluir por meio da estrutura social e econômica profundamente desigual e pelos canais políticos que lhes são inerentes, o proletariado de um papel de protagonista no campo cultural. Um dos fenômenos desdobrados dessa questão cultural se exprime numa histórica interdição do nacional-popular na cultura brasileira, que trará consequências indeléveis para seus variados segmentos, para a música popular em particular e para o samba especialmente.

A 'miséria' ou o 'atraso brasileiro' — em alusão à 'miséria alemã', que funda o conceito de via prussiana — se materializou entre nós à base de um típico desenvolvimento desigual e combinado, exprimindo-se numa particular articulação do arcaico com o moderno (quando as "ideias entram no lugar"[2]), pela qual a burguesia se constituiu e é constitutiva, não como um traço anômalo ou atrasado de sua genealogia, mas como uma forma de ser específica que lhe é inerente, estruturadora e indelével.

---

[2] Em alusão à conhecida expressão de Roberto Schwarz, "as ideias fora do lugar", que diz respeito ao desencontro entre as progressistas ideias liberais e as preexistentes velhas estruturas e relações políticas e sociais. Para Coutinho, tal hiato identificado na brilhante análise de Schwarz tem validade para o século XIX, pois que no século XX as "ideias entram no lugar" de modo irremediável e peculiar, resolvendo desta maneira a inadequação entre forma e conteúdo, de modo que nossa burguesia assim se estruturou, renunciando desde sempre a qualquer vocação progressista — no máximo pode-se referir a um 'progressismo de retórica' —, amalgamando-se aqui entre as velhas classes escravocratas e beneficiárias da nobiliarquia e das remanescentes concessões coloniais, inclusive e sobretudo as de natureza fundiária.

Evidentemente, a alusão que faço ao nosso 'atraso' não tem nada que ver com aquela que foi historicamente usada pela ideologia dominante para sustentar a introdução de processos modernizadores ('pelo alto') importados e nem com estudos que abordaram o 'atraso' sob outro prisma, como o conhecido estudo de Sílvio Romero (1953). Por isso, não tem qualquer paralelo com os ideais dominantes de ocidentalização capitalista do país (umbilicalmente ligados aos valores sustentados pelos setores da burguesia mais liberalizante), e nem ainda com as teses conservadoras da mestiçagem nacional e da democracia racial que estão no entorno de pensadores que têm em Gilberto Freyre a sua principal referência. A menção à nossa 'miséria', e a analogia com o caso alemão, diz respeito tão somente ao complexo de relações contraditórias particulares responsáveis por engendrar entre nós uma formação cultural rica e criativa a despeito da 'pobreza' das relações econômicas e políticas hegemonizadas historicamente pelas classes dominantes.

No plano da cultura, essa forma peculiar que configura a estrutura política no Brasil irá se exprimir também, segundo a formulação de CNC, como uma verdadeira questão cultural, na qual, nos termos em que a recuperei aqui, tal como no plano da política, se observam processos 'pelo alto', que impactaram tanto as camadas populares — cujas reivindicações foram sistematicamente reprimidas, e suas expressões políticas e culturais cooptadas — quanto os setores médios urbanos, em que se pode pensar num 'paradoxo brasileiro', expresso num fecundo e contraditório desenvolvimento cultural — a despeito do atraso e das adversidades econômicas, políticas e sociais de nossa formação social — que aparece tanto em nossa literatura, e Machado de Assis é emblemático aqui (um verdadeiro "mestre na periferia", na feliz expressão de Schwarz), quanto, especialmente, na música popular, na qual o samba ocupa papel central. O paradoxo então se expressa no fato de que tal atraso não impediu o desenvolvimento de uma vida cultural fecunda.

No interior desses setores, desenvolveu-se uma forma particular brasileira daquilo que Lukács designou como "intimismo à sombra do poder", segundo a expressão de Thomas Mann empregada para analisar a realidade da literatura alemã. Lukács o utilizou como categoria analítica da crítica literária para expressar a situação social na qual os intelectuais estão alheios à realidade que os envolve no sentido de verem nela qualquer possibilidade de mudança significativa, uma vez que o poder político os exclui das decisões por meio de conciliações 'pelo alto'. Eles acabam, assim, adotando uma postura aparentemente autônoma aos interesses das classes dominantes, quando na verdade tal aparência esconde a funcionalidade dessa intelectualidade, cujas ideias surgem inofensivas já que não se remetem aos aspectos centrais da vida social, vertendo-se até mesmo numa 'apologia indireta' do poder (Lukács, 1968).

É importante ressaltar que tal situação — quando a intelectualidade adere indiretamente ao poder — só se estrutura quando há uma base material que a sustente. Apenas quando os intelectuais, compondo parte dos setores médios urbanos, conseguem encontrar na sociedade seus meios materiais de vida, ou seja, quando se dá a incorporação desses setores pela divisão social e técnica do trabalho, só aí é que se criam as condições objetivas para uma eventual adesão da intelectualidade ao poder. Ou seja, tanto o "intimismo à sombra do poder" quanto a consequente "apologia indireta" são produtos simultâneos de dois pressupostos: a ausência de uma burguesia revolucionária capaz de transformar, profunda e autonomamente, as relações pré-capitalistas existentes; e, paradoxalmente, quando se estruturam as primeiras relações tipicamente capitalistas, desdobra-se uma tendência de cooptação cultural por meio das ocupações profissionais criadas no interior da divisão social do trabalho.

Essa mesma burguesia, incapaz de promover mudanças sem realizar acordos 'pelo alto', dependerá dos elementos que se formam entre os setores populares para forjar uma ideia de povo que possa ser parte constitutiva da ideia de nação. Nesse sentido, a cooptação cultural ocorreu valendo-se da nascente indústria cultural, que serviu, para além de espaço de acumulação de capital, para emoldurar uma imagem de povo para a qual o samba foi utilizado.

O *modus operandi* burguês no Brasil, geneticamente inclinado às alianças com os segmentos mais retrógrados da sociedade como forma de afastar qualquer possibilidade de participação política 'de baixo' nos rumos do país, foi responsável por introduzir entre nós uma tendência à cooptação dos elementos populares presentes na vida cultural. Com o samba não foi diferente, operando-se nele verdadeiros transformismos, tal como ocorreu, não sem contradições, com as agremiações ou escolas de samba, tornando-as símbolo da 'identidade nacional'. Por outro lado, tal tendência à cooptação não foi capaz de impedir que o samba se tornasse, através de um processo dialético rico em contradições, uma das formas de resistência encontradas pelos segmentos de classe afastados do poder político, um verdadeiro canal de explicitação de suas demandas, que, de modo muito diverso, aparecem nas composições do gênero sob a forma de denúncia, lamentação, sátira ou anedota. Mais ainda: o padrão histórico-genético brasileiro marcado pela existência de uma particular questão cultural, pela reiteração de revoluções 'pelo alto', pela cooptação e pelo trasformismo não foi capaz de inteditar momentos de assunção do nacional-popular no samba. E, por isso, falamos em 'vitória do samba' no enunciado deste subitem.

O samba é uma das maiores criações do povo brasileiro. Massas de homens e mulheres, quase todos negros e a quem foi negado a educação formal, fizeram-se um povo musical afirmando uma cultura que originou uma identidade autêntica para além de uma falsa 'identidade nacional' forjada 'pelo alto' pelas classes dominantes. Eles praticamente não obtiveram qualquer reconhecimento, nem político nem profissional. E quando o tiveram, foram objeto da cooptação por parte do Estado que buscava com isso operar alguma forma de trasnformismo, como ocorrera em muitos casos. Saíram de lugares e regiões mais diversas do país para se amalgamarem nos meios urbanos, especialmente no Rio de Janeiro, em que buscaram sobreviver mesmo sem terem, em sua maioria, nem mesmo o direito ao trabalho. Sintoma de uma sociedade que cumpriu, à risca, a sina profetizada por Joaquim Nabuco para quem a escravidão, formalmente terminada em 1888, deixaria uma obra cujas marcas persistiriam na alma de sua gente e nas entranhas do Estado, reverberando formas de racismo explítico ou velado cujas consequências vemos até hoje em toda forma de desigualdade, de segregação e de violência.

Gente como Wilson Batista, que saiu na caçamba de um caminhão vindo das regiões dos canaviais campistas para tentar a sorte, sem eira nem beira, na dita Cidade Maravilhosa, em busca de uma vida melhor. Como Zé Katimba[3], o sambista-sertanejo que é a própria encarnação do que Euclides da Cunha, n'*Os Sertões*, identificou naqueles homens do Norte-Nordeste do Brasil: são antes de tudo uns fortes. Ou Clementina de Jesus, a 'quelé', mulher, negra, empregada doméstica, de talento raro e nato, 'descobertos' tardiamente, quando entoava sofridos e lamurientos cantos africanos eternamente cravados em sua memória e em seu coração. Como Aluísio Machado[4], operário, estofador de ofício — autor de "Bumbum Paticumbum Prugurundum", magistral samba-enredo campeão pela Império Serrano em 1982 —, compositor que, sem talvez nunca ter lido "Sobre a questão judaica", de Marx, fez um samba cujos versos dizem: "Os direitos humanos são iguais / Mas existem as classes sociais". Ou, ainda, como o nonagenário Noca da Portela — cujos avós foram escravizados nas fazendas de café da Zona da Mata Mineira e nos charqueados do Rio Grande do Sul — que foi capaz de construir uma enorme obra musical ao mesmo tempo em que labutou por 50 anos como feirante pelas madrugadas das ruas do Rio de Janeiro, deixando-nos composições que refletem momentos da história do país, fazendo dele um intelectual orgânico do samba, principalmente por "Virada"[5] — samba do início dos anos 1980 que, como já lembrado, consagrou-se na voz de Beth Carvalho como um hino das Diretas Já, cantado nos comícios Brasil afora, um verdadeiro exemplo da composição que expressa o nacional-popular (Braz, 2018).

Esses e tantos outros sambistas não tiveram uma carreira artística profissional a que teriam direito por seus talentos expressos em suas obras. Eles pouco puderam contar com o Estado e com seus governos. E ainda assim, fizeram. Fizeram muitos sambas, alguns deles obtiveram

---

[3] Cf. a biografia *Zé Katimba: antes de tudo um forte*, de Luiz Ricardo Leitão (Rio de Janeiro: UERJ/DECULT; São Paulo: Outras Expressões; Acervo Universitário do Samba, 2, 2016).

[4] Cf. a biografia *Aluísio Machado: sambista de fato, rebelde por direito*, de Luiz Ricardo Leitão (Rio de Janeiro: UERJ/DECULT; São Paulo: Outras Expressões; Acervo Universitário do Samba, 1; 2015).

[5] De Noca da Portela e Gilper.

significativa projeção, seja nas ondas do rádio ou por uma alguma produção que alcançou a indústria fonográfica. Conquistaram respaldo do povo. Cravaram o samba no coração do Brasil e de sua gente. Operaram quase um 'milagre', como já disse uma vez Caetano Veloso em uma belíssima composição chamada "Milagres do Povo":

> É no xaréu que brilha a prata luz do céu
> E o povo negro entendeu que o grande vencedor
> Se ergue além da dor
> Tudo chegou sobrevivente num navio
> Quem descobriu o Brasil?
> Foi o negro que viu a crueldade bem de frente
> E ainda produziu milagres de fé no extremo ocidente [...]
> Ojuobá ia lá e via
> Quem é ateu e viu milagres como eu.

Aluísio Machado, Clementina de Jesus, Noca da Portela, Wilson Batista, Zé Katimba e tantos outros são 'milagres', não num sentido religioso, mas no sentido de terem vencido, apesar de tudo. Venceram apesar do desemprego ou do trabalho precário e informal. Dos rendimentos insuficientes e intermitentes; das agruras até conseguir um teto para viver com suas famílias; da desassistência de que foram vítimas quando precisaram cuidar da saúde; da educação formal limitada; da violência (real ou potencial) a que foram sujeitados pela força repressiva do Estado; do racismo (velado ou aberto) a que foram submetidos na vida.

E aqui não estamos tratando de vitórias pessoais. Falamos da vitória de um gênero por meio de seus criadores que nos legaram composições que, em alguns casos, denotam a presença do nacional-popular, de que é bom exemplo o grandioso samba "Agoniza mas não morre" (de Nelson Sargento), que já nos serviu de reflexão no início deste texto. Ou, ainda, os que emprestaram a força de seu cantar, como foi o caso de Clementina de Jesus, dando voz a criações musicais que persistiram no imaginário coletivo por meio da memória oral, como as registradas pela quelé no álbum O *Canto dos Escravos*, de 1982.

Muito além desses poucos exemplos, são inúmeros os que poderíamos evocar do cancioneiro popular nacional nos quais se identifica a presença do nacional-popular como forma de superação do problema da questão cultural discutida neste texto. Entre eles, encontramos criações estéticas muito sofisticadas, como se pode ver nas obras dos geniais Noel Rosa e Paulinho da Viola. Seja como for, não são raros os exemplos em que os sambistas, por meio de suas obras, podem ser elevados à condição de intelectuais orgânicos do povo brasileiro.

BRAZ, M. (org.) *Samba, Cultura e Sociedade*: sambistas e trabalhadores entre a "questão social" e a questão cultural no Brasil. São Paulo: Expressão Popular, 2013.

BRAZ, M. *Noca da Portela e de todos os sambas*. Rio de Janeiro: UERJ/DECULT; São Paulo: Outras Expressões, 2018.

COUTINHO, C. N. "As categorias de Gramsci e a realidade brasileira". *In: Gramsci:* um estudo sobre seu pensamento político. Rio de Janeiro: Campus, 1992

COUTINHO, C. N. *Cultura e sociedade no Brasil: ensaio sobre ideias e formas*. São Paulo: Expressão Popular, 2011.

DI LAMPEDUSA, G. T. *O leopardo*. 1958

FERNANDES, F. *A Revolução Burguesa no Brasil*. Rio de Janeiro: Zahar, 1975.

FREDERICO, C. *Sociologia da Cultura*: Lucien Goldman e os debates do século XX. São Paulo: Cortez Editora, 2006.

GUIMARÃES, A. P. *As classes perigosas*: banditismo urbano e rural. Rio de janeiro: Editora da UFRJ, 2008.

IANNI, O. *Pensamento social no Brasil*. Bauru: EDUSC, 2004.

LEITÃO, L. R.; BRAZ, M. *Samba, Democracia e Sociedade*: grandes compositores e resistência cultural no Brasil. Rio de Janeiro: Mórula / Acervo Universitário do Samba — UERJ; São Paulo: Outras Expressões.

LUKÁCS, G. *El asalto a la razón:* la trayectoria del irracionalismo desde Schelling hasta Hitler. Barcelona: Grijalbo, 1968.

MARX, K. *O capital*. Crítica da Economia Política. I, 2. São Paulo: Nova Cultural (capítulo XXIII), 1985.

MARX, K.; ENGELS, F. *Cultura, arte e literatura*: textos escolhidos. São Paulo: Expressão Popular, 2010.

NETTO, J. P. "Cinco notas a propósito da questão social". *In*: *Revista Temporalis*. Brasília: Abepss, 2001.

NETTO, J. P.; BRAZ, M. "A acumulação capitalista e os trabalhadores". *In*: NETTO, J. P. e BRAZ, M. *Economia Política*: uma introdução crítica. 7ª ed. São Paulo: Cortez, 2011.

ROMERO, S. *Cantos populares do Brasil*. Rio de Janeiro: José Olympio, 1953

SODRÉ, M. *Samba, o dono do corpo*. Rio de Janeiro: Mauad, 1998.

SODRÉ, N. W. *A ideologia do colonialismo*. Rio de Janeiro: Civilização Brasileira, 1965.

TINHORÃO, J. R. *História social da música popular brasileira*. São Paulo: 34, 1998.

Gramsci e o declínio do consenso no século XXI: o retorno ao popular

PEDRO CLÁUDIO CUNCA BOCAYUVA

Introdução

Neste artigo, procuramos fazer algumas anotações sobre a interrogação acerca do alcance da noção gramsciana de nacional-popular diante da crise orgânica do americanismo globalizado pela guerra e pelas redes de informação, negócios, espetáculo e finanças. Situar a questão da construção da vontade política nacional-popular parece ser um desafio necessário diante de uma disputa que se reabre para capturar os afetos coletivos, como vemos no realinhamento das *big techs* na direção do trumpismo. A confusão das mudanças de fronteiras e os paradoxos nos modos de controle (liberdade para as mercadorias e filtros para as pessoas), a vigilância e os processos de exceção se tensionam gerando um quadro ruidoso por conta do acúmulo de traumas monetários, epidemiológicos, psicológicos, bélicos e ambientais. O que vem marcando o ponto de chegada crítico da modernidade como barbárie e catástrofe, do que denominamos 'capitaloceno' (capitalismo + antropoceno). Os limites antagônicos do elo entre os pares capital e natureza, nacional e internacional, relações de produção e forças produtivas se apresentam de maneira catastrófica no contexto mundial marcado pela banalização da crueldade. A política como guerra se generalizou nas relações humanas, na competição entre grupos empresariais e nas diversas formas de guerra civil, de guerra híbrida e de conflitos clássicos de grande escala em meio a efeitos devastadores na sociabilidade e no meio ambiente. As cenas de Gaza geram protestos, mas estes não se sustentam como no passado ocorreu em relação à intervenção norte-americana no Vietnã. A exceção e o excesso levam ao paroxismo os processos de intervenção militar e policial, o encarceramento em massa e a formação de campos de detenção de populações que buscam proteção relacionada com a figura ampliada do refúgio.

O século XXI emerge como um resultado complexo e entrelaçado de fatores em jogo no mundo, que vão desde o desenvolvimento das forças produtivas comandadas pela dimensão imaterial, com um americanismo mundializado, até a banalização da crueldade pela via do gozo imagético com a dor dos outros. A violência é exacerbada na era da hipervisibilidade das redes e com a guerra difusa na sociedade do espetáculo, em que temos o retorno, por toda a parte, da xenofobia, do racismo e dos fascismos. Nesse contexto, observamos uma dinâmica de som e fúria nas batalhas culturais e lutas pela verdade, sustentadas por fundamentalismos que se aproveitam da fragmentação cultural, um fenômeno que, por sua vez, é consequência do desastre da globalização financeira. O Ocidente, desde a expansão do poder no século XVII, consolidou uma visão mercantilista do Estado Moderno, que frequentemente subordinou a questão social ao tema do nacional, refletindo uma hierarquia internacional de desenvolvimento desigual e de divisão do trabalho que ignora as necessidades do 'popular'. A Revolução Francesa, com a antecipação jacobina da construção do binômio povo-nação, que se tornou paradigmática para o pensamento revolucionário (em especial com a descolonização e as grandes revoluções e lutas das periferias) e a análise histórica.

O sistema mundo avança como capitalismo histórico, fazendo interagir as novas relações de desigualdade de classe com formas de segregação que interseccionam fatores de discriminação que se recombinam de forma específica através do patriarcalismo e do racismo. O reino do capital fictício e a acumulação espoliativa permanente em escala mundial produziram formas combinadas de agenciamento de fluxos que moldam novos regimes de fronteira e de exceção, que operam usando a competição entre regimes políticos diferenciados e uma economia mundo bastante integrada. As simbologias do nacional geram ações conservadoras de segregação e mesmo de dependência, ao mesmo tempo que impulsionam as grandes lutas pela libertação dos povos colonizados. As grandes potências justificam seu poder de intervenção e tutela com fórmulas etnocêntricas e discursos supremacistas. Políticas de anexação, golpismo e limpeza étnica aparecem no centro de discursos que se amparam num paradigma de segurança que vai se impondo através de guerras contra as populações.

Gramsci, o Brasil e o mundo

Como ativar a força das reflexões gramscianas sobre o avanço programático do capitalismo organizado diante das dimensões paradoxais dos intentos de explorar a fraqueza dos Estados Nacionais, ao mesmo tempo buscando recuperar a potência do sistema na dimensão gerada pela difusão desigual da experiência americana depois da derrota dos limites do experimento soviético e do caráter datado do fascismo? Como pensar uma era em que parecem se esgotar os aspectos paradoxalmente progressistas da era da guerra de posições, ou seja, em face ao esgotamento das reservas de recursos de convencimento? Como aplicar a abordagem da hegemonia na operação de refluxo e reciclagem promovida como desmonte de direitos? Como entender a construção de um tipo de naturalização e regressão conservadora que se desdobra e prolonga com a capacidade de reestruturar o domínio capitalista com os novos meios ou aparelhos ampliados da hegemonia através das TICs? Na nossa reflexão, consideramos que a questão do nacional e do popular se sustenta tanto no questionamento sobre a integração com a base da sociedade quanto na questão dos signos e mitos que atravessam as diferentes formações econômico-sociais.

Na atualidade, os aparelhos de hegemonia seguem a rota do fetichismo da mercadoria e da mediocridade da incivilidade crescente com a marca do narcisismo das pequenas diferenças. Na teoria crítica atual, Marx se encontrou com Freud, ao lado das pulsões destrutivas, se completou com a capacidade de gerar submetimento, e a dessublimação repressiva foi estudada por Gramsci na chave do americanismo como 'revolução passiva'. Os fenômenos mórbidos, como nos anos vinte e trinta do século passado, se aceleram neste primeiro quase quarto de século XXI, mediocrizando a vida política nas mais diferentes geografias governadas pela competição e pela queda dos véus liberais com a crise de representação e descrença na política. Os processos de desfecho da dimensão unilateral e a vitória do capitalismo real fizeram da hegemonia um atributo perverso: a Europa se esfacela, os EUA ardem e a China é o motor industrial do capitalismo global.

A América Latina e a África sofrem com o efeito das novas colonialidades e com modos de guerra civil e resistência. O Planeta Índia começa a se mover, assim como os efeitos das guerras no grande Oriente Médio e na fronteira eurasiana ampliam as incertezas. Mas as forças que nos governam mobilizam fantasmas e misturam um imaginário que se alimenta de combinações e hibridizações. Nossas resistências contra o bolsonarismo produzem efeitos de contenção, mas não geram alternativas se considerarmos o processo brasileiro como um dos casos raros de disputa em que as formas moleculares do novo, como o feminismo negro e as redes de movimentos de periferias e favelas, fizeram frente única com forças declinantes, mas sem conformar saídas orgânicas de um projeto nacional com algum horizonte cosmopolita viável.

Num país como o Brasil, em que a tradução de Gramsci aparece como um espectro que ameaça a direita que descobriu a batalha cultural, estamos longe de mobilizar os processos moleculares e as novas vozes da centralidade social da periferia, da diversidade e da potência do nosso 'quilombismo'. Os feitos de destruição dos aparelhos de educação e a fragilidade no nosso associativismo acompanham um esgotamento da forma partido. O terreno da subjetividade, do imaginário, do simbólico e dos ritos e práticas é movido por forças perversas de gestão pelo medo, em meio às oscilações de conjunturas críticas, na qual emergem figuras que buscam ativar mitos mobilizadores com base na gestão das emoções pela via da identificação com as figuras do grotesco. As condições geradas pelo urbanismo de guerra, pelo urbanismo especulativo e pelo urbanismo de espetáculo se combinam com os efeitos devastadores dos avanços da fronteira agrícola, da mineração e da milicianização e privatização do cotidiano nos territórios. Os efeitos gerais desse processo exigem respostas que remetem ao tema da 'catarse' em Gramsci, uma ruptura que possa abrir avanços em direção emancipatória que afete o conjunto da estrutura, superando o horizonte dos intentos de restauração ou de regressão destrutiva como o que vivemos na atualidade.

O balanço crítico deste novo ciclo da transição da mundialização financeira em rede precisa retomar a busca de compreender os desafios para a montagem de novos blocos sociais levando em conta impulsos que nascem nos processos moleculares, que ainda estão presentes e competem com a lógica do individualismo, da religião da prosperidade e da chamada para as guerras étnicas. Os negacionismos que resistem às mudanças de tipo racional-legal, científica ou ético-política se apoiam em impulsos para a ação violenta no seio das populações, manejando para o fortalecimento das velhas relações de verticalidade com a produção da servidão voluntária. As ações de sustentação da hegemonia do capitalismo autoritário e a ideologia da adesão ao 'empreendedorismo' seguem a via da identificação com o opressor. No quadro de necropolítica que se generalizou, a psicologia de massas aparece como ferramenta complementar de uma teoria crítica necessária para lidar com a dimensão ideológica. A análise dos fenômenos da crise e transição serve para entender o que ativa as grandes ações de conflitos híbridos, em que armas convencionais são combinadas com o impacto de máquinas cibernéticas. Aquelas que acentuam a precarização dos laços sociais e se entrelaçam com signos e enunciados de narrativas que mobilizam em direções que, neste momento, acentuam os processos regressistas como com o trumpismo e o bolsonarismo.

Vontade coletiva e revolução passiva

A vontade coletiva organizada que travava as 'guerras de posição' (no sentido das lutas por hegemonia nos termos da democracia ampliada ou do acúmulo de forças), que marcaram os deslocamentos progressistas entre 1945 e 1973 (com as oscilações da Guerra Fria, da descolonização, das modernizações periféricas e dos impulsos de democratização de massas, em processos que podem ser lidos na chave agônica, trágica e épica da luta do povo vietnamita), foi submetida a uma destruição da esfera pública e das possibilidades de ampliação democrática do Estado, no mesmo movimento em que as forças transnacionalizadas do capital buscavam romper os limites do controle dos fluxos no sistema mundo capitalista que se densificava pelo desenvolvimento desigual. A globalização neoliberal pelo alto acentuou a captura das necessidades das massas desterritorializadas e desencaixadas sob o efeito da desmedida da precarização, como um impacto cada vez menos controlado por redes de proteção e políticas de bem-estar social. O resultado no declínio do processo de valorização a partir da queda acelerada da taxa de lucro foi a fuga adiante através da chamada acumulação flexível, as mutações da terceira revolução industrial, pelo saque para sustentar o giro curto do capital fictício e a intensidade da competição com a abertura aos mercados e a posterior potência emergente da Ásia-Pacífico. Esse processo veio confluindo para a política como guerra, rompendo os pactos políticos e as formas tradicionais de alianças, fazendo convergir os complexos industriais, os sistemas de segurança e o Estado de Exceção. Esse processo, que foi alimentado pelo neoliberalismo, pelos ajustes estruturais e através das doutrinas de segurança, pôde ser concluído quando as relações de produção se impuseram sobre o conjunto das formas de reprodução, uma vez realizada a 'revolução passiva' mundializada com a lógica ironicamente chamada de 'fim da história'.

O nacional-popular expressava, durante o triênio do pós-guerra, um modo de construir as ações políticas através de blocos, de processos de tradução e de programas que articulavam as lutas no espaço-tempo do mundo moderno capitalista. Mesmo e apesar do internacionalismo na era do imperialismo ter sido atravessado pelos desafios das contestações sobredeterminadas pelos ciclos sistêmicos de acumulação através do desenvolvimento desigual que afetava os elos da cadeia imperialista, a revolução e a contrarrevolução tinham no terreno nacional o espaço de disputa e realização das políticas através de graus relativos de autonomia dos países, o que acabava definindo cenários específicos de crises para a tradução das lutas, para a relação com as forças sociais distribuídas no espaço e organizadas desde o nacional. As mobilizações dos sujeitos políticos se davam culturalmente através de muitas formas de ação intelectual e moral, que ao longo do tempo foram articulando e gerando casamatas e trincheiras que mudaram a forma da política em conquistas ou em resistências, em que o nacional era o campo de referência como nos processos de libertação nacional. O nacional-popular foi a noção que permitiu a Gramsci pensar a história italiana na longa duração, buscando o contraste com a experiência francesa e entender os modos de montagem da hegemonia intelectual e moral; dessa forma, pode-se pensar na dimensão das traduções, sempre valorizando os sentimentos e as paixões como condições para lidar com a construção da vontade política coletiva que se desenhasse na relação com a direção cultural e com a dimensão ética de subjetividades emancipadas pela capacidade organizativa autônoma. Nesse período, a social-democracia, as frentes populares e as lutas pela descolonização desenhavam vias nacionais para a mudança, mesmo quando respaldadas por movimentos de apoio internacional. Gramsci foi usado para projetar a ideia de uma via italiana para o socialismo, assim como a URSS vinha se construindo através da fórmula do socialismo num só país. Mesmo com a globalização, o terreno da organização das lutas acabou dando a base para as lutas antiglobalização na interação com forças sociais organizadas na confluência clássica de sujeitos corporificados e espacializados, com a produção de simbologias e identidades ligadas à noção de povo. As novas guerras neocoloniais, as guerras civis e mesmo as guerras religiosas projetam formas de alianças que oscilavam entre o nacional e a fragmentação. O nacional ainda era a principal referência simbólica para a organização de blocos e sistemas de alianças que remetem à disputa do Estado. Os Estados Nacionais continuaram a ser os operadores principais das conexões entre sistema mundo e ordem interna. Sua crise exige uma análise mais complexa sobre sua função e necessidade.

Os avanços teóricos dos Cadernos de Cárcere

Nos *Cadernos do cárcere* (1975), Gramsci rompe com as leituras lineares e as práticas que desconsideravam a necessidade de fazer avançar as condições educacionais e técnicas para uma ética com base numa 'filologia vivente' que se ligava aos territórios, práticas e saberes que deveriam ser reelaborados criticamente na imprensa, na escola e pelas artes. A noção de subalternos e de popular inova os sentidos necessários e complementares na formação do projeto emancipatório de classe que precisava do filão de um entendimento em que a política é construída como tradução, a famosa 'tradutibilidade', que é operada pelos intelectuais nos processos que permitem a comunicação, o avanço nos conhecimentos e a criação de plataformas e programas para a ação. Gramsci já procurava ir além das pretensões universalistas e abstratas do iluminismo, buscando superar os preconceitos quanto ao sentimento e às expressões da cultura popular. A referência ao senso comum, ao seu núcleo de bom senso e à busca por qualificar a literatura na relação com a elaboração da experiência popular, para o entendimento da força emanada dos modos da vida social, com a variedade e a riqueza do que por vezes emergia como possível resposta aos limites do Ressurgimento que explicavam muitas das razões da vitória do fascismo.

Nos *Cadernos do cárcere*, a grande política é a que define e constrói os Estados, seguindo reflexões que destacam o 'livro mito' do projeto de Maquiavel, considerando a forma moderada da unificação italiana, pesquisando as dificuldades de construir as alianças entre os subalternos. Dessa forma, a pesquisa dos Cadernos vai avançando em apontar os limites de mimetizar o experimento soviético que vinha acompanhado da vulgarização economicista de um materialismo inferior. A filosofia da práxis na chave da 'filologia vivente' repunha as bases de um caminho para o materialismo histórico, levando em conta a dimensão de uma religião laica que era condição para avançar nos limites da crítica de Benedetto Croce. Atualmente, a dimensão ética do pensamento de Gramsci vem sendo reposta tanto na busca da nova edição de seus artigos, cartas e cadernos, quanto na percepção da força que emana da questão da paixão, quer na chave da vontade política e da reflexão sobre o nacional-popular, quer na chave da necessidade de um novo 'humanismo integral' de Gramsci, que vem sendo relido em contraponto por intelectuais como Edward Said e Stuart Hall, uma formulação importante elaborada por Giorgio Baratta (2011).

A chave da noção de hegemonia opera nos *Cadernos do cárcere* como conceito necessário para pensar o capitalismo avançado na sua complexidade e a transição para o socialismo, desde os elos frágeis detectados pela análise das situações que têm sua qualidade transformadora definida pela potência imanente dos subalternos. A questão da direção intelectual e moral colocada para o partido, ou seja, o moderno príncipe entendido como intelectual coletivo, atravessou a história da urbanização, os processos e conhecimento, as formas de organização social e os modos de produção, incluindo a própria arte da guerra. Nesse sentido, Gramsci é decisivo como elaborador de uma leitura da possibilidade da revolução na relação com a modernidade entendida por uma dialética aberta, desde a crise orgânica e desde a noção de Estado Ampliado, na chave da organização através da disputa entre as forças de bloqueio, de regressão ou de construção de novos blocos históricos nacionais organicamente populares. A questão da historicidade e da espacialidade se definem com uma aposta vigorosa na capacidade de construção de uma visão de mundo sedimentada no território e na população, que precisa sempre ser atualizada uma vez transformadas as condições pela disputa no imaginário, hoje marcadamente atravessada pelos agenciamentos e capturas de novos aparelhos de hegemonia, que fazem das chamadas redes sociais (no sentido empresarial) as casamatas e trincheiras da disputa nas sociedades nacionais num quadro de crise e transição no sistema mundo.

O tema do nacional-popular remetia ao mundo da linguagem e das línguas, ao processo da formação do Estado Moderno e à aproximação maior ou menor entre os organizadores intelectuais da cultura, considerando a divisão social do trabalho e a capacidade de articular sentimentos e programas de ação como a construção de uma vontade política. Dessa forma, se desenhava o grau de organicidade e a capacidade de integrar e gerar uma direção de classe na sociedade como ocorreu com o jacobinismo. Na prisão, Gramsci desvendou a história italiana e o desafio ligado à fragilidade na criação de mitos e narrativas capazes de formar uma literatura com ligação entre sentimento e língua. A 'filologia vivente' atravessa a obra dos Cadernos na chave da reflexão sobre os intelectuais e o processo do Ressurgimento. O intelectual de origem sarda se constrói na experiência viva do educador político e do jornalismo, um caminho de aprendizagem histórica, mas sem perder as lições universitárias, em especial na formação com base na glotologia. O organizador do ciclo de lutas do biênio vermelho, o autor da questão meridional, o dirigente da internacional, o deputado comunista e autor dos *Cadernos do cárcere* manteve, todo o tempo, o vínculo orgânico com a classe operária, atento a todos os detalhes e manifestações da cultura popular, da literatura, dos dialetos e da gramática. Antonio Gramsci incluiu nas suas atividades carcerárias um modo próprio de aprender as línguas estrangeiras. A noção de tradução é bastante sofisticada, uma vez ligada à formação da subjetividade na língua nacional, o que deve ser entendido de forma integrada com a visão da política e do projeto nacional na escrita e na literatura nacional. Isto é, ali onde os problemas e os mitos das classes populares sofrem um tipo de elaboração que define o grau de avanço da hegemonia na direção da presença popular no terreno da cultura culminando no recorte da grande política.

Viveu os anos vinte do século passado no calor da revolução e na tragédia da guerra, com um percurso geográfico e cultural do meridional ao internacional, interrogando a relação umbilical entre o nacional e o popular, tendo em conta a necessidade de enfrentar os desafios da construção da grande política em tensão e contraponto crítico, com Benedetto Croce de um lado e V.I.U. Lenin de outro. Assim, Gramsci vivencia a modernidade, o mundo popular e a luta do movimento socialista na chave da grande cisão e, depois, no giro da frente única. Soube ler as situações e acompanhar as formas e limites do experimento socialista soviético ao mesmo tempo que compreendia a novidade do fascismo, na chave dos fenômenos mórbidos do cesarismo, conseguindo captar os rumos da revolução passiva na dimensão americanista-fordista. A maior parte de sua obra de maturidade foi elaborada nas condições adversas da prisão. A abrangência e profundidade dos Cadernos marcam uma obra extraordinária, incluindo a forma poética e humana das Cartas com as suas táticas de luta no cárcere, com a forma complexa e desafiante da relação com a teoria da hegemonia elaborada nos Cadernos.

Vontade coletiva, nacional popular e hegemonia

A busca do consenso e a construção do nacional-popular no limite da sua radicalidade unificam a vida nacional, articulando sentimentos, símbolos e práticas. A noção de hegemonia, conforme proposta por Gramsci, busca articular uma pedagogia que una a vontade coletiva, mobilizando as coletividades em torno de um projeto comum. A história moderna revela que a construção de um consenso é fundamental para a manutenção de uma ordem social estável, na qual a articulação entre o nacional e o popular se torna essencial, em que a sociedade civil, entendida como articulação de aparelhos de hegemonia e com a função organizativa da intelectualidade, complementa os aparelhos jurídico-políticos repressivos na relação entre direção e dominação.

Gramsci enfatizava que a formação de uma identidade coletiva era imprescindível para enfrentar a fragmentação cultural. O 'nacional-popular' serve como um modo de construir ações políticas através de blocos, nos quais a tradução das lutas sociais é realizada por intermédio de uma linguagem compartilhada. Essa articulação é crucial em um cenário onde as tensões entre o local e o global se intensificam e onde a crise do consenso se torna cada vez mais evidente.

Agora, passados mais de 70 anos desde os primeiros lançamentos das cartas e dos *Cadernos do cárcere*, finalmente Gramsci parece poder ser lido sem amarras. Leituras críticas de todo tipo podem estabelecer as conexões e os referentes históricos, culturais e existenciais do pensador marxista de maior impacto na contemporaneidade. O filão da vivência em distintas geografias e ambientes se projetam em muitas metáforas na 'Oficina' ou no Laboratório do 'Cárcere', que se desdobram em contraponto, como variação bem definida de movimentos e aspectos que consideram os desafios de nossa época. O processo se desenvolve em contraponto com a reelaboração de conceitos e escritos que já vinham sendo objeto de uso dentro e fora das especialidades acadêmicas. O jornalista, o crítico teatral, o educador político, o dirigente socialista, o quadro comunista nacional e internacional, o deputado, o prisioneiro, o escritor-detento têm sido amplamente estudados, interpretados e usados. Pensador clássico, o intelectual italiano, comunista e prisioneiro do fascismo, desenvolveu estudos abrangentes e densos e mostrou uma extraordinária curiosidade intelectual.

Nos Cadernos, destacou no estudo do nacional-popular a questão da língua e da cultura, terrenos decisivos para o desenho de uma visão de mundo enriquecida pelas experiências que lhe fizeram um pensador que desde muito cedo articulou o espaço e o tempo através do que se constitui na afirmação de uma 'filologia viva', com a articulação da análise de situação do tempo presente, na longa duração, formulando a noção de bloco histórico. A potência de uma leitura imanentista e histórica é uma marca de como a aceleração das transformações das primeiras décadas do século XX lhe lançaram nos braços do marxismo vivo, lido na chave da revolução, da guerra, da fábrica e da cidade.

A escola, a universidade e a imprensa fizeram do prisioneiro do fascismo um sujeito experimentado no aprender a escutar e registrar as vozes dos subalternos em meio à ebulição das máquinas e das multidões. A sua experiência de vida é marcadamente sensível ao ritmo dos processos da guerra, da revolução e da contrarrevolução que exigiram o engajamento ético-político do intelectual orgânico na articulação com a potência das situações desafiantes dessa grande intensidade. A experiência italiana, a vivência soviética e o olhar sobre a América convergiram com a complexidade da Questão Meridional e da revolução passiva, o que conectava muitas camadas de estudos sobre os limites da unificação italiana, considerando a análise dos novos fenômenos e de uma geopolítica diferente na chave do impacto do fascismo, do americanismo e da necessidade da frente única.

A noção de hegemonia coroou o desafio para pensar a complexidade, analisar o processo histórico na longa duração e se posicionar diante do Estado Ampliado ou integral, das formas e dos desafios de articular força social pela via da produção de consenso nesse Ocidente singular que conformava a Itália. O nacional-popular se conecta com a questão da revolução na medida em que destaca a construção de um bloco capaz de exercer a direção intelectual e moral na formação de uma nova hegemonia. A passagem no período para a guerra total se operou da forma manobrada para a de posições, que nasceu dos desdobramentos do processo capitalista. A formação de aparelhos de ideologia ou aparelhos privados de hegemonia permitiu situar nas formações históricas do Ocidente pela longevidade e capacidade de renovação para um capitalismo que se articulava com dimensão programática, que se consolidava através da recombinação e da mutação nos modos de exercer o poder político e sustentar uma base material gerando um padrão de estabilização no pós-Segunda Guerra.

As forças produtivas e as relações de produção são fomentadas por agentes intelectuais com funções técnicas e organizativas, com saberes e formas de afirmação que sustentam uma visão de mundo na qual a ideologia tem função e forma, em que o tema dos intelectuais se liga aos desdobramentos de saberes e modos de criação de sujeitos coletivos e quadros de direção que entram no jogo da disputa que articula sempre conhecimento e sentimento.

Gramsci na contemporaneidade

A leitura contemporânea de Gramsci, especialmente em seus *Cadernos do cárcere*, destaca a relevância da formação de uma intelectualidade coletiva. Os intelectuais orgânicos, conforme Gramsci formula, devem se conectar com os grupos subalternos, traduzindo suas experiências e vozes em uma forma de resistência que busca a autodeterminação e a autonomia. A obra de Gramsci oferece uma base sólida para a análise das complexas relações sociais que marcam a contemporaneidade, na qual a batalha dos afetos se intensifica.

A interrogação sobre o alcance da noção de nacional-popular no contexto atual de crise orgânica do americanismo globalizado, marcada por guerras e redes de informação, apresenta um desafio significativo. Os paradoxos e modos em que os controles e a vigilância operam revelam um quadro ruidoso de traumas monetários, epidemiológicos, psicológicos, bélicos e ambientais. Nesse sentido, os limites entre capital e natureza, nacional e internacional, relações de produção e forças produtivas se apresentam de maneira catastrófica, refletindo a banalização da crueldade.

A análise de Alberto Burgio (2007) sobre a revolução conservadora que se acentuou desde a década de 1970, sugere que a atualidade da obra de Gramsci se torna ainda mais relevante. O neoliberalismo, como uma forma de revolução passiva, não apenas destruiu conquistas sociais, mas também promoveu a precarização do trabalho e a militarização das sociedades. A fase da revolução conservadora se caracteriza por políticas de ajuste que desmantelaram direitos trabalhistas e sociais, gerando um ambiente propício para a ascensão de novas formas de autoritarismo com regressão na qualidade de vida e criminalização da luta social.

Gramsci, em sua análise, propõe que a construção de um bloco histórico é necessária para enfrentar a crise de hegemonia que se instalou no capitalismo avançado. A noção de hegemonia se tornou central e opera como um conceito necessário para pensar o capitalismo avançado na sua complexidade, assim como para a reflexão sobre propostas de transição para o socialismo. O desafio reside, no mínimo, na capacidade de articular uma direção intelectual e moral para a formação de um novo bloco histórico nas diversas formações sociais nacionais que responda às necessidades sociais e políticas contemporâneas em um mundo desfigurado na modernidade líquida global.

A batalha dos afetos na era das redes

A batalha dos afetos, intensificada pela comunicação e pelas redes sociais, revela a complexidade das relações sociais contemporâneas. A era das redes não apenas amplifica a disseminação de informações, mas também facilita a manipulação e a polarização. Nesse contexto, os intelectuais orgânicos precisam sentir e pensar em conjunto com os grupos subalternos, promovendo uma nova cultura que avance na absorção da sociedade política pela sociedade civil.

A relação entre afeto e vontade se torna crucial na formação de uma nova hegemonia, que deve ser pensada em contraponto às formas de dominação que persistem no cenário global. A falta de velamento da pulsão da crueldade necropolítica constituiu formas de comportamento que nos lançam diretamente na velha psicologia das massas. Os corações e mentes são habitados pelo medo, e a regressão do narcisismo das pequenas diferenças revela o quanto a política atual se assemelha a uma guerra cultural.

A obra de Gramsci, ao abordar a questão do nacional-popular e a crise do consenso no século XXI, oferece uma rica base para a reflexão crítica sobre as condições históricas e sociais contemporâneas. Em um mundo marcado pelo retorno do fascismo e pela desestabilização dos consensos sociais, a leitura de Gramsci nos convida a reimaginar as formas de resistência e a construção de uma nova política capaz de enfrentar os desafios de nossa época.

A relação entre a teoria da hegemonia e a prática política é um tema central na obra de Gramsci. Ele argumenta que a construção da hegemonia requer um trabalho de formação e conscientização que busque a unidade entre as diversas classes sociais. Isso implica não apenas a articulação de interesses, mas também a construção de um imaginário coletivo capaz de mobilizar as massas em torno de valores.

O século XXI parece ser o resultado do efeito combinado do desenvolvimento das forças produtivas, do fetichismo da mercadoria, do esgotamento de recursos planetários e da banalização da crueldade na era das redes na sociedade do espetáculo. Vivemos sob o jugo dos fenômenos mórbidos, liquidificadores da modernidade tardo-capitalista. A modernidade organizada, planejada, regulada e programada vem se esfacelando e a guerra emerge com a mesma força que a explosão da acumulação por endividamento. Por todo lado temos o som e a fúria de batalhas culturais, das lutas pela verdade, numa combinação de fundamentalismos sustentados por máquinas de agenciamento de mensagens, com uma fragmentação cultural intensa em meio ao desastre da globalização financeirizada. A disputa das novas fronteiras do conhecimento se mescla com contendas que valem como guerras religiosas. Hoje parece que vivemos uma crise como a do século XVII, quando a expansão do poder que emergia se combinou com uma crise geral em que a natureza humana se torna objeto, quando o Ocidente, o mercantilismo e o Estado-nação definiram o quadro de guerra da luta do homem como lobo do homem. Mas se a crise do século XVII se resolveu com o deslocamento do poder para o Ocidente, temos hoje uma inversão de direção geopolítica. Depois que um certo universalismo imperial, racista, patriarcal e capitalista colonizou o planeta e se dilacerou em guerras, a questão social ficou submetida ao tema do nacional como parte de uma hierarquia ou divisão internacional. Mas desde o início, os elos do desenvolvimento desigual comprovavam que a fórmula do Estado Nacional era capenga, quando desprovida da força do social através do 'popular' no plano interno dos países e diante da capacidade de jogar na arena internacional, onde o cosmopolitismo dos fracos tinha de conviver com a potência material que nascia de guerras e revoluções, considerando os modos de construção de blocos históricos e o poder militar e produtivo.

A busca do consenso via movimentos e processos de construção intelectual e moral, articulando a vida nacional com sentimentos, símbolos e práticas unificados por uma língua compartilhada e por lógicas de sentido comum, traduzia os modos de absorção do capitalismo, da era industrial, da urbanização e da cultura de massas, o que resultou na fórmula do americanismo e do fordismo com suas variantes nacionais. Desvendar essa história desde os modos de formação histórica a partir da noção de revolução passiva e da hegemonia como uma pedagogia serve de base, paradoxalmente, para um entendimento das situações que emergiam da fragilidade na coesão social da parte dos países do Ocidente capitalista avançado, que tinham passado por uma ligação potente entre o nacional e o popular, a partir da construção de padrões de identificação e de um imaginário capaz de gerar vontade coletiva, capaz de mobilizar as coletividades de forma a construir um tipo de modernidade com duas fórmulas importantes: a francesa, jacobina política, e a norte-americana, taylorista e fordista. Assim como no passado a fórmula da Sociedade das Nações não foi capaz de dar conta das rivalidades entre as potências, vemos o processo se repetir nas novas disputas que nasceram no período neoliberal globalista ao fim da Guerra Fria, com a fragilidade da Organização das Nações Unidas.

Conclusão

Diante da crise do consenso interno através do compromisso salarial, do keynesianismo e da social-democracia, vemos a militarização e a ascensão de novas formas de autoritarismo. A obra de Gramsci, como uma reflexão sobre processos críticos ao longo dos ciclos da modernidade e com a análise da grande crise no período entre as guerras mundiais, se revela essencial para a compreensão dos desafios contemporâneos. A luta pela construção de um bloco histórico que integre o nacional e o popular é mais urgente do que nunca quando temos o retorno das rivalidades de caráter imperialista e as guerras civis, manejando antigas fórmulas xenofóbicas, racistas e fundamentalistas. A capacidade de articular uma nova hegemonia que transcenda as divisões sociais e culturais é vital para enfrentar as forças que buscam desestabilizar as conquistas sociais e políticas. Se a chave do nacional dominou e condicionou o popular no passado, cabe pensar como construir o popular na chave dos subalternos para redefinir as escalas e limites da reformatação das fronteiras.

Através da leitura crítica de Gramsci, podemos não apenas entender as dinâmicas atuais, mas também encontrar caminhos para a resistência e a construção de um futuro mais justo e igualitário, cuja base parta da dinâmica dos movimentos moleculares dos subalternos na direção da conformação de novos blocos sociais, exigindo sempre um foco na linguagem comum para conformar sujeitos coletivos com base em um novo senso comum que deve seguir as dimensões afetivas que moldam a vontade, rompendo com as dimensões das máquinas de manipulação dos fantasmas que ligam fetichismo e narcisismo através do medo. A obra de Gramsci nos oferece ferramentas para pensar a política de forma estratégica, reconhecendo a importância de uma intelectualidade engajada e da mobilização coletiva em um mundo em constante transformação, onde a batalha dos afetos se torna um desafio necessário que deve recolar a dimensão do popular, de uma certa unificação de vontades na direção de um resgate que deverá considerar a especificidade das fórmulas mítico-políticas nacionais, atravessadas hoje pelo esfacelamento das esferas públicas. Retomar o fio condutor da língua parece ser um indicador seguro para resgatar a potência e a confiança de muitos segmentos da população, hoje prisioneiros das narrativas da incivilidade. Seguir as pegadas de Gramsci na direção do popular é uma sinalização necessária que passa pelo protagonismo das novas vozes emergentes na cena popular a partir da potência das periferias.

REFERÊNCIAS

BARATTA, Giorgio. *Antônio Gramsci em contraponto*: diálogos com o presente. São Paulo: Edusp, 2011.

BURGIO, Alberto. *Per Gramsci*: Crisi i potenzia del moderno. Roma: DeriveApprodi, 2007.

COUTINHO, Eduardo Granja. *Paixão e hegemonia*: a batalha dos afetos. Rio de Janeiro: Maud X, 2023.

GRAMSCI, Antônio. *Quaderni del Carcere*. Vol 3. Torino: Einaudi, 1975.

SODRÉ, Muniz. *As estratégias sensíveis*: afeto, mídia e política. Rio de Janeiro, Mauad X, 2016.

Ser barulho no silêncio: comunicação e hegemonia na Palestina ocupada

LEILA SALIM LEAL

O silêncio é doloroso, como o silêncio dos cacos de vidro após se estilhaçarem. Dói porque marca o fim, porque comprova a morte. O barulho, por outro lado, é uma luta — e onde há luta, há esperança de sobrevivência. Eu não estou acostumada a mais nada na minha vida além disso, de barulho e mais barulho.

[LAYAN ABU AL-QUMSAN]

Em novembro de 2023, a *CNN* dos Estados Unidos entrava no hospital infantil Al-Rantisi, em Gaza. Tratava-se de uma missão 'embedada' (ou 'embutida', expressão derivada do inglês *embedded journalism*) (Araújo Souza, 2008), termo utilizado no jargão do jornalismo de guerra para designar a entrada em campo de correspondentes convidados, guiados e submetidos às orientações de tropas militares[1]. Após bombardear e invadir o hospital, as IDF (da sigla em inglês para Forças de Defesa Israelenses, o exército de Israel) guiavam jornalistas pelas instalações, com o objetivo declarado de apresentar 'provas' de que o local era utilizado pelo grupo palestino Hamas como um centro de operações militares e cativeiro de reféns israelenses.

---

[1] Embora haja registros da prática desde a Primeira Guerra Mundial, ou antes, na Guerra da Crimeia, o termo ganhou notoriedade durante a invasão do Iraque pelos Estados Unidos, em 2003, com a sistemática incorporação de jornalistas às tropas dos EUA.

A *CNN* recebeu acesso especial ao porão do Al-Rantisi. O experiente repórter Nic Robertson, editor da *CNN* Internacional, transmitiu Daniel Hagari, porta-voz do exército de Israel, mostrando um papel afixado na parede, que afirmava ser uma 'lista de guarda' dos 'terroristas', escrita em árabe. Segundo afirmou o exército de Israel à *CNN*, o documento controlava os turnos dos combatentes na vigilância dos reféns.

Como comprovaram diversas agências de checagem e jornalistas falantes de árabe (Bahl, 2023), o documento era, na verdade, um calendário: as palavras escritas em árabe eram somente dias da semana, contados desde 7 de outubro. Não havia qualquer referência a turnos ou nomes de combatentes do Hamas. O mesmo conteúdo havia sido postado pelas próprias IDF no dia anterior em suas redes sociais oficiais. No vídeo do exército israelense, Hagari dizia explicitamente que "cada terrorista escreve aqui seu nome", apontando para o que, na verdade, eram os dias da semana escritos em árabe no pedaço de papel.

Um dos mais proeminentes veículos da mídia ocidental reproduzia, assim, sem qualquer questionamento, investigação ou mesmo apuração básica, uma afirmação sensível das forças armadas de Israel, com profundas implicações políticas e humanitárias. Não houve sequer espaço para dúvidas: a versão de Israel foi assumida como verdade, 'embedando' toda a linha editorial da cobertura. Como revelou posteriormente a *Al Jazeera* (2024) em documentário investigativo (que teve como fontes anônimas repórteres do próprio canal e outros grandes veículos), produtores e outros jornalistas da *CNN* alertaram para a desinformação antes e depois da exibição da reportagem na televisão, mas foram ignorados. A 'prova' já havia sido desmentida nas redes sociais por jornalistas logo após a postagem das IDF.

Após a exibição da reportagem na televisão, o conteúdo foi veiculado no *website* da *CNN*. Somente dias depois, com a repercussão do episódio se ampliando, o trecho em que o calendário é apresentado como "lista de guarda dos terroristas" foi simplesmente cortado da versão online da reportagem, segundo apuração do Huffpost (Shuham, 2023). Não houve errata, retratação ou nota dos editores para corrigir a desinformação.

Manchete e míssil, ou o convencimento encouraçado de coerção

O episódio já seria extremamente relevante como um caso isolado, mas é mais do que isso. Ilustra — talvez de forma mais escancarada — o padrão majoritário da cobertura ocidental sobre a atual fase do genocídio palestino. É, nos termos gramscianos, uma poderosa ferramenta da elaboração do consenso, da camada de legitimação e consentimento que permite que o genocídio siga se aprofundando enquanto, contraditoriamente, é o mais transmitido, documentado e televisionado da história.

O 'jornalismo embedado' praticado pela *CNN* em Gaza pode ser visto (de forma que beira à literalidade) como uma expressão do "convencimento encouraçado de coerção", nos termos usados por Antonio Gramsci (1891-1937) para analisar a hegemonia como fenômeno definitivo para a manutenção das relações de poder e da reprodução da opressão na sociedade de classes.

Se, factualmente, há honrosas exceções, mesmo nas coberturas dos grandes veículos comerciais, e mesmo que partes das cenas do genocídio sejam mais ou menos difundidas para todo o mundo, há uma costura ideológica dominante que se assenta sob a justificativa da 'autodefesa' de Israel como ponto de partida inquestionável, do que depende o apagamento contínuo da história, da humanidade e da opressão sofrida pelo povo palestino (Salim Leal, 2024).

Mais do que justificar *a posteriori* os assassinatos de civis, os ataques a hospitais e profissionais de saúde, o jornalismo fortificado pela máquina de guerra israelense se presta a, ativamente, construir as condições para que o genocídio aconteça, criando o 'clima cultural' (novamente em Gramsci) que pavimenta o caminho para o avanço dos tanques de Benjamin Netanyahu. Uma linha editorial que, acriticamente, reproduz por décadas as alegações de que médicos e pacientes são 'escudos humanos' do Hamas não é mero detalhe acessório, mas ferramenta indispensável para que a limpeza étnica na Palestina siga acontecendo aos olhos do mundo.

A mobilização do referencial gramsciano para analisar o papel dos meios de comunicação para a legitimação do sionismo (como projeto de ocupação colonial da Palestina, de fundamentação racista, baseado em limpeza étnica e sustentado por *apartheid*, expressão e representante do imperialismo como dinâmica indissociável das formas do capitalismo contemporâneo), em geral, e do atual capítulo do genocídio em Gaza, em particular, nos permite compreender a natureza das relações orgânicas entre a coerção e o consenso, ou o tanque e a reportagem, o míssil e a manchete. Permite, também, dimensionar os desafios para a construção da resistência à dominação, dada a sua natureza.

Foi ao entender a sociedade civil como base material e 'terreno fértil' de construção da hegemonia que o filósofo e militante comunista italiano destacou o papel dos aparelhos privados de hegemonia (sendo a mídia o mais importante deles) na reprodução das relações de dominação — e, consequentemente, da "luta pela cultura" nos processos de transformação social (Gramsci, 1999, 2001, 2002).

Em sua teoria ampliada do Estado (Coutinho, 1999), Gramsci identificou esse fenômeno não como um mero 'deslocamento' das contradições para o campo simbólico/cultural, mas, ao contrário, como um refinamento da dominação, que depende da relação orgânica entre as estruturas da sociedade civil (os aparelhos privados de hegemonia) e da sociedade política (os aparelhos repressores, controlados pelo Estado *stricto sensu*) como expressão de relações materiais ancoradas na sociedade de classes.

A hegemonia, assim, pode ser entendida como um tipo 'bem-sucedido' de ideologia: a visão de mundo de um grupo social que se torna dominante, ou a direção intelectual e moral da sociedade de acordo com o conjunto de ideias desse grupo. E por isso, assim como a ideologia, a hegemonia não pode ser grosseiramente entendida como uma simples mentira deliberada elaborada a portas fechadas, que se conta uma vez e, assim, 'convence' ou 'engana' toda a sociedade.

Por mais que em alguns episódios a construção da hegemonia dominante se articule a mentiras grosseiras (como um calendário com dias da semana sendo apresentado como 'nomes de terroristas'), a elaboração de uma direção intelectual e moral é um processo vivo, mais complexo e mediado. Caso contrário, as agências de checagem de fatos, por si só, seriam suficientes para desmontá-la ao rebaterem mentiras ou conteúdos desinformativos — e a experiência concreta, especialmente da última década, nos mostra o contrário.

O referencial teórico-metodológico gramsciano nos permite olhar para a construção da hegemonia como um fenômeno que precisa ter aderência à realidade, encontrar legitimidade e mesmo ser constantemente reformulado, apoiado em um conjunto de pressupostos bastante difundidos no senso comum que, quando acionados, remetem a uma sensação de verdade (Salim Leal, 2017).

A mentira sobre o calendário no hospital em Gaza, afinal, só 'funciona' como construção do consenso que sustenta o genocídio cometido por Israel porque não é um fato isolado, e se apoia em um processo histórico de desumanização de palestinos e apagamento dos crimes cometidos pelo sionismo na Palestina, que se repete e, ao mesmo tempo, se renova.

"Eu sou Bisan, de Gaza": contra-hegemonia e espírito de cisão

A compreensão da relação dialética entre força e consenso, ou entre coerção e consentimento, como base das formas contemporâneas de dominação, nos ajuda a entender que, se a resistência à opressão não depende somente do campo cultural e simbólico, tampouco será possível sem ele. Como apontado acima, as contribuições de Gramsci, ao analisarem a natureza da dominação, buscam oferecer pistas para a construção de projetos coletivos de superação dessa ordem. A 'luta pela cultura' tem, em Gramsci, papel central, entendida como uma das instâncias da luta de classes, como destaca Eduardo G. Coutinho (2014c).

A sociedade civil, como base material e terreno de construção da hegemonia, é entendida não como um espaço de coexistência de 'narrativas', mas de embate por diferentes projetos e visões de mundo. Considerando a atual fase do genocídio palestino, não restam dúvidas do quanto a produção de comunicação por palestinos e palestinas em Gaza em suas mais diferentes formas — reportagens, relatos, diários, vídeos em redes sociais, depoimentos, ilustrações, músicas e muitos outros — tem sido definitiva para a denúncia da barbárie israelense e a resistência à desumanização a que são submetidos.

São esforços de um povo submetido a um brutal processo de opressão em defesa de suas histórias e memórias, mobilizados como vetor possível de construção de um futuro diante da ameaça de apagamento pela violência colonial.

Novamente recorrendo a Gramsci, é importante notar que as condições de disputa no terreno da sociedade civil são marcadas pelas mesmas desigualdades e relações de poder que estruturam a sociedade. Sem perder de vista a totalidade das relações sociais — e sendo, fundamentalmente, um pensador revolucionário preocupado com a superação do capitalismo —, Gramsci entende que a mesma classe dominante que dispõe do Estado e seus meios de repressão possui também a maioria dos aparelhos de hegemonia que fabricam, formulam e reformulam o consenso (Coutinho, 2014b).

Essa chave interpretativa nos ajuda a desvendar outra faceta da aparente contradição que é o genocídio mais documentado e visto da história continuar acontecendo diariamente aos olhos do mundo. Por um lado, como apontamos, a maior parte da produção simbólica com alcance mundial — possibilitado pelo poder econômico dos grandes veículos — sobre o massacre em Gaza está comprometida com a hegemonia sionista; por outro, os esforços da comunicação pela libertação da Palestina precisam, muitas vezes, jogar o jogo no campo do inimigo, submetidos a redes sociais controladas pelas *big techs*.

A última década tem sido implacável com a euforia tecnicista, como aquela que depositava nas novas tecnologias de comunicação expectativas de transformação profunda na estrutura concentrada da comunicação global. A ideia de que a internet poderia ser transformada em uma "arena política global" através das transmissões independentes por *streaming*, por exemplo, era popular há uma década, mesmo entre representantes da chamada comunicação alternativa (Torturra, 2014).

Hoje, dificilmente seria sustentada, pelo menos sem um olhar mais crítico ao cenário dominado pelas *big five* — *Alphabet* (Google/YouTube),

Apple, Amazon, Microsoft e Meta (Facebook, Instagram e WhatsApp) —, que detém cerca de 80% do mercado de tecnologia; e marcado ainda pela extrema concentração das redes sociais, controladas por bilionários e operando sob a dinâmica mercadológica de algoritmos privados em relação aos quais há pouca ou nenhuma transparência.

A Meta, de Mark Zuckerberg, cada vez mais alinhado à extrema direita, e o antigo Twitter, adquirido pela XCorp, do bilionário de extrema direita Elon Musk, abocanharam grande parte do fluxo de comunicação digital espontânea, interpessoal, comercial e a própria dinâmica de circulação de conteúdos online. É cada vez mais difícil que um produtor de conteúdo ou jornalista alternativo ou independente possa prescindir da presença digital nas redes controladas pela Meta, por exemplo.

Não faltam relatos de jornalistas e ativistas pró-Palestina que tiveram seus conteúdos censurados nas redes sociais, sobretudo no Instagram e no Facebook. Uma investigação da organização Humans Rights Watch revelou, em dezembro de 2023, que a censura de conteúdos sobre a Palestina nas duas redes é "sistêmica e global" (*Humans Right Watch*, 2023), e que a empresa nunca implementou uma governança capaz de impedir as violações. Uma das práticas mais conhecidas, chamada de *shadow banning*, consiste em moderar conteúdos ou perfis tornando-os invisíveis para os usuários da rede, sem o seu conhecimento.

É nessas condições de desigualdade extrema, boicote, censura e perseguição, dentro e fora das redes, que se dão os esforços da luta pela cultura. A identificação de tais condições permite que não caiamos em fórmulas fáceis para explicar as dificuldades nesse campo, como aquelas que reduzem todo o problema a uma 'falta de habilidade' dos setores antissistêmicos para usar as redes, ou a 'problemas de linguagem' e outras falhas técnicas. Eles existem, por certo, mas se inserem em um contexto muito mais complexo e determinado, como buscamos demonstrar.

Ao mesmo tempo, a análise do cenário não deve conduzir ao fatalismo e à paralisia. No campo da comunicação e da cultura, fica evidente o quanto a práxis da produção de subjetividade é indissociável da própria existência dos indivíduos, de sua experiência concreta com as contradições, mesmo em momentos de luta pela sobrevivência. Como pontua Terry

Eagleton ao discutir a noção de ideologia, o fato de a prática ideológica dominante precisar utilizar-se de mecanismos permanentes — a mídia principalmente — para ensinar ativamente aos dominados o que devem ser é a prova de que ninguém é 'totalmente enganado' ideologicamente.

É justamente porque a dominação não é um ciclo fechado que os movimentos da hegemonia precisam ser repetidos e retroalimentados, e a busca pelo consenso ativo dos dominados precisa ser dinâmica. A permanência das contradições, das vontades e angústias é o que explica a necessidade permanente da utilização da ideologia pelo poder dominante, ao mesmo tempo em que é o elemento que nos dá pistas sobre o espaço de construção de alternativas a esse poder dominante. "É porque as pessoas não param de desejar, lutar e imaginar, mesmo nas condições mais desfavoráveis, que a prática da emancipação política é uma possibilidade genuína" (Eagleton, 1997, p. 13), afirma o crítico.

A citação que abre este ensaio é parte de uma iniciativa bastante reveladora desse processo. Em *Diários de Gaza — a memória é uma casa indestrutível* (Oliveira; Atef; Abd, 2024), vozes de palestinos residentes em Gaza são reunidas em textos de intelectuais, jornalistas, poetas, dramaturgos, estudantes, cineastas, professores, médicos e artistas que, segundo a própria apresentação do livro, "atuam no campo da cultura em Gaza".

Os textos, que ecoam vozes do povo palestino durante a atual fase do genocídio, são costurados pelo fio da memória, entendida como "um dos mais poderosos instrumentos de luta anticolonial", segundo Rafael Domingos de Oliveira, organizador da edição brasileira da coletânea.

Layan Abu Al-Qumsan, autora do trecho citado — "O barulho, por outro lado, é uma luta — e onde há luta, há esperança de sobrevivência" (Al-Qumsan, 2024, p. 50) — é uma jovem de 18 anos, escritora e artista premiada nascida em Gaza em 2006, que está concluindo o ensino médio na Escola Secundária de Arafat. Seu ensaio "Sede", começa assim:

> Um, dois, três, quatro, quinze dias de sofrimento e deslocamento. Um, dois, três, quatro, cinco mil mártires até esse momento, talvez mais um. Um, dois, três, quatro, cinco mil feridos diariamente.

> Uma, duas, três, quatro, cinco garrafas de água salgada devem ser suficientes para hidratá-los por um tempo cuja duração desconheço e ninguém neste país sabe. (Al-Qumsan, 2024, p. 35).

Entre a descrição do tempo, das sensações e dos horrores cotidianos da vida em Gaza sob agressão israelense, a escritora fala sobre a privação forçada e itens de sobrevivência, como a água, o medo e as experiências de morte e vida sob os bombardeios, os deslocamentos sucessivos e sobre as casas abandonadas e destruídas ("Por que não vivemos em um mundo onde não somos forçados a abandonar a casa que construímos?", indaga), como a sua própria e a de seu avô.

Atef Abu Saif, escritor palestino de 51 anos, é um dos idealizadores e organizadores do projeto, junto a Abd Al-Salam Atari. No prefácio da coletânea, destaca como a memória, com sua dimensão de continuidade e resistência permeia os relatos e as vozes ali contidas:

> A guerra terminará um dia e nós lembraremos continuamente de todas as histórias que vivemos enquanto construímos nossa vida e nossa sobrevivência, apesar de Netanyahu e de seus generais. A guerra terminará e o soldado assassino contratado voltará para sua cama, obcecado por nosso sangue, e nós permaneceremos como uma maldição que o assombra, porque não caímos, mas ficamos de pé como árvores, cantando com os pássaros por nossa tão sonhada liberdade. A guerra terminará, os invasores irão embora e nós voltaremos para recolher nossos sonhos da poeira dos edifícios e das fronhas rasgadas dos travesseiros (Abu Saif, 2024, p. 17).

No campo do jornalismo e redes sociais, destacamos a produção de Bisan Owda, jornalista, cineasta e ativista palestina de 27 anos. Atualmente com 4,8 milhões de seguidores em seu perfil principal no Instagram[2], Bisan documenta o cotidiano na Faixa de Gaza desde o início da atual fase do genocídio. Em 9 de outubro de 2023,

[2] *Cf.* **https://www.instagram.com/wizard_bisan1.**

precisou deixar às pressas sua casa em Rimal (Donnison, 2023), ao norte da Cidade de Gaza, área bombardeada horas depois.

Desde então, por mais de um ano, documenta sem trégua a vida nas barracas e alojamentos, os bombardeios, violações e mortes da população palestina por Israel, entre sucessivos deslocamentos. Em setembro de 2024, foi premiada com um Emmy por sua cobertura no documentário *It 's Bisan from Gaza and I'm Still Alive* ("Eu sou Bisan, de Gaza, e ainda estou viva", em tradução livre), produzido pela AJ+, da *Al Jazeera* (*Al Jazeera*, 2024).

O prêmio não veio sem enfrentamentos: após a indicação, uma organização pró-Israel publicou uma carta e iniciou uma campanha contra sua nomeação, alegando que a jovem estaria "vinculada ao terrorismo". "Mais de 150 líderes da indústria do entretenimento pedem que o Emmy anule a nomeação de Bisan Owda diante de seus laços com organização terrorista", diz o título do documento (*Creative Community For Peace*, 2024). A carta acusa Bisan de vínculo com o terrorismo por conta de sua participação em protestos convocados pela FPLP, a Frente Popular para a Liberação da Palestina, organização de esquerda, laica e de orientação marxista criada nos anos 1960. Ainda no início da atual fase da agressão de Israel à Palestina, Bisan publicou um vídeo (Owda; AJ+, 2023) em parceria com a AJ+ no Instagram, aberto da seguinte forma:

> Bom dia a todos, aqui é a Bisan, de Gaza. Hoje é o 23º dia de bombardeios contínuos. Estou sorrindo porque estou viva. Isso é surpreendente para mim, porque as últimas noites foram muito difíceis, especialmente depois que as redes de celulares e internet foram cortadas. Estou no Hospital Al-Shifa, alojada aqui, vivendo em uma barraca já faz três semanas (Owda; AJ+, 2023).

Em dezembro de 2023, já vivendo em barracas em outro hospital, em Khan Younes (área até então designada como 'segura' por Israel), a jornalista precisou se deslocar pela sexta vez. "Eu estou no hospital. As áreas residenciais ao redor do hospital foram ordenadas a evacuar, porque haverá bombardeio. É o mesmo cenário dos hospitais do Norte da Faixa de Gaza, que foram cercados por dias e, depois, invadidos. Massacres aconteceram durante as invasões" (Owda; AJ+, 2024), disse em vídeo.

Já em janeiro 2025, um ano e três meses após o início da atual fase do genocídio, a jovem postou um vídeo cuja legenda dizia: "Dizem que o ambiente afeta o artista. Ok, está confirmado". Nele mostra como uma criança desalojada, ao brincar com restos de sucata, construiu um tanque de guerra, registrando o trauma, a violência e a onipresença da guerra atravessando a infância palestina e o imaginário das novas gerações "Ele fez um tanque. Deveria fazer uma flor, uma bola, um peixe, talvez. Mas não um tanque" (Owda, 2025).

As vozes palestinas de Bisan Owda, assim como os autores da coletânea *Diários da Gaza*, são reveladoras dos esforços permanentes da comunicação contra-hegemônica, da luta pela cultura na busca pela produção de sentido associada a um projeto de emancipação. A busca pela elaboração simbólica capaz de se contrapor à lógica da comunicação dominante pode ser entendida como uma expressão daquilo que Gramsci chamaria de um "espírito de cisão" (Coutinho, 2014a), que rompe com a hegemonia (entendida como o conjunto dos sentidos dominantes, que seguem atuando) e cria um conjunto de subjetividades associado ao projeto e a resistência dos povos dominados.

AL JAZEERA. *Palestinian journalist Bisan Owda and AJ+ win Emmy for Gaza war documentary*. 2024. Disponível em: **https://www.aljazeera.com/news/2024/9/26/palestinian-journalist-bisan-owda-and-aj-win-emmy-for-gaza-war-documentary**.

ARAÚJO SOUZA, André Renato de. Jornalismo Embedded. *Observatório da Imprensa*. 23 de dezembro de 2008. Disponível em: **https://www.observatoriodaimprensa.com.br/diretorio-academico/jornalismo-embedded/**.

BAHL, Vedika. IDF found a calendar in Arabic, not a Hamas 'names list' at hospital. *France 24*. 2023. Disponível em: **https://www.france24.com/en/tv-shows/truth-or-fake/20231116-idf-claims-to-find-list-of-hamas-names-but-it-s-the-days-of-the-week-in-arabic**.

COUTINHO, Carlos Nelson. *Gramsci*: um estudo sobre seu pensamento político. Rio de Janeiro: Civilização Brasileira, 1999.

COUTINHO, Carlos Nelson (org.). *O leitor de Gramsci*. Rio de Janeiro: Ed. Civilização Brasileira, 2011.

COUTINHO, Eduardo Granja. *A comunicação do oprimido e outros ensaios*. Rio de Janeiro: Mórula, 2014a.

COUTINHO, Eduardo Granja. "A comunicação do oprimido: malandragem, marginalidade e contra-hegemonia". *In*: *A comunicação do oprimido e outros ensaios*. Rio de Janeiro: Mórula, 2014b.

COUTINHO, Eduardo Granja. "Gramsci: a comunicação como política". *In*: *A comunicação do oprimido e outros ensaios*. Rio de Janeiro: Mórula, 2014c.

CREATIVE COMMUNITY FOR PEACE. 150+ Entertainment Industry Leaders Call on Emmys to Rescind Nomination of Bisan Owda Amidst Ties to Terrorist Organization. 2024. Disponível em: **https://www.creativecommunityforpeace.com/blog/2024/08/19/emmysccfp/**.

DONNISON, Jon. One week in Gaza: 'There are no safe places here'. *BBC*. 15 de outubro de 2023. Disponível em: **https://www.bbc.com/news/world-middle-east-67116407.**

EAGLETON, Terry. *Ideologia*. São Paulo, Boitempo, 1997.

GRAMSCI, Antonio. *Cadernos do cárcere* (v. 3). Rio de Janeiro: Civilização Brasileira, 1999.

GRAMSCI, Antonio. *Cadernos do cárcere* (v. 4). Rio de Janeiro: Civilização Brasileira, 2001.

GRAMSCI, Antonio. *Cadernos do cárcere* (v. 6). Rio de Janeiro: Civilização Brasileira, 2002.

HUMANS RIGHT WATCH. *Meta's Broken Promises*: Systemic Censorship of Palestine Content on Instagram and Facebook. 2023. Disponível em: **https://www.hrw.org/report/2023/12/21/metas-broken-promises/systemic-censorship-palestine-content-instagram-and.**

INSIDE Western media's reporting on Gaza. 2024. Publicado pelo canal *Al Jazeera* English.Disponível em: **https://www.youtube.com/watch?v=UAmk4efA2to&rco=1.**

OLIVEIRA, Rafael Domingos; ATEF Abu Saif; ABD al-Salam Atari (orgs.): *Diários de Gaza — a memória é uma casa indestrutível*. Rio de Janeiro: Tabla, 2024.

OWDA, Bisan; AJ+. "After Sheltering in Khan Younis for 50 days" [...]. 12 de janeiro de 2024. Instagram: @wizard_bisan1; @ajplus. Disponível em: **https://www.instagram.com/p/C2ATyaDOtIJ/.**

OWDA, Bisan; AJ+. "Hi guys, I'm still alive." 3 de novembro de 2023. Instagram: @wizard_bisan1; @ajplus. Disponível em: **https://www.instagram.com/p/CzM3Hvkv4LI.**

OWDA, Bisan. "They Say: The environment affects the Artist, ok.. it's approved". 7 de janeiro de 2025. Instagram: @wizard_bisan1 Disponível em: **https://www.instagram.com/p/DEhbeois2y9/.**

SALIM LEAL, Leila. *Culpe a era que vivemos: comunicação, cultura e sujeito nos movimentos sociais contemporâneos*. Tese de Doutorado. PPGCOM/UFRJ, 2017.

SALIM LEAL, Leila. Quando se trata de Israel, a imprensa esconde o cadáver. *The Intercept Brasil*. 9 de outubro de 2024. Disponível em: **https://www.intercept.com.br/2024/10/09/quando-se-trata-de-israel-a-imprensa-esconde-o-cadaver/**.

SHUHAM, Matt. *CNN* Quietly Cut Disputed Israeli Military Claim From Some Video Reports. *Huffpost*. 15 de novembro de 2023. Disponível em: **https://www.huffpost.com/entry/cnn-video-report-nic-robertson-israel-military-al-rantisi-hospital_n_6554dc3ce4b0e47670125cf7**.

TORTURRA, Bruno. *Você tem um smartphone? Comece a divulgar notícias*. 2014. Publicado pelo canal TED. Disponível em: **https://youtu.be/2r_qTWYOIog**.

Disputa de ideias no neoliberalismo: comunicação mudou, mas os donos da mídia são os mesmos de sempre

CLAUDIA SANTIAGO

Ao longo da história, as inovações na comunicação produziram mudanças no mundo das ideias, nos modos de vida e na cultura dos povos. No atual estágio do capitalismo, hegemonicamente digitalizado e financeirizado, não é diferente. As mesmas inovações que fazem girar as gigantes da tecnologia, provocando mudanças no mundo da comunicação, provocam mudanças no mundo da produção e, consequentemente, no mundo do trabalho. As mudanças no mundo do trabalho alteram as formas de organização da classe trabalhadora e a disputa contra-hegemônica.

O modo de produção capitalista define, e é também definido, pela capacidade das classes dominantes de difundir e consolidar desejos, valores e formas de associação que garantam que o tacape do capital seja absorvido sem forte resistência pelas camadas populares. Para isso, elas, as classes dominantes, têm como forte aliada a mídia, entre outros, atuando na construção do consentimento de enormes massas de cidadãos. Sem nos esquecermos de mencionar que as empresas de comunicação são capitalistas e se beneficiam do sistema.

Em uma sociedade de consumo, podemos ter como exemplo simples o caso dos transportes. A necessidade real de carros próprios, devido à péssima qualidade dos transportes públicos, é aquecida pelo desejo do carro de último tipo, e do último ano, provocando investimento em tecnologia para desenvolvimento de carros cada vez mais audaciosos, como os atuais carros elétricos, e que geram mais lucros. Então são produzidos mais carros que serão comprados, muitas vezes, por pessoas que não terão recursos para pagar o imposto sobre o veículo.

Em outubro de 2024, o sul-africano Elon Musk apresentou o protótipo de um táxi elétrico robô que será produzido pela sua empresa, a Tesla, com capacidade para dois passageiros. Para manter-se bilionário — sua fortuna é estimada em US$486 bilhões — ele sabe que precisa agir no campo das ideias. E age. Comprar o antigo Twitter foi uma amostra de seu poder e de sua decisão de usar a comunicação na disputa ideológica para mantê-lo e ampliá-lo. Mas ele não para por aí. O desenvolvimento tecnológico para a produção de veículos irá alimentar também a indústria da informação.

Os atuais estudiosos do tema encontram-se no meio do furacão provocado pela internet, apimentado pelo desenvolvimento da Inteligência Artificial e seus feitos na produção das ideias e ações individuais e coletivas. Em pouco mais de dez anos, sendo dois vividos em meio a uma pandemia, tudo, ou quase tudo, mudou na forma de produzir e consumir comunicação. Conhecimento, preparo e títulos, atributos antes indispensáveis aos porta-vozes das opiniões hegemônicas e contra-hegemônicas foram varridos. Agora, por uma mensalidade baixa e um telefone celular barato, cada um é dono de sua voz, sem intermediários. E assim prolifera o mundo dos influencers que fazem a cabeça de milhões de pessoas. Só que com celular e plano de telefonia barato se pode falar na internet, mas não se pode pesquisar nela. Para isso é preciso uma boa conexão.

Democratização de e para poucos

Obviamente que essa forma plural de fazer comunicação agradou aos defensores da democratização das comunicações. O grupo majoritário, a classe trabalhadora, enfim, estaria em condições paritárias na disputa de ideias e valores na sociedade. Os jornalistas que atuam fora dos meios tradicionais, os sindicatos, as associações de bairro, os diversos movimentos por terra, pelo meio ambiente, contra o racismo e as discriminações, com o advento da internet, teriam condições melhores de reportar fatos, trazer dados, emitir opiniões, divulgar seus feitos.

Há, há mais de três décadas, como argumenta o filósofo Pierre Lévy (2019), um processo de democratização do conhecimento em curso.

> [...] democratização do conhecimento já está ocorrendo. Ter uma comunicação ubíqua (que está ao mesmo tempo em toda parte) significa ter acesso a qualquer tipo de informação quase de graça: o melhor exemplo é a Wikipédia. Podemos também falar em blogs, redes sociais e o crescente movimento do código aberto.
>
> Quando se tem acesso a toda essa informação, quando se pode participar em redes sociais que impulsionam aprendizado colaborativo, e quando se tem algoritmos ao seu alcance que pode auxiliar a fazer muitas coisas, é um aumento genuíno na inteligência humana coletiva, um aumento que implica na democratização do conhecimento (Lévy, 2019).

Isso, no entanto, não se traduz necessariamente em uma democratização dos meios de comunicação. E por que uma máquina de guerra tão poderosa quanto a internet seria deixada nas mãos do povo? Não seria de maneira alguma. Ela não foi criada para democratizar a comunicação. E rapidamente deixou de ser um espaço que chegou a ser visto como contra-hegemônico, abocanhado pelo capital para gerar lucros e influência e controle político. E elas vieram e cresceram: Microsoft (EUA, 1975), Apple (EUA, 1976), Amazon (EUA, 1994), Google (EUA, 1998), Orkut (EUA, 2004), Facebook (EUA, 2004) e WhatsApp (EUA, 2009).

Em entrevista a Borja Hermoso para o jornal *El País*, em 1º de julho de 2021, o mesmo Pierre Lévy afirmou:

> [...] Apple, Google, Microsoft, Amazon, Facebook *etc.*, viraram novas formas de Estado. Eu chamo isso de Estado-plataforma. Provavelmente acabarão desenvolvendo suas próprias moedas; já contam com métodos de reconhecimento de identidades mais precisos que os dos próprios governos; já regulam a opinião pública, porque são elas que dominam as redes sociais onde as

> pessoas se expressam, então se decidem censurar algo censuram e ponto, e se decidem valorizar algo acima do resto, também. Têm um poder ilimitado (Lévy, 2021).

Assim como qualquer tecnologia, a internet não é boa ou ruim para a humanidade. Depende do seu uso. E o uso da tecnologia e da comunicação a serviço do sistema não é nenhuma novidade. Se assim não fosse, a vida na Terra poderia ser diferente. Quem sabe? Não teríamos câmara de gás? Hiroshima não haveria acontecido? O agente laranja não teria existido? O Iraque e o Afeganistão poderiam ter tido outro destino se a cobertura midiática fosse diferente? Mas na história não existe 'se'. Ela é o que é.

Tanto a tecnologia quanto a comunicação sempre estiveram na mão de quem detém o poder. E o poder está cada vez mais concentrado nas mãos de um pequeno grupo que, apavorados com a possibilidade de o perderem, acumulam cada vez mais, e se preparam para fugir do planeta quando a Terra já devastada estiver. Nesse grupo, como didaticamente nos ensina Milton Santos no filme "Por uma outra globalização", de Sílvio Tendler, estão os donos do capital financeiro, industrial e a mídia centralizados por fundos de investimentos. Na época desse depoimento, Santos não se referia à internet, mas sim às agências de notícias que alimentam os meios de comunicação ocidental.

A batalha das ideias pós 1990

O que mudou na batalha das ideias, então, se os explorados sempre estiveram em desvantagem na disputa pela hegemonia? Para não irmos tão longe, vamos conversar sobre os últimos 30 anos.

Como dito anteriormente, as mudanças tecnológicas ocorridas não afetaram apenas o modo como as pessoas se comunicam. Elas se deram também na forma como as pessoas trabalham. Na década de 1990, período da explosão da internet, o movimento sindical debatia freneticamente toyotismo, automação, e, principalmente, o neoliberalismo, que vinha varrendo os direitos conquistados nos séculos XIX e XX pela classe trabalhadora, e apagando os resquícios do Estado de bem-estar social que prevalecera em boa parte do mundo no pós-guerra.

> A aplicação do chamado modelo toyotista, além de cortar custos, flexibilizar a produção, adequando-a sempre às necessidades do mercado, consegue quebrar a espinha dorsal do projeto de autoconstrução da classe que apenas começava a tomar forma. De um lado o trabalhador coletivo, constituído pelos milhares de braços e cérebros espalhados cada vez mais por todo o planeta, continua como um sujeito fundamental da produção de todos os bens e serviços necessários à humanidade. De outro lado, a dispersão e flexibilização do processo produtivo, em grande parte agora desconcentrado, isto é, realizado das mais diversas formas, fora dos muros das empresas (em pequenas oficinas terceirizadas, no trabalho em domicílio, nas falsas cooperativas, através do trabalho por "conta própria", etc) tem fragmentado não só a atividade física, mas também a consciência coletiva (De Grazia, 2017, p. 234).

A cantilena era a mesma em quase todo o mundo: fim de qualquer regulamentação no mundo do trabalho; fim da carteira de trabalho; desregulamentação; cada um por si e entregue a sua própria sorte na selva capitalista.

Vamos prestar atenção no parágrafo acima e refletir sobre ele, comparando-o com o discurso, do ano de 2024, contra a CLT e em defesa do empreendedorismo, absorvido e agora repetido por setores da classe trabalhadora. No reino da internet, 'CLT' é xingamento. São os 'CLTs', dizem de peito erguido os donos das barraquinhas de cachorro-quente que trabalham na escala 7x0 porque são patrões e empregados de si mesmos. Ou, para ser mais moderna, os proprietários de lojas vazias de marcas franqueadas.

O que podemos dizer a respeito? Vamos criticar os trabalhadores empreendedores como se a vida deles no regime celetista fosse fácil? Seria burrice.

A eleição de Rick Azevedo à Câmara dos Vereadores do Rio de Janeiro, nas eleições municipais de 2024, com os slogans "Vida Além do Trabalho" e "Fim da jornada 6x1" surpreendeu, mas pode ajudar a entender a centralidade do trabalho na vida das pessoas e por que o canto da sereia do empreendedorismo fascina tantos jovens. Pesquisa do IBGE divulgada em 2023 revela que no país, 60,1% da população vivia com até 1 salário-mínimo em 2022 (IBGE, 2023). O vereador não só se elegeu, como obteve 29.364 votos, o maior número entre os candidatos do Partido Socialismo e Liberdade (PSOL), e foi o segundo mais votado no campo da esquerda. Seriam os votos que recebeu um grito da classe assalariada pela redução da jornada de trabalho, tema central na obra do velho e atual Karl Marx, que a descrevia como "uma luta de vários séculos entre o capital e o trabalho" (1968, p. 203).

O que o jovem Rick Azevedo faz em sua atuação é retomar um debate ocorrido em 1866, no Congresso Geral dos Operários, em Baltimore, Estados Unidos, quando foi proclamado que o primeiro passo para libertar o trabalho da escravidão capitalista era a obtenção de uma lei que limitasse a jornada de trabalho a oito horas. A decisão foi reafirmada pela Declaração da Associação Internacional dos Trabalhadores (AIT), no mesmo ano em um encontro na Suíça:

> Declaramos que a limitação da jornada de trabalho é a condição prévia, sem a qual todas as demais aspirações de emancipação sofrerão inevitavelmente um fracasso. Propomos que a jornada de 8 horas seja reconhecida como o limite da jornada de trabalho (Núcleo Piratininga de Comunicação, 2011).

Na década de 1990 do século passado, o termo 'pensamento único' começou a ser debatido por jornalistas e grupos de esquerda que se contrapunham à ideologia neoliberal que pregava e punha em prática, em boa parte do mundo, o domínio absoluto do mercado. O apoio da mídia ao projeto neoliberal era determinante para a construção de pensamentos, ideias e valores hegemônicos na sociedade que garantissem a aceitação a uma ideologia que era contra os seus interesses vitais, como a retirada do Estado e até de setores como a saúde e a educação pública. Uma ideologia que resultaria, na primeira quadra do século XXI, na exacerbação do individualismo elevado à altíssima potência pelas redes sociais, onde proliferam de gatinhos adoráveis a crimes hediondos.

Segundo a cartilha do Consenso de Washington, os sindicatos tinham que ser combatidos. E assim foi feito. Na Inglaterra, Chile, França e Alemanha, os sindicatos enfrentaram ataques ferozes. O caso dos mineiros na Inglaterra causou espécie no mundo do trabalho.

Através do cinema do cineasta inglês, Ken Loach, e outros, pudemos acompanhar a perversidade neoliberal na vida da classe trabalhadora através de filmes como "Ou tudo ou nada" (Inglaterra, 1997), "A Cidade está tranquila" (França, 2000) "Billy Elliot" (França-Inglaterra, 2000) ou "Agora ou Nunca" (Inglaterra, 2002). Em "Os navegadores", Ken Loach (2001) trata da luta dos ferroviários contra a privatização da companhia de trem.

A disputa de hegemonia

No Brasil, o neoliberalismo encontrou um sindicalismo forte e bem articulado em todo o país. De 1978 a 1990, nosso país foi o campeão de greves no mundo. Nele, predominavam grupos da esquerda comunista, militantes vindos das Comunidades Eclesiais de Base (CEBs) e novos sindicalistas que foram se juntando aos sindicatos na época filiados à CUT. Hoje, esses sindicatos se organizam nas centrais sindicais CUT, Conlutas, Intersindical, CTB etc.

Coube à comunicação sindical, na ausência de outros meios de comunicação, principalmente à imprensa sindical do período, com seus milhões de jornais regulares (diários, bissemanais, semanais, quinzenais ou mensais), fazer a disputa de hegemonia. E não era uma disputa fácil ou mesmo equilibrada. Era com a Globo e com a Veja. O jornalista Paulo Henrique Amorim, falecido em 2019, dizia que "nenhuma democracia toleraria conviver com a hegemonia que a Globo tem no Brasil".

No Brasil, em 1919, os anarquistas chegaram a criar dois jornais diários: A Plebe, no Rio de Janeiro, e A Hora Social, no Recife. Eram oito jornais diários do Partido Comunista em 1946. Nessa linha do tempo, estão os 150 jornais da imprensa alternativa dos anos da ditadura. Com o fim desta, a safra desses jornais alternativos parou. Quem cumpriu o papel de imprensa alternativa de 1980 a 2002 foi a imprensa sindical.

Além de denunciar, desde o governo Collor, o governo FHC, o projeto neoliberal que tinha como meta a destruição dos serviços públicos, a privatização das estatais, a reforma da Previdência e a retirada de direitos dos acordos coletivos, a imprensa sindical organizava a classe para reagir. Havia sindicatos que chegavam a gastar mais de 30% do seu orçamento com a comunicação.

Na década de 1990, nos sindicatos filiados à CUT, havia seis jornais sindicais diários com uma tiragem semanal de 600 mil exemplares, o que representava um tremendo poder de fogo. Havia até quem tivesse um jornal mensal para as famílias dos trabalhadores, como o Sindicato dos Metalúrgicos de São José dos Campos. O Sindiluta, dos Químicos de São Paulo, era diário. A CUT, no Rio de Janeiro, chegou a ter informativo diário, boletim semanal e jornal mensal.

E foi assim durante toda a década de 1990. A comunicação produzida pelos sindicatos enfrentou as organizações Globo, a Veja e os outros mecanismos de propagação de uma ideologia que pregava o Estado Mínimo, o lucro máximo, a retirada de direitos e o salve-se quem puder. Não foi suficiente...

> Contando sempre com a investida ideológica dos meios de comunicação e outros instrumentos auxiliares da classe dominante, catadores de latinhas ou vendedores de cachorro-quente são apresentados como empreendedores ou microempresários. A generalização da informalidade (isto é, do desemprego disfarçado e do trabalho precarizado) é propagandeada como sinônimo de empreendedorismo, de autonomia, possibilitando a concretização do tão desejado trabalho sem patrão. Essas e outras expressões do gênero estão sempre presentes nos programas de rádio e TV, cuja função ideológica é a mesma de sempre: encobrir a realidade, alimentar ilusões e a busca de soluções individuais (De Grazia, 2017, p. 233).

No início dos anos 2000, a realidade já era outra. É dos anos 2000 o Fórum Social Mundial e o surgimento de veículos de comunicação com vínculos com o movimento social, com uma visão de mundo contra-hegemônica, aquela reinante no período do chamado 'pensamento único'.

Não era mais tão único assim. O Sul Global viveu muitas mudanças. Inclusive no campo da Comunicação. Mas elas não foram suficientes para impedir que as classes dominantes mantivessem sua hegemonia, como podemos ver nos exemplos abaixo, nos quais o oprimido vota no opressor. Alguém tem dúvidas sobre qual seria, hoje, 2025, o resultado de um eventual referendo sobre a pena de morte?

> Em 2005, 63% dos brasileiros votam em referendo a favor do comércio de armas (Macedo, 2015).

> Boa parte dos moradores do conjunto de favelas da Maré achou bom a construção de um muro para esconder a favela (Moreira, 2011).

O desafio do enfrentamento comunicacional

O questionamento que ainda paira no ar é: o que mudou de fato na forma das pessoas se informarem e se comunicarem nos últimos trinta anos e que serve à impermeabilização frente à hegemonia do capital com seu arsenal comunicacional? 'Mudou o mundo do trabalho' é uma das respostas. Sem fábricas, não há conselhos de fábrica.

Em entrevista a Eduardo Moreira, do Instituto Conhecimento Liberta (ICL), no ano de 2024, o psicólogo Elliot Aronson, autor do livro *O Animal Social*, ao ser perguntado sobre como conversar com as pessoas em um mundo com ideias polarizadas e pessoas crentes no que circulam nas redes sociais mesmo que não faça nenhum sentido, respondeu: "não sei".

Estamos concorrendo com a Globo e, também, como vimos acima, com enormes e poucas empresas estadunidenses, cujo faturamento conjunto foi:

> Segundo levantamento do Visual Capitalist, cerca de 899 bilhões de dólares em 2019, o equivalente a 48,8% do PIB do Brasil. O Google (pertencente ao grupo Alphabet) controla 92% do mercado de navegação online e é o site mais visitado do mundo, o que revela o controle de dados e do fluxo de informação do mundo todo centrado em poucas empresas estadunidenses (Silva; Penteado, 2023).

Além disso, fazendas de cliques são utilizadas pela extrema direita para atuar sobre a opinião pública, provocando ondas e tsunamis de desinformação através da manipulação via algoritmos.

Os 'engenheiros do caos', para usar o título do livro de Giuliano da Empoli (2020), circulam pelo mundo disseminando medo e influenciando a política. Seu segredo para atingir milhões de eleitores é saber dirigir a quem lhes interessa as mensagens certas no momento certo. E isso vai muito além da comunicação. E muito além da fábrica. Podemos apostar nos conselhos de bairro como uma das possibilidades de se fazer a disputa de hegemonia?

ARONSON, Elliot; ARONSON, Joshua. *O animal social*. São Paulo: Goya, 2023.

DE GRAZIA, Giuseppina. *Da organização pela base à institucionalização*. Rio de Janeiro: Editora NPC, 2017.

COUTINHO, Eduardo Granja (org.). *Comunicação e contra-hegemonia: processos culturais e comunicacionais de contestação, pressão e resistência*. Rio de Janeiro: Editora UFRJ, 2008.

EMPOLI, Giuliano da. *Os engenheiros do caos*. São Paulo: Vestígio, 2020.

GIANNOTTI, Vito. *Comunicação dos Trabalhadores e Hegemonia*. São Paulo: Editora Fundação Perseu Abramo, 2014.

GIANNOTTI, Vito. *O que é jornalismo operário?* São Paulo: Editora Brasiliense, 1988.

IBGE. *Síntese de indicadores sociais:* uma análise das condições de vida da população brasileira: 2023 / IBGE, Coordenação de População e Indicadores Sociais. Rio de Janeiro: IBGE, 2023. Disponível em: **https://biblioteca.ibge.gov.br/visualizacao/livros/liv102052.pdf**.

LÉVY, Pierre. [*A questão é: como usaremos as novas tecnologias de forma significativa para aumentar a inteligência humana coletiva?*]. Entrevista à revista Fronteiras em julho de 2019. Disponível em: **https://www.fronteiras.com/leia/exibir/pierre-levy-a-questao-e-como-usaremos-as-novas-tecnologias-de-forma-significativa-para-aumentar-a-inteligencia-humana-coletiva**.

LÉVY, Pierre. [*Muitos não acreditam, mas já éramos muito maus antes da internet*]. Madri, 2021. Entrevista concedida a Borja Hermoso para o El País em 1 de julho de 2021. Disponível em: https://brasil.elpais.com/eps/2021-07-01/pierre-levy-muitos-nao-acreditam-mas-ja-eramos-muito-maus-antes-da-internet.html.

MACEDO, Aline. "Em 2005, 63% dos brasileiros votam em referendo a favor do comércio de armas". *O Globo*, Rio de Janeiro, 15 de out. 2015. Disponível em: **https://acervo.oglobo.globo.com/em-destaque/em-2005-63-dos-brasileiros-votam-em-referendo-favor-do-comercio-de-armas-17786376.**

MARX, Karl. *O Capital*. Paris: Flammarion, 1968.

MOREIRA, Martha. "Muro da Maré: faltou diálogo com moradores". Redes de *Desenvolvimento da Maré*. 2011. Disponível em: **https://ibase.br/muro-da-mare-faltou-dialogo-com-moradores/.**

NÚCLEO PIRATININGA DE COMUNICAÇÃO. *1° de maio: dois séculos de lutas operárias*. Cadernos de Formação. 6ª Edição, Rio de Janeiro, Editora NPC, 2011.

SILVA, Andressa Almeida Belo da; PENTEADO, Claudio Luis Camargo. *Tecnopolítica: A Tecnologia como Instrumento Central na Política do Século XXI*. Revista Pesquisa ABC. N. 36. Dezembro, 2023. Disponível em: **https://www.ufabc.edu.br/divulgacao-cientifica/pesquisabc/edicao-n-36-dezembro-de-2023/tecnopolitica-a-tecnologia-como-instrumento-central-na-politica-do-seculo-xxi.**

Da práxis ao prato: mística e hegemonia no MST

LEONARDO CAMPOS MARTINS

Quando eu morrer
Cansado de guerra
Morro de bem
Com a minha terra
Cana, caqui, inhame, abóbora
Onde só vento se semeava outrora
Amplidão, nação, sertão sem fim
Ó Manuel, Miguilim vamos embora

[CHICO BUARQUE, "ASSENTAMENTO"]

Parte significativa das práticas políticas de mobilização e ação do MST (Movimento dos Trabalhadores Rurais Sem Terra) em direção à Reforma Agrária Popular aponta a um momento de mudança ideológica, de organização da produção e disputa hegemônica. Através da mística, o Movimento influi diretamente sobre o comportamento social, faz uma leitura política da realidade, denunciando e apontando as contradições para a construção de um projeto de uma nova sociedade, estabelecendo uma relação dialética de conservação/renovação, quando antecipa o futuro e resgata o passado. Trata-se de uma importante contribuição para a transformação da realidade na esfera da teoria política. Em suas diferentes interpretações, ela interfere na prática de valores como a solidariedade e a coletividade, ganhando importância no fazer da utopia dessa sociedade forjada na prática do MST. A mística está presente em todas as ações coletivas culturais, na prática de novos valores cotidianos e na representação de espaços afetuosos e fraternos, dando sentido à transformação social.

Segundo Carlos Nelson Coutinho (1981), para Gramsci, a cultura lhe aparece como um meio privilegiado de superar o individualismo, despertando nos homens sua consciência universal com o valor da solidariedade humana. Segundo o filósofo italiano: O socialismo é uma visão integral da vida, pois abarca uma filosofia, uma mística e uma moral. Tudo é política, seja a filosofia, a história, a cultura ou mesmo a práxis em geral. Como catarse, explica Coutinho (1992), a política pode ser um momento ineliminável da estrutura ontológica do ser social, de toda práxis humana. Ao afirmar que tudo é política, Gramsci indica um aspecto essencial da ontologia marxista do ser social, o momento da articulação entre subjetividade e objetividade, entre liberdade e determinismo.

A mística é responsável pela transferência do campo material para o intelectual, da passagem do "objetivo ao subjetivo" ou da "necessidade à liberdade", sendo ela a mudança de um momento meramente econômico ao momento ético-político, o momento de catarse, que Gramsci compreende como a elaboração superior da estrutura em superestrutura na consciência dos homens. Poderíamos dizer, nesse sentido, que o momento catártico da mística é o ponto de partida de toda a filosofia da práxis, da construção de uma hegemonia na promoção de uma reforma intelectual e moral.

Podemos observar o conceito de hegemonia de Gramsci na prática da mística do Movimento: a intenção de determinar os traços específicos de uma condição histórica de um processo, tornar-se protagonista das reivindicações de outros estratos sociais e de sua solução, de modo a unir em torno de si esses estratos, realizando com eles uma aliança na luta contra o capitalismo e, desse modo, isolando o próprio capitalismo.

Desde seu início, em meados dos anos 1980, o eixo central da luta do Movimento vem sendo a luta pela terra e a defesa dos trabalhadores do campo. Entende-se essa luta como o único caminho viável para a transformação da realidade dos trabalhadores do campo e sua organização coletiva. Quando o MST se consolida nacionalmente, desenvolve escolas de cultura e de formação política, viabilizando a formação de militantes e quadros políticos, como intelectuais orgânicos, já com a intenção de construir a hegemonia do Movimento.

Segundo Coutinho (1992), uma grande aquisição teórica de Gramsci é a ideia de que a conquista da hegemonia por uma classe implica sua transformação em classe nacional, ou seja, só se pode ser classe dominante quando já se é classe dirigente. E a sociedade civil torna-se a portadora material da função social da hegemonia. Nesse sentido, "Ocupar, resistir e produzir" era o lema do MST no seu II Congresso Nacional, ocorrido em 1990. Com a finalidade de fortalecer a organização interna no enfrentamento da repressão das políticas neoliberais, o Movimento investe na formação de quadros políticos, criando lideranças, iniciando um trabalho de formação e expansão ideológica, consolidando o MST e, ao mesmo tempo, construindo uma identidade nacional 'Sem Terra' moldada em sua história de luta.

A coletividade da mística nas lutas está diretamente ligada à formação da consciência de classe. O MST entende que somente a conquista da terra não resolveria a questão agrária, mas que era prioritário, da mesma forma, promover uma transformação social. A mística elabora um sentimento nacional capaz de unir os trabalhadores do campo pela cooperação, cada qual à sua maneira, com seus talentos e suas habilidades, seja na cozinha, nas atividades de cultura e arte, na organização etc., contribuindo para a organização de uma nova cultura.

Com a reforma agrária atrelada a um projeto de transformação social, o novo lema no III Congresso do MST visava à formação de alianças de classes com a finalidade de conquistar a opinião pública: "Reforma agrária: uma luta de todos!". Enquanto a posse da terra assumia um caráter econômico, a Reforma Agrária Popular revelava um caráter social mais amplo, eminentemente político, de transformação da sociedade, contrapondo-se à acumulação capitalista em sua fase neoliberal, à modernização capitalista, à exploração dos trabalhadores. Eis o que Gramsci (1999, p. 314) chamou de 'catarse': a passagem da consciência meramente corporativista à consciência de classe.

Em seu IV Congresso Nacional, realizado em 2000, o MST promoveu dois instrumentos de politização das massas que podem ser entendidos como escolas de cultura ou de formação política itinerante. Suas novas estratégias foram a de ocupação de terras por trabalhadores, em massa, organizados em 'brigadas'; e a II Marcha Popular pelo Brasil, convocando a sociedade para aderir ao seu projeto nacional. A marcha é uma potente manifestação da mística do MST, assim como os acampamentos. O nome 'brigada' quer dizer a soma de partes de uma organização para desenvolver atividades diferentes com o mesmo objetivo, de acordo com a cartilha "O funcionamento das brigadas do MST".

"Reforma Agrária: por Justiça Social e Soberania Popular". Esse foi o grito de ordem do V Congresso Nacional do MST, realizado em Brasília em junho de 2007, contemplando uma visão internacionalista com a participação de mais de 30 países, chamando a organização e a luta por uma sociedade justa e igualitária, que somente será possível com a mobilização de todo o povo.

Representando a síntese das tarefas, dos desafios e do papel estratégico do Movimento no novo contexto histórico que se desenha, o lema "Lutar e construir Reforma Agrária Popular", do VI Congresso, realizado em 2014, se aplicava desde o início do ano anterior, quando o MST se encontrava em período congressual, dedicando-se ao trabalho de base em acampamentos e assentamentos com o objetivo de consolidar seu programa agrário. E ao adiar seu VII Congresso Nacional para julho de 2025, o MST decidiu, em um gesto de respeito e sensibilidade, manifestar publicamente sua solidariedade ao povo do Rio Grande do Sul, assolado pelas enchentes, reafirmando-a como fundamento essencial para a resistência e a luta.

Através de cartilhas, revistas, cadernos, festivais de cultura e arte, boletins, livros, jornais, cozinhas solidárias, redes sociais etc., o MST desenvolve a consciência de classe dos Sem Terra por meio da mística de suas apresentações artísticas, de atos políticos e simbólicos e de seu material educativo-formativo, que assume uma função orgânica, operando como meio de construção da contra-hegemonia. Constata-se que o próprio Movimento é a entrada para a formação dos Sem Terra, pois, ao olhar para o MST através da mística, seus militantes compreendem melhor a sua realidade e avançam nas experiências de transformação e criação. O MST é o educador coletivo desses camponeses, quando diante de uma ocupação de terra, acampamento, assentamento ou marcha. A mística é parte da estrutura organizativa no processo de luta, uma energia que leva as pessoas a se movimentarem voluntariamente, segundo Bogo (2002).

E essa afirmação política e social do Movimento é fundamentalmente promovida através da mística composta pela simbologia do MST, seu hino e sua bandeira, seus instrumentos de trabalho, como a foice ou o seu famoso boné vermelho; mística que impulsiona e alimenta a luta cotidiana porque motiva o sujeito coletivo para as ações do Movimento. A mística da ocupação, do acampamento e do assentamento enraíza a identidade Sem Terra, assim como o reconhecimento e a valorização do saber popular como forma de resgate de uma identidade cultural camponesa antes subalternizada, porque carente de uma consciência de classe.

A estratégia de ocupação de terras é a própria reforma intelectual e moral, quando nela se inicia a crítica ao capitalismo, o enfrentamento às políticas neoliberais e a denúncia da permanência das questões agrárias. Porém, embora seja parte fundamental, não é sua totalidade, vide o trabalho de formação intelectual dos seus quadros, em perspectiva política e crítica bastante consistente.

A luta pela terra e por mudanças sociais no país, através da multiplicidade das dimensões de atuação do MST, na ocupação do latifúndio como principal forma de mobilização em massa dos Sem Terra ou estendida às demandas nas áreas de produção, educação, saúde, cultura e direitos humanos, atua na sua capacidade de revelação e desestabilização das relações naturalizadas de domínio. Esse enfrentamento garante à práxis política do MST um caráter contra-hegemônico, na medida em que evidencia e deslegitima a dominação. Enquanto questiona os mandos e desmandos do capital, reduz o controle estatal. Tais características da práxis política do MST concretizam uma inclusão política e social que resultam, de certa forma, na ampliação de direitos, criando espaços de participação política e uma mobilização maciça e politizada.

Um dos aspectos mais originais da mística é a relação entre alimentação e práxis política. O alimento é apresentado como extensão simbólica e prática da luta do MST, destacando o papel da comida na construção de identidade e resistência cultural. Feiras agroecológicas, armazéns e cozinhas solidárias exemplificam como o MST utiliza o alimento como linguagem política. Podemos seguir, então, um caminho do prato à práxis, iluminando as experiências de mística a partir da cozinha, como espaço de solidariedade e coletividade.

Nesse sentido, a mística atua no processo de desconstrução do senso comum, apontando os rumos da prática política na iniciação da formação política, que não se dá apenas pelo conhecimento teórico, mas principalmente do conhecimento aliado à luta concreta contra à fome. O MST compreende a necessidade da quebra do senso comum na luta de classes como indispensável para sua formação e luta ideológica. Para Gramsci, a participação das massas e dos movimentos, com a formação de novos intelectuais orgânicos, é a base da reconfiguração política capaz de transformar ideias em forças materiais.

Podemos notar que a importância da mística é confirmada no resgate da história de lutas do Movimento, das demandas dos trabalhadores contra a política de exclusão do Estado. Através do resgate da memória social, constrói-se uma consciência historicizada que é um princípio constitutivo do planejamento insurgente, o de estimular memórias coletivas, enquanto o neoliberalismo promove uma amnésia social em massa, o que parece uma importante tarefa da mística na luta contra-hegemônica.

A mística, como intervenção de um movimento social realizada no campo da cultura, na qual se desenvolve a trama hegemônica, mais especificamente no campo da comunicação, estabelece e potencializa relações que reconfiguram o sistema político,quando as questões políticas se revestem de formas culturais.

O MST possui uma diversidade de produtos comunicativos desenvolvidos para o enfrentamento aos meios de comunicação tradicionais e oligárquicos que, para defenderem os interesses do neoliberalismo, criminalizam o Movimento. E a mística, através da cultura e da comunicação, se torna um instrumento estratégico na disputa de espaços para a concretização de seu projeto de transformação social.

Sob essa perspectiva, vista como um instrumento da comunicação, pode ser compreendida como cultura a mediação entre sujeito e objeto, e assim, associada ao pensamento gramsciano. No campo marxista, a perspectiva da contra-hegemonia, pós-Gramsci, apresenta a possibilidade da luta ideológica estar alinhada a um projeto de classe antagônico ao da burguesia.

Atuando nos limites da construção da reforma intelectual e moral do MST, a mística pode servir de instrumento de inclusão da classe operária em seu novo projeto de sociedade. No Brasil, o MST vem se articulando na construção da contra-hegemonia do quadro camponês da classe trabalhadora, reafirmando o valor da práxis política dos Sem Terra e, juntamente com seus intelectuais orgânicos, a consciência de classe. A mística é um nível da comunicação, uma dimensão e forma do conteúdo, sendo também uma mediação.

A trajetória de luta do MST confirma a atualidade e evidencia a necessidade de uma aliança ampla entre as classes trabalhadoras, capaz de construir um novo bloco histórico, resgatando os valores humanos, da ação política e do homem transformador de sua história. Podemos entender o MST e sua mística como "intelectual coletivo", sendo o "moderno Príncipe" o agente da vontade coletiva transformadora que, segundo Gramsci, não pode ser mais encarnado por um indivíduo, cabendo a um organismo social o desempenho dessas funções.

Mas afinal, o que é a mística?

A mística do MST pode ser uma estratégia de comunicação fundamental para o debate em defesa de seu projeto de sociedade baseado na solidariedade, figurando um papel decisivo na construção de uma consciência coletiva, na mobilização por uma reforma agrária popular, na disputa pelo alimento agroecológico e pela soberania alimentar, entre tantas outras frentes de luta do Movimento.

Para muitos militantes do MST, a mística é o sentido da vida, ou seja, tudo o que dá significado à sua existência, à sua atividade, ao seu objetivo estratégico e que alimenta essa perspectiva. Ela pode estar materializada numa inquietante poesia ou carta, num bom testemunho ou compromisso de fé, na empolgação de um canto, no que nos afeta sempre em torno do ideário comum de transformação, solidariedade e humanismo.

No movimento dos camponeses, ela comunica a origem de sua militância e cria símbolos inquebrantáveis, reelaborando signos do passado — a luta, os valores, o heroísmo —, utilizando-os como "mitos" ou "ideias-força" (Coutinho, 2020) que impelem à ação, garantindo aos camponeses a extrema tensão da vontade necessária à realização do projeto de transformação da estrutura agrária brasileira. Pode-se dizer, nesse sentido, que a discursividade mística do MST projeta um devir, um *tópos* realizável, uma utopia em construção. E, sendo ela uma tarefa de direção político-ideológica, a mística aponta a esse lugar, permitindo uma reflexão crítica, mas sem deixar de lado um certo encantamento poético.

A dramatização do mito

Como símbolo inicial da história do MST, a mística é, de fato, como fusão entre religião e pensamento marxista, a sua matriz amalgamada em paixão, política e poética. Por ser um chamamento ao retorno, à reinauguração da história, a mística evoca um mito fundamental de sua revivescência, de sua atuação na fundação de um novo ciclo da história. E, dessa forma, como analisa Clécio Quesado:

> Por ser criação discursiva do inconsciente e, pois, fundamentado no paradoxo, o mito se sustenta e prevalece pela força de sua autonomia de discurso imaginário que se cria, enquanto — em outro nível, é claro — constrói a realidade (Quesado, 1999, p. 50).

"O mito é o nada que é tudo", como disse Fernando Pessoa em "Ulisses".

Como na epopeia pessoana, a mística procura construir uma outra realidade. Ela motiva "A entrar na realidade/ E a fecundá-la", como diz Pessoa (2007, p. 35) em seus versos, cumprindo com habilidade a sua função de ocupar imaginariamente a descontinuidade cognitiva que se abre entre o sujeito e a realidade. Assim, "onde a história cala, o mito fala". E, na potência do discurso imaginário, ele se permite fecundar a realidade dando-lhe um sentido que ainda não havia.

A falta de um sentido histórico na existência de um homem, segundo Mariátegui (2005), é sua carência de um mito que o movimente, pois apenas os homens tomados pela fé, pela crença ou esperança são capazes de fazer a história. A decadência da religião inquietava o futuro da civilização europeia que vivia à sua sombra. A primeira guerra provou o valor do mito, condenando à morte os restos de feudalidade e de absolutismo. Os povos capazes de um mito para as multidões são os povos capazes de vencê-la.

O mesmo faz o MST, de forma extremamente original, ao suscitar, pela mística, a solidariedade e o engajamento apaixonado pela militância; e ao desenhar em seu território as características de sua identidade campesina, como a ancestralidade quilombola trazida ao resgate, com seu heroísmo e fé, nomeando assentamentos e desenhando a identidade da reforma agrária popular no Brasil.

A mística do MST traz essa "concepção do socialismo como uma tentativa de reencantamento do mundo pela ação revolucionária" (Löwy, 2005, p. 17). Quando, em cada palavra, cada ato, tem um acento de fé, de convicção heroica e criadora, a luta revolucionária é mística e religiosa. As ideias de Mariátegui sobre a importância do mito como forma de ressaltar a dimensão espiritual e ética do combate revolucionário, destaca Löwy, são uma contribuição substancial para entender a teologia da libertação, assim como a mística revolucionária de movimentos sociais como o MST.

A emoção revolucionária é conduzida pelo mito e, para Coutinho (2020, p. 75), essa "é uma característica dos movimentos socialistas latino-americanos ainda hoje". Os símbolos de luta de libertação no passado estão presentes nas organizações de agora, carregando não apenas o nome, mas a força heroica e a fé que conduz a luta libertária dos povos da América. E essa tal mística revolucionária, segundo Stédile (2012), é o que diferencia o MST de outros movimentos sociais. Essa prática social sustenta o compromisso de luta do povo pela reforma agrária, sendo um princípio organizativo do Movimento. Ela está nas marchas, nas escolas, nas cozinhas, nos acampamentos, nos assentamentos, nas vigílias e tantas outras ações coletivas do MST. Ao discursar sobre a mística, conclui Stédile, a esquerda parece ter vergonha de seu termo político. A associação da mística com a religião não é bem-vista por parte da esquerda marxista, confrontada com o trecho retirado de um ensaio de Marx sobre a filosofia de Hegel, no qual "religião é o suspiro da criatura oprimida, o ânimo de um mundo sem coração, e a alma de condições sem alma. Ela é o ópio do povo" (Marx *apud* Tucker, 1978, p. 54). Por outro lado, a mística é uma leitura concreta da realidade, que estabelece, como descreve Ademar Bogo, uma base sólida para o projeto de transformação social proposto pelo MST, permitindo ao Movimento viver aquele futuro antecipado.

Embora não esteja dissociada do pensamento racional, a mística é da ordem da paixão, do sentimento e do afeto. Para Ademar Bogo (2000), um dos principais teóricos da mística do MST, a paixão política aflora por meio de diferentes simbologias, parecendo, ela, a mística, o combustível da práxis. Mesmo nos movimentos sociais, a palavra mística é empregada pobremente como sinônimo de animação, um momento de encenação dentro da atividade política, comenta Bogo (2009), mas também é vista como a motivação que faz a militância viver a causa, desejando ajudar, realizar e principalmente lutar, movida pela alegria, pela vibração, pelo interesse e pela vontade. Logo, por sua essência criativa, a mística se expressa de várias maneiras, oferecendo-se como elemento central do programa da Reforma Agrária Popular, compondo a parte física e mental de uma estratégia e assumindo importante contribuição para a transformação da realidade. O termo 'mística' remonta à Antiguidade Clássica e, etimologicamente, essa palavra vem do grego *múiein*, mistério, em que se percebe o caráter não comunicado de uma realidade ou intenção, a busca para entender o que está escondido nas coisas, mas também o impulso para viver o inexplicável, sem opor a dimensão de profundidade das coisas ao conhecimento decifrável e tampouco sua pluralidade.

Na militância, a mística é uma energia revolucionária que move sua força e a torna útil. Sem importar o tipo de ação, seja uma atividade na produção, no combate ou no preparo de um almoço para a reunião de base, essa paixão que cada um tem dentro de si é a força que não deixa parar.

Os sinais da mística passeiam por todos os sentidos, desde o coração até o ânimo em cada pensamento, como forças que agem no sentir crescente, construtivo, mantendo a consciência à flor da pele. Por isso, tantas vezes confundida com uma simples emoção, mas diferenciando-se na capacidade de sonhar construindo. Para Bogo (2009, p. 156), "a mística enfim é uma força crítica" que cultiva o companheirismo, a alegria e a afetividade, mas também a indignação.

A elite sempre se utilizou de mitos no controle dos afetos populares para garantir a manutenção de seus privilégios enquanto desvia a atenção popular da realidade política por meio de sensações, emoções e vertigens. Por meio de mitos conservadores, observa Eduardo G. Coutinho (2020), os grupos dirigentes orientam as emoções das massas para o seu projeto de poder. Tal dramatização conduz àquela incapacidade de refletir sobre sua própria condição. As massas, hegemonizadas, tornam-se espectadoras de um projeto político que dispõe de suas emoções e consciência.

Porém não só as elites lançam mão de mitos: os projetos contra-hegemônicos não negligenciam a dimensão estética e passional da política para despertar e orientar as massas e mobilizar à luta. Assim como o mito do "moderno Príncipe" (o partido revolucionário), na perspectiva gramsciana, refere-se ao símbolo da vontade coletiva nacional-popular empenhado na realização de um projeto de civilização superior. Sua apropriação da ideia de mito é baseada na "ação concreta do homem que, por suas necessidades históricas, opera e transforma a realidade" (Coutinho, 2020, p. 18), e não na ideia tradicional associada à mistificação e à transcendência.

Observamos a mística por um método de compreensão e ação sobre a realidade que enxerga a existência dos seres humanos dentro de um contexto histórico e de acordo com as relações materiais da sociedade humana que sugere, portanto, que a mística do MST é um momento fundamental de sua práxis. Boff, Betto e Bogo a têm descrito como "uma leitura concreta da realidade para estabelecer uma base para o projeto de transformação" (2001, p. 71), permitindo ao MST viver um futuro antecipado. Ao mesmo tempo, porém, atentando à mística como uma prática que alimenta a indignação e orienta ações para a construção de algo realizável, também dimensionando uma fé ao nível político, servindo ao projeto de transformação social a que se propõe o Movimento, entendemos que essa leitura também é utópica. Essa pode ser entendida como capaz de converter as pessoas a tal projeto através do sentir, reconstruindo a ideia de utopia, ou seja, ocupando a dimensão das emoções, sentimentos e sonhos, com o papel fundamental nas manifestações coletivas ou individuais da realização. A mística não somente descreve, ela faz sua leitura política da realidade, enquanto denuncia e aponta as contradições e os desafios do projeto do MST. De tal modo, observamos a mística pelo olhar da filosofia da práxis, delineando o conceito a partir da consciência política e ligações religiosas e populares, que Gramsci chama de hegemonia. Segundo Löwy (2005, p. 59), Walter Benjamin atribui uma importância capital às forças espirituais e morais na luta de classes: a fé (ou a coragem, ou a perseverança, segundo tradução benjaminiana da palavra *Zuversicht*). Confirmando a existência de uma dialética do material e do espiritual na luta de classes, luta que permite compreender o presente, passado e futuro, "assim como sua ligação secreta, [...] lugar onde teoria e práxis coincidem".

Para que haja uma aliança de classe operário-camponesa em favor de seu objetivo maior, a mística pode se tornar fundamental na compreensão do processo hegemônico e, através dela, se construir uma unidade de classe, pois é preciso, nessa construção, a identificação, a união e o desejo de lutar contra o opressor.

As intervenções dos movimentos sociais agitam o sistema político a partir de suas relações no campo da cultura e da comunicação, em particular, no qual suas ações são potencializadas. E esse espaço de disputa hegemônica na esfera da cultura e da comunicação é essencial para a concretização do projeto do Movimento, aquela transformação social através da Reforma Agrária Popular.

As novas estratégias de comunicação do MST esclarecem os objetivos traçados pela orientação do Movimento, que apontam as direções assumidas por eles em seu modo de atuação, como revela João Pedro Stédile (2022): "Da nossa parte, mudamos também, estamos mais maduros, mais organizados e compreendemos que lutar pela Reforma Agrária não pode ser apenas lutar pela terra para quem nela trabalha".

A partir desse recorte, poderíamos aprofundar algumas questões específicas, desde como as ações na esfera da comunicação inscritas nas disputas políticas por hegemonia são efetivadas pela mística do

Movimento, passando pela reflexão sobre os objetivos das estratégias de comunicação adotadas e como as alterações no âmbito das tecnologias de comunicação repercutem na produção e nos modos de atuação da mística.

Stédile compreende a importância dialética para os verdadeiros objetivos de uma reforma agrária, que, mais que camponesa, deve ser popular, pois precisa comportar todos os trabalhadores e priorizar a agroecologia, a produção de alimentos saudáveis, além de outras medidas, tais como o cuidado com a natureza, as florestas, a água, plantar árvores em todo lugar, sendo novos modelos de agroindústria e cooperativas. E mais, democratizar o acesso à educação no campo e o acesso a produtos agroecológicos na cidade, em todos os níveis, como caminho para valorizar a culinária e a cultura do povo brasileiro que vive tanto no interior quanto na cidade.

A mística é responsável pela vinculação social que se estabelece na sociabilidade cotidiana, nas práticas e nos processos socioculturais que medeiam a construção de sentidos. Segundo Bastos:

> A vinculação afetiva e gustativa é a dimensão do envolvimento objetivo e subjetivo do sujeito com determinada ideologia, envolve a dimensão estética e sensível que denota a concretude de determinada ideologia da práxis. Se o indivíduo gosta de determinada organização e do conteúdo desenvolvido por ela, pressupõe-se determinado conhecimento anterior para a formação deste gosto, a existência de determinações econômicas, sociais e culturais, o vínculo com determinada ideologia, cada vez mais midiatizada (Bastos, 2020, p. 198).

O momento preparatório da mística é também um momento de formação política da militância, enquanto seu acontecimento é um momento de reafirmação ideológica. Quando se fortalecem os laços de união com o Movimento, ela é a produção social de um fato político que produz elementos simbólicos e midiáticos. Com esse modo de afirmar sua cultura própria, a mística promove elementos que contribuem para o fortalecimento ideológico que unifica a diversidade em torno do MST, podendo apresentar particularidades para subjetividades que nem sempre acenam à universalidade.

Segundo Löwy (1994, p. 203), "as visões sociais de mundo, as ideologias e utopias das classes sociais conformam de maneira decisiva — direta ou indiretamente, consciente ou inconscientemente, explícita ou implicitamente — o processo de conhecimento da sociedade". A mística guarda um incontestável legado de fé, que parte do sentimento religioso para o político e, dessa forma, estabelece relações entre o fazer comunicativo e a dinâmica social do Movimento, que reconhece o seu caráter histórico e sua possibilidade de modificação.

Quando tratamos sobre mística, é sobre a importância do afeto nas estratégias discursivas dos movimentos sociais, observando a dimensão sensível nas relações entre comunicação e política. A mística, enquanto um momento da práxis social sendo capaz de suscitar pelo sentimento e o engajamento apaixonado da militância, em suas diferentes interpretações, interfere diretamente sobre o comportamento social, na prática de valores como a solidariedade e a coletividade, ganhando importância no fazer da utopia de uma sociedade justa e solidária, crescida na prática do MST. Ela está presente em todas as ações coletivas políticas e culturais, na prática de novos valores cotidianos e na representação de espaços fraternos e justos, dando sentido à transformação social.

Como um caminho de volta para o enraizamento, para o sentido da reforma agrária popular, podemos posicionar o alimento como mediação do discurso do MST. Demonstrando, do que eu chamo de mística do alimento, sua função dialética, junto às feiras, aos armazéns e praças das cidades. Reforçando o caráter ideológico da mística através das cozinhas solidárias, do combate à fome e a distribuição de alimentos saudáveis, como a ajuda humanitária a Gaza e ao Rio Grande do Sul em 2024.

A trajetória do MST evidencia a centralidade da mística como força motriz de sua práxis política e cultural. Mais do que um instrumento simbólico, a mística emerge como elemento estruturante de uma contra-hegemonia que desafia as narrativas dominantes e projeta alternativas concretas para a transformação social. Inspirada na filosofia da práxis, ela não apenas denuncia as contradições do sistema capitalista, mas antecipa o futuro ao construir, no presente, valores e práticas que configuram um horizonte emancipatório. Assim, a mística do MST demonstra que a política é também espaço de criação simbólica e afetiva, reforçando que toda luta por hegemonia cultural é, ao mesmo tempo, uma luta por novos modos de sentir, pensar e organizar o mundo. Todas as formas de místicas originárias das lutas populares contribuem na construção histórica do MST e da classe trabalhadora.

BASTOS, P. N. "Dialética do engajamento: uma contribuição crítica ao conceito". *Matrizes*, v. 14, n. 1, pp. 193-220, 2020. DOI: 10.11606/issn.1982-8160.v14i1p193-220. Disponível em: **https://www.revistas.usp.br/matrizes/article/view/157540**. Acesso em: 20 set. 2022.

BOFF, L.; BETTO, F.; BOGO, A. *Valores de uma prática militante*. São Paulo: Consulta Popular, 2001.

BOGO, A. "A mística: parte da vida e da luta". *In*: *Método de trabalho de base e organização popular*. Setor de Formação/MST, out. 2009. (Caderno de Formação, 38).

BOGO, A. "O vigor da Mística". *Caderno de Cultura nº 2 — MST*. 1ª Ed. São Paulo, Associação Nacional de Cooperação agrícola — ANCA, 2002.

COUTINHO, Carlos Nelson. *Gramsci*. Porto Alegre: L&PM, 1981.

COUTINHO, Carlos Nelson. *Gramsci: um estudo sobre seu pensamento político*. Rio de Janeiro: Campus, 1992.

COUTINHO, E. G. *A paixão segundo Antonio Gramsci*. Rio de janeiro: Mórula, 2020.

LÖWY, M. *As aventuras de Marx contra o Barão de Münchhausen: marxismo e o positivismo na sociologia do conhecimento*. Trad. Juarez Guimarães e Suzane Felicie Léwy. 5. ed. rev. São Paulo: Cortez, 1994.

LÖWY, M. *Walter Benjamin*: aviso de incêndio: uma leitura das teses "Sobre o conceito de história". Trad. Wanda Nogueira Caldeira Brant [tradução das teses], Jeanne Marie Gagnebin e Marcos Lutz Müller. São Paulo: Boitempo, 2005.

PESSOA, F. *Mensagem*. Lisboa: Oficina do Livro; Sociedade Editorial, 2007.

QUESADO, C. *Labirintos de um livro à beira-mágoa — Mensagem* de Fernando Pessoa. Rio de Janeiro: Elo, 1999.

STÉDILE, J. P.; FERNANDES, B. M. *Brava gente*: a trajetória do MST e a luta pela terra no Brasil. São Paulo: Expressão Popular, 2012.

STÉDILE, J. P.; FERNANDES, B. M. Entrevista: Stedile fala sobre significado para o MST da Exposição Terra, há 25 anos. *Luta pela Terra*, 28 abr. 2022. Disponível em: **https://mst.org.br/2022/04/28/entrevista-joao-pedro-stedile-fala-sobre-o-significadopara-o-mst-da-exposicao-terra-ha-25-anos/**. Acesso em: 27 jun. 2024.

TUCKER, R. (org). *The Marx-Engels reader*. New York: Norton, 1978.

Juan Gelman: poesia e política na América Latina

LUCIANA GOIANA

para Luna

> Não existe verdadeira poesia que não seja política. Por apanhar a condição humana em sua maior complexidade e profundidade, cabe à poesia exprimir o histórico e o permanente, o específico e o geral na forma mais sintética e universal. A poesia sempre pode ir mais longe que outras criações simbólicas porque elabora todas as dores, vence o medo, sublima o desespero, recorta as esperanças e a negação utópica da realidade. O poeta realiza a transmutação pela qual os valores de um homem, de uma geração, de uma classe, de uma sociedade e de uma civilização se interpenetram e, ao mesmo tempo, se revelam em sua perpétua contradição a tudo que freie ou constranja a liberdade maior do ser e da consciência.
>
> [FLORESTAN FERNANDES]

> Creio que poética em grego quer dizer ação. Neste sentido não creio que há grandes diferenças entre a poesia e a política.
>
> [PACO URONDO]

Havia como prática entre os militantes da resistência à ditadura civil-militar da Argentina (1976-1983) decorarem versos do poeta Juan Gelman, para, em caso de prisão, serem declamados aos seus companheiros e companheiras de cárcere[1], ou, nas palavras de uma das sobreviventes, Pilar

1 Cf. *Juan Gelman y otras cuestiones* (documentário). Direção de Jorge Denti. TV Canal cultural de *la Universidad Nacional Autónoma de México* (UNAM), México/Argentina, 2005.

Calveiro, nos campos de concentração argentinos (Calveiro, 2013). Isso é compreensível, uma vez que a poesia de Gelman, uma fala verdadeiramente contra-hegemônica, construía-se em torno do argumento urgente da realidade e, por isso, se deparava com o terreno das angústias sociais.

Contrariando a perspectiva que ignora que a poesia pode valer-se da realidade, em toda vasta produção do poeta argentino há um sentido comum, que é a construção de um conhecimento sobre o mundo. A perspectiva ontológica de Gelman coloca então o homem no centro de sua criação. Mas não se limita a esse complexo tema, interessando-se também pelo que se supõe banal, pelo acaso, pelo cotidiano, pelos sentimentos humanos, intercalando sua visão, dotada de uma curiosidade imensa, com o ato da escrita. Sua poética não se constitui apenas como um processo de apreensão do mundo social, é de intervenção; é de visão da textura do mundo, pois assim sua própria voz se entende como parte dele. Pela vivência dessa dialética, a voz poética se expande num reconhecimento crescente, e quanto mais cresce, mais absorve, mais é absorvida. O poema, aí, não se direciona a um único interlocutor, a uma amante, a uma recordação, ele quer, como a poesia do russo Vladimir Maiakovski, dizer às multidões, ou seja, a ambição épica de se comunicar com o todo: "vamos começar a luta outra vez / o inimigo está claro e vamos começar outra vez" (Gelman, 2012, p. 453)[2].

O universo artístico que vê nascer a poesia de Juan Gelman tende ao verso ensimesmado, dotado do culto à impessoalidade e aos dramas existenciais do pensamento metafísico, de um lado, ou do ceticismo positivista e panfletário, do outro. Entretanto, na contracorrente, eclode naquele mundo social uma tensão artística que apela para a interlocução compartilhada, de modo a não apenas necessitar do outro como sentir-se parte dele. Ou seja, uma arte que se constrói em rompimento com o conformismo; que se ergue não somente desejando a comunidade, mas rebelando-se contra a solidão e buscando o outro. Se a ordem instaurada se mira na fragmentação, no esvaziamento das relações comunitárias,

---

[2] Os versos de Juan Gelman presentes neste artigo foram traduzidos por mim.

que desembocaria num verso eminentemente lírico — e solitário —, é possível como rebeldia e inconformismo ver Juan Gelman fundar, ao lado de outros poetas, o grupo *El Pan Duro*, de poesia popular, urbana, *tanguera* e comunista — lírica, mas também épica e trágica — no ano de 1955, portando um verso que não apenas anseia o outro, mas o alcança.

Miramos aí, nesse importante movimento artístico, uma poesia que poderíamos considerar, a partir de uma perspectiva gramsciana, verdadeiramente nacional-popular, criada por uma organização da sociedade civil que realizava o poderoso encontro entre arte e militância, e, como tal, tinha o objetivo de construção de uma outra hegemonia. Para Antonio Gramsci, a hegemonia "é algo que opera não apenas sobre a estrutura econômica e sobre a organização política da sociedade, mas também sobre o modo de pensar, sobre as orientações ideológicas e sobre os modos de conhecer" (Gruppi, 1978, p. 5).

Nesse contexto, em Buenos Aires, um golpe contra o então presidente Juan Domingo Perón se edifica: em junho de 1955, mais de trezentos mortos no Bombardeio à Praça de Maio, e em setembro, sua consumação, que colocou no poder os ditadores Eduardo Lonardi e Pedro Eugenio Aramburu. Assim, se cria nos movimentos sociais daquele país um sentido de alerta e uma necessidade de maior organização. Surge, então, o livro de estreia de Juan Gelman, *Violín y otras cuestiones*, em 1956, primeira publicação de *El Pan Duro*, que age em cooperação para difundir o trabalho de seus membros e realizar os frequentes saraus para a classe trabalhadora no teatro *La Máscara*.

A poesia de Juan Gelman já nasce desfazendo-se da imutabilidade normativa do gênero: o poeta se desliga da solução apenas lírica para sua angústia e dá início a uma empreitada épica, que se definirá já nesse primeiro livro, ora diretamente em poemas como *Un viejo asunto*, ora indiretamente com alusões e incursões breves em outros poemas. O dramático também se lhes sobrepõe, destruindo de maneira radical a prevalência de um único gênero nos versos. A organização do poema, que frequentemente interpela um interlocutor ou coloca-se na voz do outro — o comunitário: "mas que raiva! / o pão / subiu de novo, né? / que coisa grave!" (Gelman, 2014, p. 67) chega a unir o sujeito lírico a um sujeito dramático. Esse processo delega à estrutura do poema, a certa altura, a clamar por um cenário, por música — um tango, uma apresentação dotada de público;[3] ou, subitamente, a um enredo, à narração dos feitos de um homem ou de um menino, como no poema *Niños: Corea 1952*, também presente nesse primeiro livro, em que já se vê germinando tais características que vão se desenvolver até chegar em suas produções do período do exílio. Isso lhe concedeu ser amplamente conhecido como "poeta do exílio", título — atribuído por críticos de literatura — que ele naturalmente rechaçava, pois não aceitava ser limitado por um rótulo que o distanciava da figura de humano, com todas as profundas implicações de sua trajetória.

O poeta, jornalista e revolucionário Juan Gelman nasceu em Buenos Aires em 3 de maio de 1930, a famosa Década Infame, filho de imigrantes ucranianos simpatizantes da Revolução Russa de 1917. José Gelman, seu pai, um operário ferroviário, já havia estado em Buenos Aires, fugindo anteriormente da polícia czarista. Retornou à Rússia acompanhando os ventos da Revolução de Outubro. Entretanto, após o início das perseguições stalinistas, percebeu que precisava retornar à capital portenha. Chegam com passaportes falsos e com o sobrenome "Gelman", pronunciado em castelhano, inaugurando o que Juan chamaria mais tarde de "coleção de passaportes clandestinos de sua família", o que imprimiu em seu próprio nome um signo ambivalente: persiste entre o escuro tortuoso da fuga e o claro renovado da continuação de sua família, que sobrevive e enriquece com autenticidade um nome que então fixaria uma nova forma de pronúncia. Juan Gelman, além de poeta, foi jornalista, atividade que exerceu desde muito jovem, sendo chefe de redação do jornal *Notícias* e secretário de redação da revista *Crisis*. Trabalhou, entre outros jornais, na *Prensa Latina* e dedicou uma coluna semanal ao Página/12 até os últimos dias de sua vida. O jornal *Notícias*, ao lado de *El Descamisado*, foi uma das experiências jornalísticas mais interessantes da Argentina, que

---

3 Gelman protagonizou diversos espetáculos em que recitava seus versos em teatros acompanhado de música. Realizou, entre outros, alguns projetos com Juan "Tata" Cedrón e com o Cuarteto Cedrón.

uniu militância revolucionária e saber crítico[4]. No Página/12, onde estão suas últimas crônicas semanais, Gelman dedicou sua pena a denunciar os crimes perpetrados sistematicamente por Israel contra o povo palestino.

Juan Gelman, que é considerado um verdadeiro ícone da resistência à ditadura civil-militar argentina, começou sua militância no Partido Comunista Argentino, depois esteve nas Forças Armadas Revolucionárias e, posteriormente, no Movimento Peronista Montonero. Viveu no exílio e teve seu filho e nora assassinados pela ditadura. Sua neta, Macarena Gelman, nascida em um campo de concentração, foi sequestrada e viveu no Uruguai sem saber sua identidade por mais de duas décadas (Galeano, 2012). Gelman logrou encontrá-la[5] após incansável campanha que uniu intelectuais[6] de diferentes continentes em torno de seu paradeiro. Esteve ao lado das *Madres y Abuelas de la Plaza de Mayo*, para quem dedicou um livro, *La junta luz,* escrito no exílio em 1982. Levou tanto para a poesia quanto para o jornalismo sua militância pelo direito à verdade, memória e instauração da justiça em seu país.

Buscar essa nova arte, a "poesia em liberdade", como é dito no prólogo da antologia *El Pan Duro*, é, então, parte da conjuntura poética e política que quer construir um saber sobre o presente. Como analisou o poeta argentino Raul Gonzalez Tuñon no prefácio de *Violín y otras cuestiones*, são poemas "de clima portenho, cativante, que tocam a lama e roçam a nuvem, mas entre os quais não faltam aqueles que possuem um toque de

---

4 Chegando a ter tiragem de 180.000 exemplares, *Notícias* foi inaugurado em novembro de 1973 e foi fechado pelo decreto presidencial 16.970/66 de Isabel Perón, em 27 de agosto de 1974, que considerava que o "jornal desenvolvia uma intensa campanha de exaltação criminosa no campo da subversão" (2009, p. 347).

5 No momento em que escrevo este artigo, em dezembro de 2024, a organização *Abuelas de La Plaza de Mayo* anuncia que foi encontrado o 1380 neto desaparecido. O filho de Marta Pourtalé e Juan Carlos Villamayor — ambos militantes sequestrados e desaparecidos desde 1976 — nasceu em cativeiro na ESMA (*Escuela Superior de Mecánica de la Armada*, principal centro de tortura do regime), e viveu 48 anos sem saber sua verdadeira identidade.

6 Aqui do Brasil, o compositor e romancista Chico Buarque escreve uma carta pública, em 1999, ao presidente uruguaio Julio María Sanguinetti pedindo apoio às buscas de Juan Gelman por sua neta.

solidariedade com as dores e as esperanças de outros povos" (Tuñon *apud* Gelman, 2012, p. 15). Em seguida, Gelman publica *El juego en que andamos* (1957-1958), *Cólera Buey* (1962-1968) e *Gotán* (1962), livros marcados pela fala dos anseios e dores de uma Argentina dominada pela profunda desigualdade social, mas também voltada para outros povos, Argélia, Panamá, Senegal e Vietnã, o que demonstra sua preocupação internacionalista. Em *Cólera Buey*, lemos sucessivos versos que criticam o sistema opressor capitalista internacional, como: "toda poesia é hostil ao capitalismo" (Gelman, 2012, p. 232). Nessa obra, há um de seus mais bonitos poemas, o *Pensamientos (Octubre 1967)*[7], uma elegia dedicada a Che Guevara em que vemos claramente que sua arte poética une política e poesia.

O caráter insubmisso dessa poesia de juventude, inspirada notadamente pelo espírito da Revolução Cubana que Gelman cantou, especialmente na estância *Cuba sí*, do livro *Gotán*, e antes em *Velorio del solo* (1959-1961), em que há versos como: "Pega-me / não me deixes / já que se fez maior que minha morte / Cuba" (Gelman, 2012, p. 66), demanda à escrita cada vez mais intensamente, de maneira inversa, um mergulho igualmente profundo em direção ao eu. Essa tarefa se desdobrava na medida em que a resultante, inversamente, era a percepção do social. O exemplo cubano repercute nas décadas de sessenta, setenta e início de oitenta em muitos movimentos sociais de resistência às ditaduras na América Latina, que passaram a se reivindicar como revolucionários. O sonho de converter a cordilheira dos Andes numa gigante "Sierra Maestra", como Fidel Castro propagou em seus discursos (2004), estava vivo e em movimento. Juan Gelman, ao lado de escritores argentinos como Rodolfo Walsh, Paco Urondo e Osvaldo Bayer, abraça a Revolução Cubana e sonha com a revolução latino-americana, assumindo tarefas de militância e integrando as FAR, organização de orientação guevarista que surge na década de sessenta e que entre 1972 e 1973 se funde aos Montoneros.

[7] O poema *Pensamientos* (*Octubre 1967*) foi escrito a pedido da Casa de las Américas de Cuba, que pela ocasião do assassinato de Che Guevara lançou um número especial de sua revista, reunindo depoimentos sobre o comandante. Os primeiros versos dizem: "sou de um país, onde se chora por Che, ou em todo caso se canta por Che".

Anteriormente, em 1962, ano da fundação da *Prensa Latina*[8], Gelman vai até a ilha para transmitir a Che Guevara informações enviadas por Jorge Massetti, jornalista argentino que foi o primeiro diretor geral da agência. Do encontro, narrado por Roberto Mero no prefácio do livro *Contraderrota* (2014), de Juan Gelman, aos 32 anos, com o então ministro Che Guevara, resulta para o poeta em um reforço ao caminho já por ele iniciado: "é terno o que nasce / é terna Cuba" (Gelman, 2012, p. 94). Nesse poema, que tem como título "Cuba sí", há um personagem, um homem que devolve à terra tudo o que dela nasce. Com isso, é tecido na poesia um elogio ao país que fez nascer a esperança, com um agradecimento pela "sede que nos dá": Cuba sim, pois ali nasceu a esperança e a sede de continuar. Essa poética da fome e da sede que, como vimos, desde sua origem está unida à política, e como exigência da representação da realidade, encontrará na tradição latino-americana um sentido revolucionário, condensado no exemplo combatente do poeta peruano César Vallejo, o qual Gelman tinha como sua maior influência. De fato, concordamos com Mario Benedetti (1972), que declarou que a tradição poética latino-americana, em que podemos ler a obra de Juan Gelman, com seu ápice nas obras do período de seu exílio, principalmente com *Si dulcemente*[9], é oriunda dos versos de Vallejo. Nos anos em que o poeta é forçado a viver no exílio, entre 1976 e 1988, as vozes comuns de sua tradição serão convocadas com mais intensidade a dialogar e figurar no cenário do poema. O teor dessa poesia demarca um posicionamento no meio social, que diz respeito à libertação do poder neocolonialista, que oprime economicamente e culturalmente os países da América Latina, especialmente no contexto dos regimes ditatoriais. Se Gelman afirma que "a Europa foi o berço do capitalismo, e o bebê, no berço, foi alimentado com o ouro e a prata do Peru, do México, Bolívia.

---

[8] Agência de notícias criada em Cuba por Che Guevara, dirigida pelo jornalista argentino Jorge Masetti. Entre os intelectuais que trabalhavam lá, sob sua direção, estavam Gabriel García Márquez, Rodolfo Walsh, Rogelio García Lupo e Juan Gelman. Entre seus colaboradores, Jean-Paul Sartre.

[9] Ver mais em BARBOZA, Luciana G. *Si dulcemente: a poesia realista de Juan Gelman*. Tese de Doutorado. Faculdade de Letras (UFRJ), 2016.

Milhões de latino-americanos tiveram que morrer para engordar essa criança" (Gelman, 2012, p. 635), Eduardo Galeano (2013) dialoga com essa ideia em *As veias abertas da América Latina* assim:

> A história do subdesenvolvimento da América Latina integra, como já foi dito, a história do desenvolvimento do capitalismo mundial. Nossa derrota esteve sempre implícita na vitória dos outros. Nossa riqueza sempre gerou nossa pobreza por nutrir a prosperidade alheia: os impérios e seus beleguins nativos. Na alquimia colonial e neocolonial o ouro se transfigura em sucata, os alimentos em veneno (Galeano, 2013, p. 19).

Com a experiência do desterro, da derrota e da perda, Gelman reafirma a invocação que se radicaliza, levando nossa discussão mais adiante: seus poemas se localizam contemporâneos de seu tempo, simultaneamente se direcionam ao futuro, trazendo falas, gritos e gemidos desesperados de sua geração e das outras gerações de vencidos do passado. Obrigado a permanecer fora de sua cultura, no exílio, ele se volta para a arte que ecoa o grito dos vencidos, para a poesia dos que também experimentaram o significado da perda e da falta. Sendo um vencido, Gelman realiza esse salto, atualizando a tradição poética revolucionária da América Latina e possibilitando que hoje se possa ouvir o medo, compreender a dor e o desespero, ver a força e a coragem, experimentar os sentimentos que movimentavam um período de massacre. Ao mesmo tempo, representava uma interlocução perene em seu presente, quando seus versos eram passados de pessoa para pessoa, plenos de sentido e afeto, tal qual citamos no início deste artigo. O poeta segue, portanto, como um intelectual orgânico, pois contribui para tornar orgânica a crítica aos modelos opressores, os quais, se por um lado, se conservaram e se reproduziram, por outro, encontraram vozes que versaram em resistência. Há, assim, uma tradição que Gelman recupera e compõe, a da criação contra-hegemônica aos saques culturais sistematicamente repetidos no continente, que transformam o ouro em sucata, o alimento em veneno. Seus versos nos retiram o véu da alienação das experiências reificadas e assim, fazem valer a fala do pensador italiano Antonio Gramsci:

> Admitido o princípio de que, na obra de arte, deva-se buscar tão-somente o caráter artístico, nem por isso é excluída a investigação de qual seja a massa de sentimentos, de qual seja a atitude diante da vida que circula na própria obra de arte (Gramsci, 1986, p. 3-37).

A poesia de Gelman, nesse sentido, se constitui como uma forma de expressão e criação da consciência contra-hegemônica, que encara o presente e, portanto, se volta também para as gerações futuras. O poeta sabia que através da poesia, por si só, não poderia transformar ou, para usar suas palavras, "revolucionar" o mundo, mas acreditava que um poema poderia mostrar novas possibilidades ao leitor, enriquecendo-o e alargando sua consciência, o que na vida prática, ao lado de outras ações, poderia resultar na formação de uma nova correlação de forças na sociedade. Tendo eleito a esfera da política como objeto central de sua reflexão, Antonio Gramsci se volta para a cultura na medida em que essa se constitui como esse espaço de luta pela hegemonia. Com efeito, para o pensador italiano, a cultura é uma instância da luta política, tal como Juan Gelman a realizava. A arte partilha com a política tal espaço ideológico, contribuindo, direta ou indiretamente, para a constituição de uma visão de mundo. Para Gramsci, como para Gelman, a arte tem autonomia em relação à política, pois embora ela possa e deva ser utilizada politicamente, ela não se resume a mera propaganda ideológica, pois há "uma dimensão inalienável" que fica preservada: essa esfera propriamente estética diz respeito, no caso da poesia, à forma poética. Sobre a poesia de Gelman, o poeta argentino Raul Gonzalez Tuñon declara:

> Juan Gelman não é um fugitivo da realidade, como desejariam os teóricos reacionários de uma arte purista impossível; nem tampouco é um "editorialista do verso", um simples propagandista, como queriam os que ignoram que na consciência do poeta, do criador, haverá sempre um terreno inalienável que não poderá ser pisado (Tuñon *apud* Gelman, 2012, p. 12).

As formas de dominação vigentes na Argentina escalam a cada ditadura, de modo a instaurar um clima de temor e opressão, em que a clandestinidade era a norma, que encontra seu ápice entre os anos de 1976 e 1983. Ainda em 1975, Juan Gelman teria seu nome na lista de perseguidos da *Triple A* (*Alianza Anticomunista Argentina*) — organização de extrema-direita financiada pelo Estado e apoiada pelas Forças Armadas, responsável pelo assassinato de mais de mil militantes de movimentos sociais — e se vê saindo de Buenos Aires em direção a Roma em missão *montonera*, com o intuito de realizar denúncias no continente europeu acerca das inúmeras violações de Direitos Humanos corriqueiras no governo da presidente Isabel Perón. Em 24 de março de 1976, no momento do golpe militar, Juan Gelman estava em Roma e salvo um retorno clandestino — devidamente documentado em alguns de seus poemas, como em "XIX" do livro *Bajo la lluvia ajena* — para a primeira Contraofensiva Montonera, no ano de 1978, passou seu desterro em Roma, Madrid, Manágua, Paris, Nova Iorque e Cidade do México, até o ano de 1988, período em que trabalhou preponderantemente como tradutor. Como resultado da missão *montonera* na Europa, publicou como jornalista, entre tantas denúncias, a primeira nota internacional, no jornal *Le Monde*, a respeito do golpe de estado na Argentina. Gelman caminhava não apenas no universo singular da poesia para comunicar a realidade, como possuía o propósito de levar ao espaço jornalístico os fatos ocorridos na Argentina daquele momento, gerando documentos de grande importância.

> A organização me enviou ao exterior para fazer contatos políticos e denunciar a situação dos Direitos Humanos na Argentina de Isabel. Saí no ano de 75 por essa razão. A saída se converteu em exílio com o golpe de Estado. Conseguimos a primeira nota crítica a uma ditadura militar. Aproveitando meu trabalho, entrevistei Mitterrand, Palme e firmamos uma declaração que, na verdade, era para denunciar o que passava com Isabelita. Ocorreu o golpe e as condições continuavam atuais. Foi a primeira nota que apareceu no campo internacional sobre a ditadura militar. Não tínhamos dinheiro, o Tata Cédron fez um show e com isso publicamos uma notinha no *Le Monde* (Gelman, 2006).

A atitude de Gelman carrega o espírito daquilo que o romancista e jornalista argentino Rodolfo Walsh, desaparecido desde 25 de março de 1977, defende:

> Cadeia informativa é um dos instrumentos que o povo argentino está criando para romper o bloqueio da informação. Cadeia informativa pode ser você mesmo. É um instrumento para que você se liberte do Terror e liberte a outros do Terror. Reproduza esta informação, faça-a circular pelos meios a seu alcance: à mão, à máquina, a mimeógrafo. Mande cópias para seus amigos: nove em cada dez estão esperando. Milhões querem ser informados. O terror se baseia na falta de comunicação. Rompa o isolamento. Volte a sentir a satisfação moral de um ato de liberdade. (Walsh *apud* Novaro; Palermo, 2007, p. 193)

Após o golpe, sua saída para o exterior se converte formalmente em um exílio, tendo em vista o risco de vida que correria ao retornar e se estabelecer. Tem-se que em torno de duzentos mil argentinos foram obrigados a se exilar a partir de 1976. Com o início da restauração da democracia na Argentina, o exílio de Gelman persiste, uma vez que o juiz Miguel G. Pons, nomeado pelo regime militar e ratificado pelo Senado em 1984, decretou em 1985 uma ordem de prisão contra o poeta, por motivo de associação ilícita ao Movimento Peronista Montonero. Se Gelman pisasse em solo argentino, seria imediatamente conduzido ao cárcere. Uma vez impedido de retornar a seu país, continua imigrante em outros por mais cinco anos após o fim do regime, período em que é movimentada uma grande campanha promovida por intelectuais e escritores de todo o mundo para que o governo de Raul Alfonsín (1983-1989) suspendesse o processo. A situação de Gelman passa a ser conhecida mundialmente quando os ficcionistas Mario Vargas Llosa, Gabriel García Márquez e Graham Greene encabeçam o protesto.

Hechos (1974-1978), *Notas* (1979), *Carta Abierta* (1980), *Si dulcemente* (1980), *Comentarios* (1978-1979), *Citas* (1979), *Hacia el sur* (1981-1982), *Bajo la lluvia ajena* (1980), *La junta luz* (1982), *Com/posiciones* (1984-1985), *Eso* (1983-1984), *Anunciaciones* (1985), *Carta a mi madre* (1984-1987) e

Dibaxu (1983-1985) são os seus livros de poesia escritos nos anos do exílio. É possível, desde *Hechos*, identificar uma dicção transformada em relação aos livros anteriores, que eram guiados pelo signo da esperança e agora se norteiam mesclados ao signo da derrota. Na medida em que se desvencilha da expressão esperançosa e aguerrida dos seus primeiros livros e concebe os seguintes, sua obra é obrigada a sacrificar um tom veemente e entusiasmado por outro, melancólico, mas igualmente grave. Toda primeira fase, portanto, pretende oferecer um chão para o homem se pôr de pé, o que no segundo momento dá espaço para a dor e o luto, descortinando a face da derrota. Como sua obra precisa se ligar a seu tempo e essa vive então no mundo retorcido e opressivo das ditaduras latino-americanas, há uma concentração histórica nos poemas, que se interliga a um gesto simultâneo de empatia com os oprimidos e ao fortalecimento da ideia de libertação desses, sendo o seu fazer poético também uma de suas questões recorrentes. Quando todo um modo de vida se tem por derrotado, exprimi-lo ostenta uma aguçada capacidade de resistência e de força perante a ideia da morte e do esquecimento. Sob o relato dos escombros, embora entrecortado pelo errante, é possível, para Gelman (2012, p. 635), questionar: "Quem disse que a cultura não tem cheiro?". A cultura de sua terra, os sabores, os cheiros e a sonoridade passam a figurar na poesia do período do exílio como uma questão relativa à territorialidade, à história e à interdição. Gelman quer salvá-los do silêncio e para isso precisa superar a mudez que lhe foi imposta. Sua poesia sofre inúmeras transformações devido à ação 'exterior' à folha de papel, que levará em si tais mudanças. Portanto, Gelman busca refletir as ações exteriores, o peso da realidade, o desenrolar da história. E fazendo isso, resiste às forças que pretendiam pôr fim à sua vida e à sua escrita. Insere-se da tradição do ato de testemunhar a cultura popular latino-americana e mais que isso: ser parte dela, atravessá-la, reformulá-la, dando movimento e prosseguimento à "herança viva" (Coutinho, 2011) artística popular, que ao longo de sua obra aparece através de elementos do centro aos rincões do continente. Se por todos os lados há uma campanha de apagamento de tal imaginário, de uniformização do espírito, como aquilo que o peruano José Carlos Mariátegui (1927) chamaria de tradicionalismo, por outro, há uma tradição viva, 'nacional-popular'

(Gramsci, 1986), que cresce na contramão, consolidando um espaço de resistência e criatividade nas artes, mas também nas Ciências Humanas de maneira geral, na imprensa alternativa, nas escolas e nas universidades. Os escritos de Juan Gelman se propõem a restaurar a percepção da realidade objetiva ora perdida. Mas deseja mais que isso: quer superar a representação superficial da realidade, sem posicionamento crítico-social, forjada pelo projeto ideológico das elites.

A poesia aqui cumpre um papel desfechitizador. Não há uma concepção por meio de estereótipos e com objetivos pré-determinados como queria, por exemplo, aquela literatura panfletária do século XIX, ou aquelas portadoras de métodos esquemáticos no século XX. Gelman não caiu nessa armadilha e costumava questionar possíveis funções fechadas para a poesia. Em um de seus mais famosos poemas, *Confianzas*, emite sentenças como "'com este poema não tomarás o poder' disse / 'com estes versos não fará a Revolução' disse / 'nem com milhões de versos farás a Revolução' disse / se senta na mesa e escreve" (Gelman, 2012, p. 33), consciente da urgência da escrita, mas também da necessidade de sair dos escritórios e passar às ruas. José Emílio Pacheco, romancista mexicano, amigo e vizinho de bairro de Juan Gelman, dizia que "Gelman nunca acreditou que a poesia seria capaz de frear os tanques, silenciar as metralhadoras ou de parar a *picana*"[10] (Pacheco, 2012, p. 444). O poeta argentino repetia que a poesia não era capaz de mudar o mundo, mas podia, porventura, transformar aquele que a lê, enriquecendo-o e apresentando novos universos, ora desconhecidos.

> o frio dos pobres que um dia triunfarão / range
> no país profundo / torturado / silenciado/
> estala outonando sofrimentos / caem
> folhinhas / aromas secos/ vão à terra / apodrecem
> alimentando a fúria que virá / alma minha

---

10 A *picana elétrica* é um instrumento de tortura criado em 1930 por Leopoldo Lugones Hijo, filho do escritor Leopoldo Lugones e pai da jornalista e militante comunista desaparecida desde 1977, Pirí Lugones. Pirí, irreverente e em tom de denúncia, costumava dizer ao se apresentar: "Pirí Lugones, neta do poeta, filha do torturador".

que assim cresce contra as bestas / me dá
valor ou fogo / permita apodrecer / resistir
para que possa comer a vitória
(2012, p. 444)

A exploração de elementos entre gêneros distintos surge da necessidade da poesia de refletir a realidade complexa e comunicar a palavra daquela geração. Se por um lado, em 1980, o canto de luto era a voz de uma desolação coletiva, por outro, sobrevivia um sentido de esperança que precisava ser comunicado. O poeta apresenta em cenas a Argentina, mostrando-a como um verdadeiro *Hades* urbano, torturado e calado, mas que ali, no poema, passa a ter voz: é possível ler esses versos como a representação das gerações de vencidos, que da terra suplicam por justiça; os pobres que atravessavam sua nação, explorada e saqueada, sentindo frio e abandono. Como parte de uma postura intelectual e artística que quer desfazer a crença no divórcio entre o escrever e o agir, o pensar e o historiar, Gelman vai além de seus limites e de sua perspectiva singular para alcançar outros sujeitos, e assim, realiza um movimento de universalização em sua poesia. Refletir a realidade supõe não apenas uma invenção temática, como obrigatoriamente formal. A forma aqui, como o tema, é social. Carlos Nelson Coutinho explica:

> Só é possível entender plenamente os fenômenos artísticos e ideológicos quando eles aparecem relacionados dialeticamente com a totalidade social, da qual são, simultaneamente, expressão e momento constitutivos. (Coutinho, 1990).

Para tanto, Juan Gelman empreende frequentemente torções no idioma portenho para criar uma cadência e ritmos próprios, que soam como uma poesia com sotaque, numa formação experimental do verso que quer dar conta de um objetivo complexo de exprimir o social não apenas no tema, mas na forma poética. Para tanto, cria uma verdadeira identidade da voz poética, reconhecível pela incorporação de perífrases, elementos da oralidade portenha, com uso frequente de diminutivos, e a progressiva abolição dos sinais de pontuação como uma maneira de ressaltar a força impulsionadora da palavra, capaz de trazer em si o questionamento, a exclamação ou a pausa. A originalidade na forma, que se movimenta através da espontaneidade em direção ao alcance do coloquial, ou seja, uma fala argentina, capaz de unir afetivamente os dizeres despreocupados dos bairros ao verso literário. Ocorre algo como o que diz José Galván, heterônimo do autor, no livro *Hacia el Sur*: "Afundar as palavras na realidade, até fazê-las tornassem delirantes como ela" (2012, p. 557-589). Assim, aos olhos do sujeito poético, se o que é pedra viverá, deverá aparecer no poema em movimento e logo "*debe piedrar*", o substantivo recebe conotação verbal. Gelman, além de abolir a pontuação formal substituindo-a pela barra comum (/)[11], dá ao idioma um tratamento irreverente, criando neologismos que parecem fruto de um comportamento espontâneo do poema, que reformula palavras, mescla-as, num processo de ressignificação. Subitamente, para um estágio sensível entre viver e morrer, o poema alcança um "*vivemuere*" ou se os seus companheiros estão se misturando ao país, acabam "*paisándose*" e se esses foram assassinados, jogados ao mar, sob o sol, foram mortos "*solarmente*". O processo insere o ato da escrita de poesia na materialidade social, consentindo ao autor reter em sua obra as marcas de sua alteridade, ao passo que os vestígios discursivos em sua complexidade se dispõem e permitem ao verso entrelaçar-se à vida, determinando-a e dela sendo determinado. Quando perguntado se sua poesia seria hermética para os leitores, Gelman explica: "Não, o que eu faço é respeitar o leitor, levando-o a ler por dentro". Não podemos, também, esquecer a facilidade com que associou tiros e palavras no período da guerrilha, e quando usou da literalidade crua para falar do desaparecimento do filho e da nora, especialmente em *Carta abierta* (1980). Eduardo Galeano dedicou algumas páginas para refletir sobre o destino do amigo em seu último livro publicado, *Os filhos dos dias* (2012), mas já as encontramos também em *O livro dos abraços* (1991):

---

[11] Desde *Hechos* (1974-1978), seu primeiro livro escrito do exílio, passa a utilizar a barra comum (/) no lugar da pontuação formal. Criação que se incorporará à sua obra até o livro *Incompletamente* (1993-1995).

> O poeta Juan Gelman erguendo-se sobre suas próprias ruínas, sobre seu pó e seu lixo. [...] No lugar dele levaram os filhos porque ele não estava. Como se faz para sobreviver a uma tragédia destas? Digo: para sobreviver sem que a alma se apague. [...] Muitas vezes imaginei essa horrível sensação de vida usurpada, esse pesadelo do pai que sente que está roubando do filho o ar que respira, o pai que no meio da noite desperta banhado em suor: Eu não te matei, eu não te matei (Galeano, 1991, p. 241).

Para Juan Gelman, vencedor do prêmio Cervantes de 2007, o poema sempre foi livre e não terminaria numa página, porque finalmente se misturaria à vida: "este poema/não termina nestas páginas" (Gelman, 2012, p. 347). Essa poesia é herdeira de outras que a possibilitaram existir com sua radicalidade e densidade necessárias. O poeta traz elementos da tradição poética europeia, como ocorre correntemente na arte latino-americana, mas a despeja em um filtro, em que inesperadamente se encontram no visor de um caleidoscópio o continente demoníaco de Carpentier, os povos originários, as modernas cidades subdesenvolvidas, a luta de classes, os movimentos sociais, os subúrbios argentinos, múltiplas e distintas culturas, e um sonho de revolução social. A obra de Juan Gelman se entrelaça a uma tradição poética latino-americana ao cumprir um percurso geopoético, afetivo e político através de nosso continente, se conectando ao imaginário revolucionário e evocando as figuras históricas de Roque Dalton, Paco Urondo, César Vallejo e José Martí, além de Augusto Sandino e Ernesto Che Guevara; em outras ocasiões, de Emiliano Zapata, Farabundo Marti e Camilo Cienfuegos. Esse 'continente' é o mesmo de Alejo Carpentier, que em seu discurso "Literatura e consciência política na América Latina"[12] considera que as suas fronteiras estão ao fim do território mexicano, dizendo: "refiro-me, evidentemente, a um continente que tivesse os seus limites setentrionais no México" (Carpentier, p. 72).

---

[12] Declamado no Primeiro Congresso de Escritores e Artistas Cubanos, em Havana, em agosto de 1961.

Mario Benedetti (1972) não compara Gelman ao peruano César Vallejo à toa: na poesia dos dois há a crítica à sociedade opressora de maneira impressionante, pois ambos encarnam o social na forma, para além do conteúdo. Aliás, como compreendia que escrever poesia era sinônimo de adentrar ao que mais lhe apaixonava, Gelman versou sobre o quadro histórico em que viveu e o destino dos homens de seu tempo, mas também sobre outros temas que também compunham a sua realidade, como o tango, a cidade, as mulheres, o amor, as crianças e o ato da escrita. Ao falar sobre a história e os homens de seu tempo, tais poemas permitem credenciá-lo numa tradição popular de poetas latino-americanos. A propósito, diz o também argentino Júlio Cortázar:

> Quando Juan propõe uma questão, parece que ele está nos incitando a nos voltarmos com mais lucidez até o passado para depois sermos mais lúcidos diante do futuro. Não soubemos fazer as perguntas a tempo, as que despem, que violam, que rasgam de cima abaixo as peles do conformismo e da consciência amena. Não soubemos nos encarar no espelho da nossa verdadeira realidade argentina; e se algo nos trazem hoje os poemas de Juan Gelman é uma atitude, um modo um tanto reflexivo e instintivo de buscar o que de verdade somos, sem as simplificações às vezes suicidas que nos afastaram tanto do que é nosso. (Cortázar, 2012, p. 433)

Cortázar se refere à geração dos vencidos, que na poesia de Gelman (2012, p. 453) são "companheirinhos que não terminam", e que chegam até o presente comunicando a verdade, algo como aquilo que Walter Benjamin fala em suas *Teses sobre o conceito de história*: "um encontro secreto está então marcado entre as gerações passadas e a nossa" (Benjamin *apud* Löwy, 2005, p. 48). Afinal, a obra de Gelman revela também um modo de estar nas artes, especificamente na literatura, já que a tradição em que se insere não se seduz pela "negação da realidade" na poesia, fazendo valer as palavras de Florestan Fernandes presentes na epígrafe deste artigo, e o que Candido analisa em seu clássico ensaio "A compreensão da realidade" (1959):

> Quase sempre os escritores alcançam a plenitude quando são capazes de passar do subjetivismo adolescente — que faz da realidade um conjunto de impressões e emoções — para uma posição de análise objetiva que reconhece a existência própria do mundo onde o sujeito se insere (Candido, 2008, p. 33).

Juan Gelman morreu de causas naturais aos 84 anos, na Cidade do México, em 2014. Sua poesia segue se interligando às longas tradições culturais da América Latina, revelando inúmeras fontes em que bebeu e sendo alimento para novas gerações, que leem versos como: "alguma vez ao sol da justiça / caminharemos" (Gelman, 2012, p. 447).

BENEDETTI, Mario. *Los poetas comunicantes.* Montevideo: Marcha Editores, 1972.

CALVEIRO, Pilar. *Poder e desaparecimento*: os campos de concentração na Argentina. São Paulo: Boitempo, 2013.

CANDIDO, Antonio. *O observador literário.* Rio de Janeiro: Ouro sobre Azul, 2008.

CARPENTIER, Alejo. "Literatura e Consciência Política na América Latina". *In*: *Literatura e Consciência Política na América Latina.* Lisboa: Publicações Dom Quixote. Não datado.

CASTRO, Fidel. *40 años de discursos-diálogos.* Buenos Aires: *Editoral Nuestra America*, 2004.

COUTINHO, Eduardo Granja. *Velhas histórias, memórias futuras.* Rio de Janeiro: ed. UFRJ, 2011.

COUTINHO, Carlos Nelson. *Cultura e sociedade no Brasil*: ensaios sobre ideias e formas. Belo Horizonte: Oficina de Livros, 1990.

ESQUIVADA, Gabriela. "El huevo de la serpiente". *In*: *Noticias de los Montoneros — La historia del diario que no pudo anunciar la Revolución.* Buenos Aires: Sudamericana, 2009.

FERNANDES, Florestan. *Que tipo de República?* São Paulo: Globo, 2007.

GALEANO, Eduardo. *As veias abertas da América Latina.* Porto Alegre, LP&M, 2013.

GALEANO, Eduardo. *Os filhos dos dias.* Porto Alegre: LP&M, 2012.

GALEANO, Eduardo. *O livro dos abraços.* Porto Alegre: LP&M, 1991.

GELMAN, Juan. *Poesía reunida.* Tomo I. Buenos Aires: Seix Barral, 2012a.

GELMAN, Juan. *Poesía reunida.* Tomo II. Buenos Aires: Seix Barral, 2012b.

GELMAN, Juan. ["*Me distraje. Llegué a los 75 sin darme cuenta*"]. Buenos Aires, 2006. Entrevista concedida a Susana Viau para Pagina/12. Disponível em: **http://www.pagina12.com.ar/diario/sociedad/3-64096-2006-03-10.html**. Acesso em 20/12/2024.

GRAMSCI, Antonio. *Literatura e vida nacional*. Rio de Janeiro: Civilização Brasileira, 1986.

GRUPPI, L. *O conceito de hegemonia em Gramsci*. Rio de Janeiro, Graal, 1978.

LÖWY, Michel. *Walter Benjamin: aviso de incêndio*. São Paulo: Boitempo, 2005.

MARIÁTEGUI, José Carlos. *Heterodoxia de la tradición*. Mundial, Lima, 1927.

MERO, Roberto. *Contraderrota, Montoneros y la Revolución Perdida — Conversaciones con Juan Gelman*. Buenos Aires: Sudamericana, 2014.

NEPOMUCENO, Eric. *A memória de todos nós*. Rio de Janeiro: Record, 2005.

NOVARO, M.; PALERMO, V. "Apesar do medo". *In*: *A ditadura militar argentina*. São Paulo: edUSP, 2007.

URONDO, Paco. apud.: REDONDO, Nilda. *El compromisso político y la literatura*. Universidad Nacional de Quilmes, Buenos Aires, 2001.

Intelectuais e educação: retomando as sendas do pensamento de Gramsci

ANITA HELENA SCHLESENER

A exigência de que Auschwitz não se repita é primordial em educação. Ela precede tanto a qualquer outra, que acredito não deva e nem precise justificá-la.

[T.W.ADORNO]

Introdução

A epígrafe acima nos motiva a algumas observações de natureza geral, num momento em que recrudesce a barbárie com o assassinato sistemático de líderes políticos e o genocídio de populações inteiras sem qualquer reação efetiva dos organismos internacionais. Ante a violência instaurada, algumas formas de resistência ocorrem aqui e ali, mas, em linhas gerais, a população mundial se mostra estática, inerte ante uma barbárie que se naturaliza e toma conta do cotidiano, no uso sistematizado das novas tecnologias para o extermínio em massa em nome de ideais religiosos usados para a consolidação de interesses geopolíticos. A questão de como é possível que tais ações aconteçam sem que se formem resistências consistentes que possam inviabilizá-las tem relação com a ação permanente dos meios de comunicação de massa. Tais observações evidenciam o fracasso da civilização ocidental, que traz implícito o insucesso da educação em geral, cuja expressão maior se apresenta no ressurgimento de movimentos de extrema direita que fazem da violência um dos seus instrumentos de ascensão ao poder.

A história pode mostrar vários momentos de barbárie, mas a atual sempre aparece como absoluta, inigualável em sua violência e nas estratégias de perpetuar-se a partir dos novos instrumentos de comunicação de massa. Mais violenta porque supera todos os limites do humano e porque acena para o fim da humanidade. Estamos vivendo um tempo no qual, como acentua Gramsci (1977), o velho morre e o novo não consegue nascer, numa paralisação do tempo que abre a senda para o que há de mais mórbido e patológico. Mas a história também assinala momentos nos quais a extrema barbárie foi confrontada com a resistência mais incisiva, a expor que o sofrimento extremo também pode gerar a determinação e a firmeza do agir transformador. Crises são superadas e a educação se aperfeiçoa no processo de renovação, ações que cabem aos intelectuais. "Somente de um trabalho comum e solidário de esclarecimento, de persuasão e de educação recíproca nascerá a ação concreta de construção" (Gramsci, 1975, p. 10).

A atualidade do pensamento de Gramsci para discorrer sobre o tema dos intelectuais e a educação se apresenta no conceito de hegemonia tomado na perspectiva de correlação de forças, o que nos dá condições de entender a construção de um novo desenho geopolítico mundial. Embora seus escritos resultem da realidade econômica e social do início do século XX, o cenário político por ele analisado nos permite explicitar os modos como as relações de poder se constroem na sociedade capitalista para que a dominação econômica se sustente e se consolide por meio da pequena política e da ideologia, que se instituem como prática de poder.

Na realidade mundial deste início do século XXI, quando os meios de comunicação de massa tomaram proporções inusitadas na formação de um modo único de pensar e na reprodução das estruturas mais conservadoras e mesmo oligárquicas que entravam nosso desenvolvimento, quando o obscurantismo religioso se propõe discriminar e mesmo destruir as sofridas conquistas dos povos oprimidos, entre eles as mulheres, os negros, os indígenas, retomar o contexto histórico e o pensamento de Antonio Gramsci nos parece urgente e fundamental.

A centralidade da política em seus escritos tem como pressuposto a luta de classes, da qual se definem os conceitos de educação e de cultura:

a educação apresenta-se como um processo de formação que ocorre ao longo da vida, na medida em que nos inserimos em determinadas condições sociais. Nesse contexto, as proposições educativas deveriam responder aos interesses de classe, tanto que já em 1916, no artigo "A primeira pedra", referindo-se a um colóquio de pedagogos e psicólogos que debatiam a educação popular, Gramsci salienta que:

> É necessário mudar de curso, é necessário dar ao programa de educação do povo um conteúdo real, derivado da consciência imediata e direta das suas necessidades e das suas aspirações, dos seus direitos e deveres. A história pedagógica demonstra que toda classe que empreendeu a conquista do poder tornou-se idônea mediante uma educação autônoma (Gramsci, 1980, p. 642).

A cultura, por sua vez, enraíza-se na história de um povo encontrando expressão nas suas ações e não pode ser abordada de modo abstrato. Para Gramsci, a educação do povo não deveria ser discutida por intelectuais que fazem parte da elite dominante, mas sim estar nas mãos do povo, assim como a elaboração de sua cultura; mediadas pela política, ambas se apresentam como condições para a elaboração de uma nova concepção de mundo.

Na realidade social vigente, tem-se a política permeada pela cultura, que faz com que a luta de classes não se apresente como um confronto de projetos sociais conflitantes, chegando ao ponto de encobrir a própria existência de contradições e conflitos, fazendo com que a luta de classes "se exerça 'clandestinamente' para a maioria da população". A cultura "é a forma pela qual os hábitos, os saberes, os costumes dos dominantes assumem o caráter de *horizonte ideológico*" (Dias, 2014, p. 37, grifo do autor).

Nesse contexto, a tarefa política e cultural dos intelectuais assume grande relevância nas reflexões de Gramsci, tanto que ele se propunha escrever uma história dos intelectuais, tarefa que iniciou, mas não conseguiu concluir pela dimensão bibliográfica que esse trabalho comportava. Cabe lembrar que, embora na prisão, Gramsci teve como base referencial para a análise da ação dos intelectuais a sua militância política junto aos Conselhos de Fábrica e a importância da formação política e cultural para a organização dos movimentos populares. Nos *Cadernos do cárcere*, analisa elementos que deveriam ser considerados ante o fracasso dos movimentos populares, como o cosmopolitismo dos intelectuais, a sua erudição e o seu distanciamento das massas. E, em muitas passagens desses escritos, a noção de 'intelectuais' está relacionada com os conceitos de educação e de hegemonia.

Iniciamos com algumas breves reflexões sobre hegemonia e intelectuais a fim de evidenciar a relevância da direção intelectual e moral no âmbito da construção concreta da formação social, pressupondo que as condições estruturais envolvem as relações recíprocas entre economia, política e ideologia expressas na noção gramsciana de bloco histórico. A "estrutura e as superestruturas formam um 'bloco histórico'" enquanto articuladas, interdependentes, condicionantes e condicionadas (Gramsci, p. 1051), ou seja, não se pode atribuir a Gramsci um marxismo cultural, porque a cultura, enquanto expressão dos modos de vida, é a forma significante das forças materiais, que são o seu conteúdo. Salientar esta inter-relação e reciprocidade na enunciação do conceito de bloco histórico é fundamental para entender o embate das forças sociais nas relações de hegemonia e a atuação dos intelectuais no processo de correlação de forças.

Em seguida, abordamos a tarefa dos intelectuais no processo de emancipação dos subalternos, os quais precisam organizar-se inicialmente de forma espontânea para formar os seus próprios intelectuais, fruto das formas de resistência e de organização nascidas da luta por uma nova sociabilidade.

Finalmente, tratamos do significado e da importância da educação articulada a um novo projeto de sociedade, visto que a formação integral envolve não apenas a escola, mas a elaboração de uma nova concepção de mundo no movimento da luta de classes.

Algumas noções essenciais para entender a realidade efetiva

Iniciamos abordando a noção de hegemonia a fim de acentuar a importância da ação dos intelectuais no âmbito das relações sociais vigentes e seus desdobramentos no campo educacional. Se todos são intelectuais, embora apenas alguns exerçam essa função no âmbito das relações de hegemonia, cabe entender o significado e a relevância dessa atividade no contexto da sociedade burguesa.

Considerando a estrutura econômica e social e sua articulação com a superestrutura política e ideológica, os intelectuais exercem funções "organizativas e articuladoras": são "os 'prepostos' do grupo dominante para o exercício das funções subalternas da hegemonia social e do governo político". Exercem uma atividade formativa, organizando o "consenso 'espontâneo' das grandes massas da população à direção impressa na vida social pelo grupo fundamental dominante". Também exercem funções de hegemonia no "aparelho de coerção estatal que assegura 'legalmente' a disciplina daqueles grupos que não 'consentem' nem ativa nem passivamente" (Gramsci, 1977, p. 1519).

Os significados de hegemonia se modificam ao longo dos cadernos conforme a realidade que se quer analisar: em alguns momentos, o conceito é relacionado à direção; em outros, ao domínio; e, em outros, ainda como equilíbrio entre domínio e direção. Nesse contexto, tem-se que reconhecer a relevância da atuação dos intelectuais.

Iniciamos com a definição que aparece nas análises da atuação da Ação Francesa, movimento conservador a partir do qual Gramsci reflete sobre a atuação dos intelectuais. Gramsci explicita a noção de hegemonia para examinar a formação político-nacional francesa que gerou as condições para a ascensão dos conservadores até o ponto culminante da crise em 1925. Não se sabe se intencionalmente ou se em virtude do material bibliográfico ao qual ele tinha acesso no presídio, a verdade é que Gramsci analisou muitos movimentos de direita e suas estratégias ao longo dos 29 cadernos escritos no cárcere. Partimos do Caderno 13:

> O exercício "normal" da hegemonia no terreno do regime parlamentar, que se tornou clássico, é caracterizado pela combinação de força e consenso, que se equilibram de várias maneiras, sem que a força supere em muito o consentimento, na verdade, tentando fazer com que a força pareça apoiada no consenso da maioria, expresso pelos chamados órgãos da opinião pública — jornais e associações — os quais, portanto, em determinadas situações, são artificialmente multiplicados (Gramsci, 1997, p. 1638).

Esse equilíbrio entre força e consenso é instável e se rompe nos momentos de crise política, gerada, a maioria das vezes, por crise econômica, mas também pelas disputas políticas internas que ocorrem entre tendências antagônicas, gerando crises políticas. A "crise apresenta-se praticamente na dificuldade de formar governos e na crescente instabilidade dos próprios governos" (Gramsci, 1977, p. 1639), tendo repercussão na formação e no funcionamento interno do parlamento e dos partidos, que encontram dificuldade em exercer a direção.

A mediação política e cultural entre as classes dominantes e a sociedade é realizada pelos intelectuais, cuja tarefa nas disputas internas visa tanto a manutenção no poder quanto a formação ideológica das massas no sentido de um consenso passivo. Essa atuação ocorre no interior da democracia parlamentar, nos partidos políticos e nas instituições culturais (universidades, etc.), como uma disputa permanente. A análise gramsciana da história francesa desde a revolução jacobina até a ascensão da direita demonstra a correlação de forças entre os partidos que resulta em manobras e reformas legislativas no caminho conservador:

> O que os monarquistas esperam para se tornarem capazes de assumir o poder e restaurar a monarquia? Esperam o colapso do regime parlamentar burguês e a incapacidade de qualquer outra força organizada existente para se tornar o núcleo político de uma ditadura militar previsível ou pré-organizada por eles próprios; de nenhuma outra forma suas forças sociais estariam em condições de conquistar o poder (Gramsci, 1977, p. 1636).

Dessa perspectiva, os interesses hegemônicos em uma democracia parlamentar não se efetivam na dimensão da manutenção da democracia, mas sim na preservação dos grupos no poder que, para a sua continuidade, podem recorrer à "corrupção-fraude (que é característica de certas situações de difícil exercício da função hegemônica)" (Gramsci, 1977, p. 1638), mecanismo que serve ainda para a absorção dos dirigentes dos grupos antagonistas.

As análises conjunturais são necessárias para identificar a correlação de forças e apreender suas implicações econômicas, sociais e políticas para desnudar o cenário da luta de classes e seus elementos ideológicos, tanto na prática dos partidos quanto nas instituições culturais. Na sua análise da formação político-nacional francesa, Gramsci acentua a importância da formação dos intelectuais nos partidos políticos, que resultou em "governantes qualificados" por meio "desse mecanismo muito estruturado e articulado", com intelectuais bem "disciplinados nos centros nacionais de cultura". A fraqueza da hegemonia burguesa "consistia na aliança entre clericalismo e monarquismo" e que gerou sérios conflitos (Gramsci, 1977, p. 1638).

Numa democracia parlamentar, as ações políticas são obnubiladas por um procedimento mistificador que perpassa as instituições culturais aprisionando as classes subalternas no horizonte ideológico burguês. Na história moderna, intelectuais de esquerda atuaram para fortalecer o processo de mistificação da realidade. Basta lembrar os discursos da social-democracia no início do século XX, o mito do progresso, paralisante para as classes subalternas, assim como o mito do desenvolvimento industrial como etapa para a emancipação integral da sociedade, e ainda o stalinismo, como ditadura de Estado que mistificou todo o processo de construção do socialismo.

A cooptação dos dirigentes originários dos grupos subalternos se faz a partir das limitações políticas impostas pela sociedade capitalista e pela ilusão de que é possível transformar a sociedade por meio de reformas. Como acentua Dias (2014, p. 23, grifos do autor), a "tarefa dos intelectuais das classes subalternas é construir *com* elas, e não *sobre* elas, a inteligibilidade do real, a crítica aos mitos imobilizantes, a possibilidade da elaboração de projetos e práticas de transformação social". As reformas são paliativas, resolvem problemas imediatos, mas são absorvidas pelo sistema capitalista para a sua renovação. É necessário "decifrar o procedimento mistificatório" e iniciar "um processo de emancipação ideológico de construção" da identidade de classe.

Gramsci demonstra em seus escritos carcerários a incapacidade de uma determinada esquerda (social-democrata ou materialista vulgar) de compreender o movimento histórico, enquanto a direita instrumentaliza a política e recorre a estratégias ideológicas para manter as massas em um limbo de inconsciência política por meio de sua ação cultural. Para Dias (2014, p. 25), ao longo da história, a "esquerda, ao viver o modo burguês, acabou por perder seus referenciais classistas tornando-se, ela própria, burguesa".

A ação dos intelectuais é fundamental para a manutenção da ordem ou para a sua transformação, o que podemos constatar nos fragmentos dedicados ao estudo dos 'herdeiros do Padre Bresciani', intelectuais vinculados à corrente católica jesuítica e outros literatos laicos que Gramsci considera, em linhas gerais, como intelectuais medíocres, com uma atuação muitas vezes grotesca, mas de grande valia para a estratégia de dominação burguesa, que forma uma elite de intelectuais desligados e distantes dos problemas das classes populares, mas que cumprem o "objetivo não declarado de lutar contra o bolchevismo e o comunismo" (Medici, 2014, p. 41).

Esse tema é relevante na medida em que "todo grupo social, surgindo na história a partir da estrutura econômica, encontra ou encontrou, na história, pelo menos até agora, categorias intelectuais pré-existentes", ou seja, categorias que expressam formações sociais e políticas já superadas, mas que continuam presentes no senso comum; são intelectuais tradicionais que, "por longo tempo monopolizaram alguns serviços essenciais (a ideologia religiosa, a escola, a instrução e a 'teoria' em geral: a ciência, a filosofia, a moral, a justiça, etc.)" e que continuam atuando no novo contexto social com uma "certa autonomia em relação ao grupo social dominante" (Gramsci, 1977, p. 475). Esses intelectuais têm uma "função na 'hegemonia' que o grupo dominante exerce em toda a sociedade e no 'domínio' que se encarna no Estado". Considerando a realidade italiana e a atuação política e cultural da Igreja Católica, esses intelectuais têm uma atuação "'organizativa' ou 'conectiva'", ou seja, contribuem para "organizar a hegemonia social de um grupo e sua dominação estatal" (Gramsci, 1977, p. 476), principalmente pela disseminação de sua ideologia.

Considerada no âmbito da luta de classes, a atuação de tais intelectuais se evidencia contraditória, visto que podem ser provindos das classes subalternas, mas atuar em favor da manutenção da ordem vigente. O fato de não reconhecerem sua identidade de classe ocorre porque a "história dos grupos sociais subalternos é necessariamente desagregada e episódica", ou seja, tais grupos tendem à unificação, mas essa é "continuamente despedaçada pela iniciativa dos grupos dominantes", que os emparedam na concepção de mundo burguesa, principalmente pela ação dos intelectuais. Os grupos subalternos "sempre sofrem a iniciativa dos grupos dominantes, mesmo quando se rebelam e se insurgem: apenas a vitória 'permanente' rompe, e não imediatamente, a subordinação" (Gramsci, 1977, p. 2283-2284).

Esses intelectuais tradicionais exercem uma função fundamental para a formação do senso comum e a manutenção da ordem, principalmente pelas atribuições culturais que assumem no contexto social. Já os intelectuais modernos, vinculados à indústria e à realidade urbana, têm uma nova incumbência a partir de sua formação, exercendo uma função essencialmente política: esse intelectual é "construtor, organizador, 'persuasor permanente'"; da "técnica-trabalho alcança a técnica-ciência e a concepção 'humanístico-histórica', sem a qual se permanece 'especialista' e não se vem a ser 'dirigente' (especialista da política)" (Gramsci, 1977, p. 514). Entende-se, a partir desse contexto, que se trata de um processo longo e difícil, pleno de contradições, no qual o movimento de formação e de ampliação da camada dos intelectuais orgânicos das classes populares precisa ser acompanhado por "um movimento análogo da massa dos simples, que se eleva a níveis superiores de cultura e simultaneamente amplia os limites de sua influência", num encadeamento entre política e formação cultural que eleva indivíduos e grupos "em direção às camadas dos intelectuais especializados" (Gramsci, 1977, p. 1386).

Conforme Dias (2012, p. 92), a questão dos intelectuais das classes populares, para Gramsci, implicava compreender por que havia, entre as direções e as bases, um distanciamento teórico-político que precisava ser resolvido. Esse problema só poderia ser resolvido por meio da formação política e cultural, que não podia ocorrer a partir da direção de uma vanguarda partidária atuando sobre as massas, mas precisava nascer de movimentos sociais organizados:

> É evidente que uma construção de massa de tal gênero não pode acontecer 'arbitrariamente', em torno de uma ideologia qualquer, pela vontade formalmente construtiva de uma personalidade ou de um grupo que se proponha por fanatismo de suas próprias convicções filosóficas ou religiosas (Gramsci, 1977, p. 1392-1393).

Trata-se de formar intelectuais a partir de um movimento concebido como "momento inicial de um período orgânico a preparar e a desenvolver, no qual a participação da coletividade orgânica, como bloco social, acontece de modo completo", de modo que os "intelectuais se sintam ligados organicamente a uma massa nacional-popular". Trata-se de estimular a "formação de blocos sociais homogêneos e compactos que exprimam um grupo de intelectuais", uma "vanguarda sua própria, que reaja no seu bloco para desenvolvê-lo e não queira somente perpetuar o seu domínio errante" (Gramsci, 1977, p. 1676).

A questão central é, precisamente, entender que todos são intelectuais e que todos têm condições de dirigir, basta que tenham acesso a uma formação adequada; essa é uma das bases para a reflexão sobre a emancipação dos subalternos.

Notas sobre a emancipação dos subalternos

Para as classes subalternas, a sua organização política implica a formação e a atuação de um partido político que forme novos intelectuais. Deve-se desmistificar a concepção comum de que os intelectuais têm capacidades naturais especiais quando, na verdade, são privilegiados por terem recebido a possibilidade de educar-se. Na verdade, "criar uma nova cultura não significa fazer individualmente descobertas 'originais', mas sim difundir criticamente as verdades já descobertas e 'socializá-las'" (Gramsci, 1977, p. 1377), ou seja, os intelectuais orgânicos têm a tarefa de criar os elos entre teoria e prática para um novo ordenamento intelectual e moral.

> A organicidade de pensamento e a firmeza cultural poderia existir somente se entre intelectuais e os simples houvesse a mesma unidade que deve existir entre teoria e prática; ou seja, se os intelectuais fossem organicamente os intelectuais daquelas massas, se tivessem elaborado e tornado coerente os princípios e os problemas que aquelas massas colocavam a partir de sua atividade prática, constituindo assim um bloco cultural e social (Gramsci, 1977, p. 1382).

A construção e a manutenção de uma hegemonia dependem essencialmente dos intelectuais, e o seu distanciamento das classes populares é, para as classes dominantes, uma necessidade para o mascaramento das relações sociais e a preservação da ordem vigente. E tudo se torna mais fácil com a fragmentação do saber, da cultura e a carência de todo o necessário para uma educação integral e emancipadora.

Por não conseguirem unificar-se, as classes subalternas sofrem momentos de recuo e suas lutas precisam ser constantemente reiniciadas e continuamente reconstruídas até se alcançar a "autonomia integral" no movimento revolucionário que nosso autor denomina "espírito de cisão" (Gramsci, 1977, p. 2288). Por isso é tão importante a tarefa dos intelectuais como incentivadores e impulsionadores das iniciativas populares e de sua organização política na formação e atuação de um partido político enquanto espaço de "convivência coletiva na qual toda a massa deve ser educada", num processo de formação política e cultural para assimilar os princípios necessários para a direção política. "Deste ponto de vista os partidos podem ser considerados como escolas de vida estatal" (Gramsci, 1977, p. 920).

Formar seus próprios dirigentes implica colocar-se como objetivo a construção de um projeto político que corresponda ao "espírito de cisão", pressupondo que a divisão milenar entre dirigentes e dirigidos não é natural, mas é histórica e, como tal, pode ser suprimida. Compreender que a verdadeira "tendência democrática, intrinsecamente, não pode significar apenas que um operário manual se torne qualificado, mas que cada 'cidadão' possa se tornar 'governante'" (Gramsci, 1977, p. 1548). E isso não apenas formalmente, como acontece na sociedade burguesa, mas concretamente, em condições de participação efetiva.

Esse tema perpassa os Cadernos e nos demonstra que Gramsci sempre se posicionou contra uma vanguarda dirigente destacada dos grupos que pretende representar; quando isso acontece no interior de um partido político ou de um sindicato, esses desembocam em uma burocracia que paralisa qualquer movimento. "Se o intelectual não compreende e não sente, as suas relações com o povo-massa são ou se reduzem a relações puramente burocráticas, formais". Cria-se um distanciamento que se torna, com o tempo, insuperável: "os intelectuais tornam-se uma casta ou um sacerdócio" (Gramsci, 1977, p. 452).

> Se a relação entre intelectuais e povo-nação, entre dirigentes e dirigidos, entre governantes e governados, acontece como uma relação orgânica, na qual o sentimento-paixão torna-se compreensão e, portanto, saber [...] só então a relação é de representação (Gramsci, 1997, p. 1450).

Essa colocação se fundamenta na experiência dos Conselhos de Fábrica, aqui retomados para frisar que, em 1919-1920, os fatos 'espontâneos', nascidos da organização política dos trabalhadores, "lesavam interesses partidários, abalavam posições adquiridas", tanto que a Confederação e o Partido se uniram e decidiram acordos que prejudicaram o movimento. Gramsci compara os acordos pela retirada dos operários das fábricas à concordata entre Estado e Igreja:

> Um documento excepcional desta separação entre representados e representantes é constituído pelo chamado pacto de alianças entre confederação e partido, que pode ser comparado a um acordo entre Estado e Igreja. O partido que é, em embrião, uma estrutura estatal, não pode admitir nenhuma divisão de seus poderes políticos, não pode admitir que uma parte dos membros se coloque como possuidores de igualdade de direitos, como aliados do "todo", assim como um Estado não pode admitir que uma parte de seus súditos, para além dos limites da lei geral façam, com a mediação de uma potência estrangeira, um contrato especial de convivência com o próprio Estado (Gramsci, 1977, p. 320).

Para Gramsci, os Conselhos de Fábrica, nascidos espontaneamente no interior das fábricas e construindo sua organização política, expressavam o embrião de um novo Estado e não podiam ser desarticulados a partir de interesses partidários e parlamentares que demonstram que instituições importantes para a organização e fortalecimento do movimento acabam por separar-se de suas bases, "tornam-se capazes de construir pactos e assumir compromissos" (Gramsci, 1975, p. 547) sobrepondo-se aos interesses das massas. Assim, de intelectuais orgânicos da classe operária, tornam-se aliados do empresariado e seus funcionários. A partir desses acordos, o movimento começa a refluir e termina.

As relações de hegemonia enquanto processo educativo

Gramsci aborda a educação, a cultura, em geral, e a literatura, em particular, como expressão do conjunto das relações políticas em seu sentido amplo, ou seja, como luta de classes. A educação se efetiva nas relações sociais e políticas, de modo que as relações de hegemonia também são entendidas como processo educativo; as classes subalternas têm a escola como instância formativa, mas sua educação se realiza ainda por meios de comunicação de massa, além dos elos culturais de suas tradições e das iniciativas de resistência que podem nascer de suas relações sociais e que se efetivam em sindicatos, partidos, associações de cultura, instâncias que desenvolvem sua capacidade teórica e cultural na formação de uma concepção de mundo coerente e unitária. O problema se apresenta na relação entre os intelectuais em geral e o senso comum, nas suas variadas formas de expressão, atuando como um entrave para a formação de classe.

Em vários momentos dos *Cadernos do cárcere*, Gramsci aborda a separação entre intelectuais-povo no contexto da realidade italiana, um desligamento que se traduz no distanciamento entre cultura popular e cultura de elite, tanto na expressão linguística quanto na literatura; esse afastamento não permite que os intelectuais percebam a riqueza do espírito criativo popular; a mediação poderia ser efetuada pela escola, cuja importância para as classes subalternas se daria por uma formação integral, ou seja, uma formação que viabilizasse a formação de um pensamento autônomo e crítico.

> A democracia política tende a fazer coincidir governantes e governados (no sentido de governo com o consentimento dos governados), assegurando a cada governado o aprendizado gratuito das capacidades e da preparação técnica geral necessárias a esta finalidade. Mas o tipo de escola que se desenvolve como escola para o povo não tende nem sequer a conservar a ilusão, porque ela se organiza sempre mais de modo a restringir a base da camada governante tecnicamente preparada (Gramsci, 1977, p. 1548).

Os vários escritos nos quais Gramsci procura mostrar os limites da democracia burguesa são elucidativos quanto à importância dos espaços de formação integral e quanto à necessidade de as classes subalternas criarem alternativas para essa formação e emancipação política a partir de seu processo de organização política. A partir de suas lutas e de suas aspirações latentes, as classes subalternas precisam, na leitura de Gramsci, formar um novo tipo de intelectual, articulado com seus interesses de classe e, para isso, seria necessária uma nova escola que formasse cidadãos críticos, capazes de se tornarem dirigentes, ou seja, capazes de desenvolver ao menos a capacidade de controlar seus governantes.

Dessa perspectiva, Gramsci salienta a necessidade de uma escola de educação integral, pública e laica, capaz de propiciar o acesso ao conhecimento em todas as suas formas, mas também historicizar conhecimentos e relações, a fim de proporcionar uma formação crítica e coerente. Além da escola e das associações de cultura, o partido político exerce uma função fundamental como "organizador de uma reforma intelectual e moral", a fim de criar as condições para o "desenvolvimento posterior da vontade coletiva nacional-popular em direção a uma forma superior e total de civilização moderna" (Gramsci, 1977, p. 1560).

A educação é um processo permanente de formação que, para as classes subalternas, não pode se concentrar na atividade individual e teórica de um sujeito, mas no processo de organização política e de resistência à dominação, na relação teoria e prática em vista de um novo projeto de sociedade. Neste contexto, a tarefa educativa e formativa visa a "criar novos e mais altos tipos de civilização", adequando "a moralidade das mais amplas massas populares às necessidades do contínuo desenvolvimento do aparelho econômico de produção" (Gramsci, 1977, p. 565-566).

> Os intelectuais orgânicos de um grupo social assimilam os intelectuais tradicionais na medida em que cumprem sua função fundamental de elevar os membros 'econômicos' de um grupo social para a qualidade de 'intelectuais políticos', de organizadores de todas as funções inerentes ao desenvolvimento orgânico de uma sociedade integral, civil e política (Gramsci, 1977, p. 478).

Esta se apresenta como a tarefa da filosofia da práxis: elevar as classes populares a um nível superior de cultura a partir da relação entre teoria e prática, da fusão entre uma cultura elaborada, como o Renascimento, e a cultura popular, organizada pela Reforma protestante. Para tanto, a crítica ao duplo revisionismo de Marx efetuado pelos intelectuais de esquerda e a análise da atuação dos intelectuais tradicionais, tarefa que se propôs no início dos Cadernos, mas que não conseguiu concluir pela precariedade das condições prisionais.

A tarefa de formação de novos intelectuais é essencialmente do partido político, que tem a função de formar um corpo teórico-prático num movimento metodológico que instaure uma relação orgânica entre os participantes para gerar um modo de pensar e agir unificados e conscientes (Gramsci, 1977). Uma tarefa na qual todos nós falhamos até o momento, visto a ascensão da extrema-direita e o caos internacional instaurado pelas ambições geopolíticas de alguns dirigentes, que são elevados pelo voto à governança de Estados e que, depois de eleitos, assumem decisões insanas, absurdas e irracionais.

Breve conclusão

Retomar o pensamento de Gramsci num momento tão crucial como o que estamos vivendo, presenciando em tempo real o massacre de populações civis na intenção de limpeza étnica (só esse nome já demonstra a barbárie atual que supera Auschwitz), nos coloca a questão de como retomar a crítica e as estratégias de superação deste momento com atitudes decisivas de luta e enfrentamento. O que esperar dos governantes e atuais dirigentes ante os limites que vislumbramos na atividade dos intelectuais? Os meios de comunicação de massa demonstram a eficácia da ideologia na naturalização e na justificação de uma realidade desprezível que se efetiva como genocídio de populações civis. Intelectuais de direita, e também alguns teóricos da esquerda, "expressam claramente a concepção de que o capitalismo é inexorável e que passará por mais esta crise" e outra, e outra, reestruturando-se e se perpetuando. Uma esquerda que se adequa e passa a defender reformas: a "captura da subjetividade antagonista é uma necessidade para a ordem capitalista, assim como a incorporação de lógicas que não permitam questionamentos estruturais ao seu estoque teórico-prático" (Dias, 2014, p. 26).

Partindo de Gramsci, somente a resistência das classes oprimidas na sua organização política e elaboração de uma concepção de mundo articulada a um projeto de sociedade pode alterar a situação de barbárie que estamos vivendo. A atividade de um intelectual de esquerda precisa ser de resistência em duas grandes frentes que são centrais: a primeira é a de contribuir para a elaboração de concepções críticas de mundo e a segunda, que se articula com a primeira, é esclarecer as condições concretas nas quais se produziu o presente a partir da elucidação da verdade sobre o passado. Somente assim se pode falar em emancipação dos subalternos.

A barbárie em curso precisa terminar para que possamos continuar vivendo; ante tanto cinismo, tanta desfaçatez, tanta hipocrisia dos governantes, é preciso ter alguma esperança de que floresçam novas formas de resistência, de que os líderes mundiais se deem conta do absurdo e do irracional que determina suas ações e que as populações reajam à paralisia ideológica que as domina. A educação pode dar respostas a longo prazo, mas a barbárie exige ações urgentes, vindas de organismos internacionais, de governantes e, principalmente, de uma esquerda que, há muito tempo envolta no mito do desenvolvimento gradual, capitulou ideologicamente e não consegue reagir. Compreender o real, retomar o caminho a partir do zero, quem sabe repensar o processo educativo e o sentido da emancipação humana: esta é a tarefa da educação.

ADORNO, Theodor W. *Palavras e Sinais (Modelos Críticos 2)*. Petrópolis: Vozes, 1995.

DIAS, Edmundo Fernandes. "Notas sobre a hegemonia". *In*: SCHLESENER, A. H. *Filosofia, Política, Educação*. Curitiba: Ed. UTP, 2014.

DIAS, Edmundo Fernandes. *Gramsci em Turim: a construção do conceito de hegemonia*. São Paulo: Xamã, 2000.

DIAS, Edmundo Fernandes. *Revolução passiva e modo de vida: ensaios sobre as classes subalternas, o capitalismo e a hegemonia*. São Paulo: Sundermann, 2012.

GRAMSCI, Antonio. *Quaderni del Carcere*. Torino: Einaudi, 1977 (4 v.).

GRAMSCI, Antonio. *L'Ordine Nuovo* (1919-1920). Torino: Einaudi, 1975.

GRAMSCI, Antonio. *Cronache Turinesi* (1913-1917). Torino: Einaudi, 1980.

MARX, Karl e ENGELS, Friedrich. *A Ideologia Alemã*. 2 volumes. Lisboa: Presença, 1976.

MEDICI, Rita. "Gramsci e a filosofia da praxis: significado e usos do termo 'popular'". *In*: SCHLESENER, A. H. *Filosofia, Política, Educação*. Curitiba: Ed. UTP, 2014.

Engajamento na berlinda: uma crítica marxista[1]

PABLO NABARRETE BASTOS

Introdução

A maneira como o capital vem avançando sobre o engajamento nas últimas três décadas exige reflexões que possam ir além da propalada disputa de narrativas. Os marxistas vêm desenvolvendo há quase duzentos anos cabedal teórico que nos permite analisar como o capital tende a se espraiar por todo o espaço e capturar tudo o que pode gerar mercadoria, sugando desde o trabalho humano até os recursos naturais e simbólicos.

1 Este artigo apresenta parte da discussão que está no livro *Crítica do engajamento: Disputas por hegemonia em contexto de plataformização* (no prelo), resultado do projeto de pesquisa "Engajamento, mídia e cotidiano: hegemonia em contexto de midiatização e plataformização", financiado pela Fundação Carlos Chagas Filho de Amparo à Pesquisa do Estado do Rio de Janeiro (FAPERJ), por meio do Programa Jovem Cientista do Nosso Estado (JCNE), Processo E-26/201.291/2021, durante o período de 2021 a 2024. Os diálogos com a tradição brasileira da Economia Política da Comunicação (EPC) constituem parte dos resultados do projeto de pesquisa "Hegemonia, tecnologia e comunicação: Disputas por espaço e engajamento em contexto de crise, midiatização e plataformização", desenvolvido em duas etapas, que constituíram dois pós-doutorados. A primeira etapa foi um Pós-Doutorado no Exterior (PDE), com bolsa do CNPq, Processo 441758/2023-1, realizado de março a agosto de 2024, na Universidade de Westminster, em Londres, no Communication and Media Research Institute (CAMRI), na linha de pesquisa Comunicação, Tecnologia e Sociedade, com a supervisão do Prof. Pieter Verdegem, coordenador dessa linha de pesquisa. A segunda etapa foi desenvolvida no Programa de Pós-Graduação em Economia PROPEC/POSGRAP, da Universidade Federal de Sergipe, com a supervisão do Prof. César Bolaño, de setembro de 2024 a fevereiro de 2025.

Com relação ao engajamento, é intrigante como um conceito de origem eminentemente política ganhou hegemonicamente nas últimas décadas o sentido de alinhamento ideológico entre instituições (principalmente empresas), suas marcas e seus públicos, tanto no nível da comunicação corporativa como na comunicação mediada por plataformas de mídias sociais. De outra maneira, o capital se apropriou do engajamento como vinculação ideológica em proveito da acumulação e da sua reprodução material e simbólica. Minhas primeiras impressões ao perceber a maior circulação da palavra engajamento no cotidiano do curso de Publicidade e Propaganda da Uninove, em São Paulo, no início do meu trabalho como professor em 2009, era de uma atualização do famoso "vestir a camisa da empresa", comum na comunicação organizacional da década de 1990. Mas cada vez mais, a palavra se tornou hegemonicamente um mantra da publicidade digital, com o maior crescimento das plataformas de mídias sociais.

Rafael Grohmann (2017) aponta o momento dessa "virada discursiva" (2017, p. 4) sobre o sentido de engajamento entre os anos 1990 e 2000, em processo amplo de ressignificação de noções, principalmente relacionadas ao mundo do trabalho, como o famigerado 'colaborador' para se referir ao trabalhador. É curioso que a palavra 'colaborar' tenha sua origem no latim, com um significado similar ao que conhecemos hoje. *Colaborare* é a sua origem e pode ser traduzido como 'trabalhar junto' ou simplesmente 'ajudar'. É composto por co, que vem de com, que significa 'junto', e *laborare*, que pode ser compreendido como "trabalhar, sentir dor, cansar-se" (Gramática). É perceptível o esforço por destacar a dimensão coletiva do trabalho em proveito do empregador, do capitalista, como se deixasse de existir a hierarquia característica da informação de classe (Bolaño, 2000) no mundo da produção a partir de um ambiente supostamente mais colaborativo. A cooperação no mundo do trabalho que possui potencial para a própria superação do capital, como constatou Marx e analisou Starosta (2013), se transforma em 'colaboração' a serviço do capital em sua forma neoliberal. De outra maneira, o trabalhador é constrangido e coagido a produzir conforme os ditames da empresa, sua cultura organizacional e sua informação de classe (Bolaño, 2000).

Essa 'ressemantização' desloca o lugar de 'transformação social' e 'luta política' do conceito de engajamento para o de 'alinhamento' com alguma marca, o que denota, para Grohmann (2017), um alinhamento do conceito de engajamento com o "novo espírito do capitalismo", conforme acepção de Boltanski e Chiapello (2009). O que os autores chamam de espírito do capitalismo é a "*ideologia que justifica o engajamento no capitalismo*" (2009, p. 39, grifo dos autores). Também na pista de Boltanski e Chiapello, Rute Andrade dos Santos (2019) postula que, para perpetuar o ciclo do capitalismo, a produção da mercadoria e a criação do valor por meio do trabalho, para realizar o ciclo Dinheiro-Mercadoria-Dinheiro, como mostrou Marx (2013) n'*O Capital*, o capitalista precisa engajar o trabalhador, o que ocorre por meio da disseminação de ideologias e representações simbólicas que são internalizadas pelo trabalhador e justificam o capitalismo. O engajamento do colaborador com a empresa passa a ser um dos principais mandamentos do mundo corporativo, uma inversão do conceito. Como evidenciam Boltanski e Chiapello (2009), para esse engajamento ser atraente e valer a pena, o capitalismo busca mostrar como as oportunidades e atividades podem ser 'estimulantes', como podem trazer recompensas como 'autorrealização' e ainda "espaços de liberdade de ação" (Boltanski; Chiapelo, 2009, p. 48). Há uma sofisticação das estratégias e da ideologia capitalista para promover o engajamento do trabalhador[2] nos processos produtivos. Além de ter seu conhecimento expropriado pelo capitalista, o trabalhador também precisa 'colaborar' com o ciclo do capital de forma 'engajada' para manter seu 'engajamento compulsório'[3] a duras penas ou fazer andar a fila do exército de reserva.

O objetivo principal deste artigo é realizar uma crítica ao conceito de engajamento a partir do marxismo, sobretudo a partir dos estudos sobre hegemonia e de diálogo com a tradição brasileira da EPC, o que possiblita discutir, respectivamente, as noções positiva e negativa de engajamento.

---

[2] Essa é uma das formas prevalentes de compreender engajamento no campo da Comunicação, como objeto de estudos da Comunicação Organizacional (Bastos; Grohmann, Oliveira, 2021).

[3] Trataremos adiante do conceito.

Embora ambas as correntes de estudos tenham forte tradição marxista, constituem abordagens distintas dos fenômenos sociais e da comunicação em particular, mas com algumas complementaridades e possibilidades de diálogo. Em um primeiro momento, o artigo traz as relações entre Marx, o marxismo e o engajamento, depois apresenta debates estéticos desenvolvidos na primeira metade do século XX sobre engajamento no marxismo e, por fim, expõe as compreensões positiva e negativa de engajamento no marxismo.

Marx, marxismo e o engajamento

O marxismo é uma ciência engajada por essência, assim como é a teoria crítica em geral, pois envolve fundamentalmente uma crítica da sociedade e da própria teoria devido ao seu caráter imanente. Ou como explicita Horkheimer (1983), a função da teoria crítica se torna clara se o teórico e sua atividade são considerados:

> Em unidade dinâmica com a classe dominada, de tal modo que a exposição das contradições sociais não seja meramente uma expressão da situação histórica concreta, mas também um fator que estimula e que transforma (Horkheimer, 1983, p. 144).

Não à toa, trata-se de campo com debates acalorados, seja do ponto de vista científico ou político, embora no marxismo seja difícil falar em perspectiva 'estritamente científica'. Mesmo autores não marxistas, embora também com engajamento político, reconheceram o entrelaçamento entre o epistemológico e o político, como Pierre Bourdieu (1983). É difícil precisar de que maneira o engajamento político leva a uma necessidade de maior aprofundamento teórico e, em caso de perspectiva crítica e centrada na luta de classes, ao marxismo, e vice-versa, de que maneira o engajamento científico com o marxismo pode levar a formas mais concretas de atuação e engajamento político. São esferas de atuação distintas, mas retroalimentadas, e ambas denotam formas de engajamento.

Em ensaio sobre engajamento, Eric Hobsbawm (2013) aborda o valor positivo do engajamento para a 'disciplina científica ou erudita'. Para o historiador marxista, o mais decisivo é que os intelectuais engajados podem ser os únicos "dispostos a investigar problemas ou assuntos que (por razões ideológicas ou outras) o resto da comunidade intelectual não consegue considerar" (Hobsbawm, 2013, p. 188). Hobsbawm argumenta que o engajamento nas ciências sociais é inevitável e que, além disso, as "ciências sociais são essencialmente 'ciências aplicadas'", pois destinadas a "transformar o mundo e não somente interpretá-lo" (Hobsbawm, 2013, p. 189-190), parafraseando a 11ª tese sobre Feuerbach, de Karl Marx (1990). Contudo, o autor pondera que nem todo engajamento político tende a "produzir efeitos inovadores na ciência e na erudição", pois muita erudição engajada é escolástica e trivial quando "vinculada a uma estrutura doutrinária ortodoxa, empenhada em provar a verdade predeterminada da doutrina" (Hobsbawm, 2013, p. 191).

Karl Marx produziu textos filosóficos, econômicos, históricos e políticos. Em todos eles há uma forma de engajamento e um aceno para um futuro de trabalho livre, a "produção revolucionária da livre associação de indivíduos" (Starosta, 2013, p. 246). Marx produziu desde textos com clara intenção e engajamento político, como o *Manifesto Comunista*, até o seu livro mais conhecido e marcado pelo caráter eminentemente científico, O *Capital*. A proposta de uma unidade proletária em Marx e Engels ganhou forma concreta e organizada para amalgamar a solidariedade internacionalista, primeiro por meio da Liga dos Comunistas de 1847-48, depois com a construção da Associação Internacional dos Trabalhadores, fundada em 1864, que ficou conhecida como a Primeira Internacional, e depois, com Engels e a sua herdeira, a Segunda Internacional (Löwy, 2004). A mensagem inaugural da Primeira Internacional, redigida por Karl Marx (2007), organizador e depois também dirigente do Conselho Geral da Internacional, convocava os operários do mundo a tomar o poder político, fortalecer a união fraterna entre a classe trabalhadora de diferentes países e fundar um partido proletário independente. Löwy argumenta que o ético e estratégico imperativo categórico que conclui o *Manifesto Comunista* de Marx e Engels em 1848, "Proletários de todos os países, uni-vos! (Länder, vereinigt euch!)", que também conclui a mensagem inaugural de Marx na formação da Primeira Internacional, era naquele momento histórico um apelo visionário, pois o proletariado era minoria na maioria dos países da Europa, o que dirá no restante do mundo. Diferentemente de hoje, em que não somente o proletariado, mas o conjunto de trabalhadores assalariados explorados pelo capital ou o conjunto de suas vítimas, a gama de 'pobretariados', como diz Löwy, é ampla maioria em todo o globo e a principal força no combate ao sistema capitalista mundial (Löwy, 2004, p. 97). Para o autor, o internacionalismo para Marx e Engels, era, concomitantemente, "uma peça central da estratégia de organização e luta do proletariado contra o capital global, e a expressão de uma perspectiva humanista revolucionária" (Löwy, 2004, p. 97).

Ainda nos *Manuscritos Econômico-Filosóficos*, escritos em 1844, quando Marx tinha 26 anos, e publicados postumamente em 1932, Marx (2011a, p. 138, grifo nosso) postula que "não é difícil compreender a necessidade que conduz todo o movimento revolucionário a encontrar sua *base empírica e teórica no desenvolvimento da propriedade privada* e, mais precisamente, do sistema econômico". O jovem Marx demonstra enxergar com clareza o fundamento concreto e científico do capital e dialeticamente da sua crítica, da importância de se conhecer cientificamente a gênese da propriedade privada para o engajamento político e revolucionário. A frase denota a complementaridade e o mútuo atravessamento entre o conhecimento científico e o engajamento político. Na famosa e já mencionada 11ª tese sobre Feuerbach, Marx (1990) afirma que "os filósofos limitaram-se até agora a *interpretar* o mundo de diferentes maneiras. O que importa é *mudá-lo*" (grifo do autor). É claro que em toda polêmica, neste caso, do jovem Marx contra os jovens hegelianos, exageram-se nos traços para dar ênfase aos argumentos. O jovem revolucionário autor obviamente sabia que interpretar também é fundamental. Mas também que interpretação sem engajamento para a transformação social pode desembocar no pensamento especulativo, escolástico ou, no mínimo, tradicional. Na tese 3 do mesmo texto, menos citada, Marx destaca a conjugação entre as circunstâncias materiais e a educação para a transformação social, sendo que, por vezes, esquecemos, conforme argumenta o autor, que o próprio educador precisa ser educado e que podemos mudar as circunstâncias em que estamos inseridos por meio da educação. Marx (1990) conclui que "a coincidência da mudança das circunstâncias com a mudança da atividade humana ou com a mudança dos próprios homens só pode ser concebida e entendida racionalmente como prática revolucionária". Aqui, Marx destaca a dimensão da luta política, enfatizada posteriormente por Lênin e Gramsci: a importância do engajamento na formação política e na luta pedagógica, esfera em que o Partido Comunista, como intelectual orgânico coletivo por excelência, vai ter papel central (Bastos, 2023).

Estética marxista e os debates sobre engajamento

Outra seara em que as possíveis formas de engajamento renderam acalorados debates no campo marxista durante a primeira metade do século XX, foi a estética. A contenda envolveu autores com diferentes posições sobre arte e engajamento, como Lukács, Brecht, Sartre e Adorno. Lukács e Adorno tinham posições mais próximas no que diz respeito à autonomia da arte, mas posições bem distintas no que se refere às vanguardas artísticas, com Lukács sendo um grande defensor da estética realista e Adorno das vanguardas, das quais Lukács mantinha reservas. Mesmo com posições distintas acerca das vanguardas artísticas, Adorno e Lukács se encontraram na 'tese da decadência ideológica', sempre defendida por Lukács e acatada tardiamente por Adorno em seu conhecido texto sobre o 'envelhecimento da música' (Frederico, 2024). Lukács e Brecht travaram prolífico debate estético, enquanto Adorno teceu duras críticas a Sartre e Brecht devido ao engajamento de ambos na produção artística, notadamente o teatro. Todos esses autores tiveram formas concretas de engajamento político, incluindo o vínculo partidário formal, com a exceção de Adorno, que não chegou a participar diretamente da política partidária e/ou revolucionária. Lukács foi o mais engajado nesse sentido.

O filósofo húngaro assumiu o cargo de Comissário da Cultura na curta experiência do governo comunista de Bela Kun, na Hungria, em 1919. Brecht compôs o SED (Partido Socialista Unificado da Alemanha), nos tempos da República Democrática Alemã (RDA), recebendo críticas de outros autores engajados como Hannah Arendt e Theodor Adorno. A filósofa afirmou que Brecht havia deixado de ser poeta, não por ter se tornado comunista, mas por viver em Berlim Oriental e ver o que significava viver sob o regime, sem, contudo, abandonar seu engajamento, enquanto Adorno o acusou de defender a tirania (Clark, 2007). Sartre, com o engajamento aflorado no período pós-guerra, fundou em 1941 com Merleau Ponty o movimento Socialismo e Liberdade, que teve curta duração. Posteriormente, o filósofo existencialista fez parte do Partido Comunista Francês (PCF), de 1952 a 1956. Rompeu com o PCF após o duro ataque da URSS contra a Hungria após o motim de 1956 (Mathieu, 2020). Adorno foi o único dos mencionados a não ter um vínculo de engajamento militante formal, mas não se furtou a ter presença crítica ativa no debate público, como atesta, entre outros exemplos, a palestra proferida por ele para a União dos Estudantes Socialistas Austríacos, em 1967, sobre o então novo crescimento dos movimentos radicais de direita na Alemanha, com destaque para a propaganda fascista e seu caráter motivacional ausente de base conceitual (Rüdiger, 2020).

O conflituoso debate entre Lukács e Brecht, envolvendo razões políticas e estéticas, teve início com o expressionismo como objeto nos anos 1930. Ambos convergiam na defesa do realismo e como intelectuais comunistas, mas cada um a sua maneira. Com relação às estratégias políticas, Lukács era defensor da frente popular desde as "Teses de Blum", escritas em 1928, que preconizava a aliança das forças progressistas contra o nazifascismo, o que incluía setores da burguesia democrática. Brecht era contrário a qualquer aliança com a burguesia e defendia a política de classe contra classe, aliando-se às forças de esquerda. Conforme análise de Celso Frederico (2024), a defesa da política de frente popular teve reflexos na questão cultural, na forma como Lukács valorizava a alta cultura burguesa e o realismo, compreendendo como "uma 'herança cultural' a ser retomada e desenvolvida pelo proletariado". Já Brecht era engajado nas experimentações do teatro proletário junto a setores de esquerda e já havia trabalhado com o teatro político de Piscator. Embora Brecht também fosse defensor do realismo e da "função cognoscitiva da arte", recusava a mimese e a catarse na sua concepção de teatro épico, contraposto ao aristotélico. Assim, havia tensão entre a defesa do realismo por Lukács e o espírito criativo de Brecht, que se afastava do velho realismo em sua busca por novas formas de expressão. Mas foi o debate sobre o expressionismo que deflagrou realmente o conflito entre ambos.

Em 1934, Lukács publicou "Grandeza e decadência do expressionismo", em que criticava genericamente essa vertente estética, conforme avalia Celso Frederico (2024), entrando em confronto com Ernest Bloch e Hans Eisler. Para Lukács, o expressionismo era incapaz de "expressar artisticamente a nova realidade formada pelo advento do imperialismo, das guerras mundiais e do período revolucionário aberto pela revolução de 1917". Frederico pontua que a crítica generalizadora que pensava o expressionismo como expressão irracionalista da pequena burguesia contrastava com a perspectiva de crítica imanente desenvolvida na *Estética*. Diante do debate sobre o expressionismo, Brecht elaborou uma série de textos criticando o que considerava o "formalismo de Lukács", além de seu desprezo por inovações técnicas e formais como a montagem e o monólogo interior, e defendia um novo realismo, diferente do realismo da burguesia que era referência para Lukács. Brecht não publicou os textos, pois não queria que as divergências estéticas com Lukács atrapalhassem a frente de lutas contra o nazifascismo. A partir de 1952, ambos se reconciliaram, mesmo ainda mantendo divergências estéticas. Lukács fazia diferenciação entre as primeiras e últimas obras de Brecht, elogiando as últimas pelo seu afastamento do teatro épico. Para Frederico (1997, p. 46), as concepções estéticas de cada um dos autores se refletiram em distintas formas de política cultural: em Lukács houve a "defesa da herança cultural e da grande cultura burguesa como patrimônio de toda a humanidade", enquanto em Brecht se revelou a "necessidade de politizar a arte e romper com os modelos herdados da tradição burguesa".

É no livro O *que é literatura?* (*Quest-ce que la littérature?*), publicado inicialmente em 1948, entre o fim do movimento Socialismo e Liberdade, extinto em 1945, depois da guerra, e antes da entrada no PFC, que Jean-Paul Sartre (2004) expõe a sua perspectiva de engajamento nas artes, especialmente na literatura. Para Sartre (2004), há particularidade na linguagem escrita que não diz respeito somente à forma, mas à matéria, ao ato de manejar palavras. Sartre tece considerações sobre as especificidades da poesia e da prosa. Quanto à primeira, o autor destaca sua maior autonomia estética e formal e afirma que, diferentemente da poesia, a prosa é "utilitária por essência" (Sartre, 2004, p. 18). O filósofo existencialista defende que a arte "não perde nada com o engajamento; ao contrário" (2004, p. 23), e que a noção de pureza estética é uma invenção da burguesia, como uma manobra para poderem ser denunciados como filisteus e não como exploradores. Em passagem elucidativa, Sartre afirma que o prosador escolhe determinado modo de ação, que denomina "ação por desvendamento" (2004, p. 20), o que implica os questionamentos sobre que aspectos do mundo se quer desvendar e que mudanças se quer proporcionar ao mundo por meio desse desvendamento. Assim, "o escritor 'engajado' sabe que a palavra é ação: sabe que desvendar é mudar e que não se pode desvendar senão tencionando mudar" (2024, p. 20).

A perspectiva de Adorno contrastava com a noção de engajamento estético preconizada por Brecht e Sartre, ambos alvos de suas críticas. A partir da lei do valor de Marx, Adorno evidencia em suas análises o caráter abstrato da produção capitalista sobre todo o tecido social, com o critério quantitativo e mercantil regulando e equalizando o intercâmbio, as qualidades e diferenças humanas. Com a extensão da lei do valor para o conjunto da sociedade, se explica a crise da cultura no capitalismo de Estado, conforme avalia Celso Frederico (2022). Com a generalização do caráter abstrato da produção capitalista, ainda de acordo com Frederico (2022), há mudanças significativas do papel e do lugar da cultura que perde seu distanciamento da produção material para se tornar parte da engrenagem do processo produtivo e do sistema de dominação. Para Adorno, a verdadeira cultura reivindica o particular diante da generalidade. Esse processo expressa a contradição entre cultura e administração. Enquanto a primeira reivindica o particular contra o geral, a segunda impinge o geral ao particular, destituindo o valor de uso e a qualidade do objeto. Para Adorno, a resistência à reificação está na teoria crítica e na arte de vanguarda. Mas a perspectiva da arte como esfera de resistência à indústria cultural e ao processo amplo de dominação do capital está condicionada à noção de autonomia e imanência.

De acordo com Adorno, a lei da arte se situa na dialética entre o externo e o interno, que consubstancia a transformação dos elementos internos da obra. Nesse ínterim, o que importa na arte não é seu caráter publicístico e nem a verdade-mensagem, "que se debate entre o que o artista concebeu e a verdade que se quer atribuir objetivamente à obra" (Bylaardt, 2013, p. 87). Adorno parte exatamente do livro de Sartre supracitado para diferenciar arte engajada e arte autônoma (Bylaardt, 2013). Conforme o argumento, é necessário fazer distinção entre engajamento, compreendido como atitude e consciência, com "tendenciosidade", que se refere a uma ação prática mais incisiva. Para Adorno, o que Sartre procura mostrar como liberdade, na verdade acaba sendo "imposição velada" ou "afirmação vazia (*leere Behauptung*)", de acordo com o frankfurtiano, citado por Bylaardt (2013). As peças de Sartre são criticadas por Adorno por possuir um "querer-dizer anacrônico". Com relação à peça de Sartre mais conhecida, *Entre quatro paredes*, que possui a famosa frase "O inferno são os outros", que o projetou comercialmente e politicamente, Adorno avalia que a conhecida frase soa mais como um saber e não como arte, o que seria um "engajamento fraco" (Bylaardt, 2013, p. 89).

Brecht é considerado mais artista e mais consistente que Sartre por Adorno, embora o filósofo se refira ao teatrólogo como "aquele bárbaro", substituindo os elogios iniciais às inovações formais por ataques às peças e por vezes ao próprio autor, além de procurar o manter afastado de Walter Benjamin, a quem havia influenciado com suas ideias comunistas (Frederico, 2024). A partir de uma perspectiva ideológica, na análise de Adorno, Brecht eliminou o conceito de pessoa dramática e a "individuação estética" elevando a abstração a sua lei formal (Bylaardt, 2013, p. 89). A dramatização é conectada ao mundo empírico, desvelando o real e revelando a "hediondez em crueza teatral". Para Frederico (1997, p. 45), em Brecht "arte não é reflexo da realidade, mas reflexão da realidade que se quer transformar". Contudo, seguindo com a argumentação de Adorno na leitura de Bylaardt (2013), essa revelação dos personagens em busca da verdade política implica um conjunto de mediações ignoradas por Brecht. Dessa maneira, Adorno compreende que, embora artisticamente legítimas, as primeiras peças de Brecht recaem em infantilidade quando reivindicam o estatuto de "validade teórica ou social" (Bylaardt, 2013, p. 90).

Brecht tinha grande entusiasmo com as novas tecnologias e suas possibilidades revolucionárias, tanto nas inovações estéticas como no uso dessas criações para conscientizar e potencializar politicamente a classe operária, suas possibilidades comunicativas, dialógicas e revolucionárias. Suas inovações formais visavam novas possibilidades interativas com o público para exercer a função pedagógica da arte, especialmente do teatro (Frederico, 2010). Em meados da década de 1920, Brecht foi pioneiro em vislumbrar as possibilidades revolucionárias do cinema e sua utilização na educação da classe operária. Quando se transfere para Berlim em 1924, Brecht inicia a sua participação no teatro político de Erwin Piscator e passa a escrever as peças didáticas. Como o próprio nome indica, as 'peças didáticas' de Brecht possuem uma intenção pedagógica e um engajamento político desde a sua concepção conceitual e estética. Adiante, entre 1927 e 1932, Brecht escreve os textos que vão compor a sua *Teoria do rádio*, em que reivindica seu uso dialógico e político em detrimento de seu uso comercial, de apenas um aparelho de emissão, o que foi consequência do caráter monopolista da radiodifusão (Frederico, 2010). Em seu texto sobre o rádio como aparato de comunicação e suas funções, Brecht (2007, p. 229) critica o que chama de "instituições formadoras de ideologia" e sua tendência a compreender cultura como algo dado, que não requer um contínuo esforço criativo. Como observa Celso Frederico (2007), Brecht tencionava articular o novo teatro e o novo meio de comunicação para "realizar o *imperativo da interatividade*" (2007, p. 217, grifo nosso). Para o teatrólogo marxista, se o teatro épico fosse o centro da instituição teatral, o rádio poderia ser uma nova forma de "propaganda para o teatro", podendo complementar o drama e trazer informações fundamentais ao público, assim como propiciar a participação desse público conforme a sua vontade, possibilitando o trabalho comum entre as instituições teatrais e radiodifusoras. Mas, como observou Celso Frederico (2007, p. 217), Brecht não tinha ilusões sobre a "capacidade de cooptação e neutralização do sistema", tendo observado em momento bem anterior a Adorno o "primado da produção sobre o consumo dos bens simbólicos". Como sentencia em "Notas sobre Mahagonny", texto de 1930, "a sociedade absorve por meio da engrenagem apenas o que necessita para sua perpetuação" (Brecht, 1967).

Como já discuti em outro momento (Bastos, 2020), e Bolaño (2015a) também observou, Brecht segue sendo fundamental para entender o que se deu e segue acontecendo com as possibilidades interativas e revolucionárias da internet. Bolaño (2015a) argumenta que a dimensão virtual, como uma segunda natureza, nos possibilita enxergar a contradição entre as possibilidades libertadoras que emergem com o desenvolvimento das forças produtivas e os limites impostos pelas relações de produção, algo que, como vimos e Bolaño também reconhece, Brecht já havia identificado na década de 1930 em seus estudos sobre o rádio. Dessa forma, Bolaño (2015a) defende ser necessário discutir as relações entre determinação estrutural e liberdade histórica indo ao problema central: o modo de produção. Assim como ocorreu com o desenvolvimento tecnológico do aparelho e o uso do rádio, que tinha potencial técnico no seu início para a comunicação crítica e emancipatória para ser mais do que um aparelho comercial de distribuição de informação (Brecht, 2007), o potencial interativo e revolucionário da internet se choca com as relações de produção; relações de produção, com seu aspecto jurídico, que são as relações de propriedade (Marx, 2008), que limitam o potencial tecnológico da internet para a comunicação interativa, incorporando a tecnologia como mais uma peça da engrenagem do capital. De outra maneira, há um controle dos processos interativos pelo capital, o que potencializa o uso comercial da informação, sua utilização hegemônica como forma de mercadoria, e são estabelecidos limites aos processos interativos com potenciais realmente transformadores (Bastos, 2020), assim como ao engajamento político crítico.

As compreensões positiva e negativa de engajamento a partir do marxismo

A fecundidade, o rigor e a riqueza da categoria hegemonia estão na possibilidade de articulação analítica de diferentes níveis da realidade, que interagem dialeticamente na totalidade constituindo poder epistemológico, econômico e político, seus limites, contradições, tensionamentos e possibilidades de superação. A multiplicidade de determinações, com o nível econômico em última instância (Marx, 2008), é um aspecto inerente à dialética marxiana, que podemos localizar e expor em nossa compreensão acerca da hegemonia. As unidades, particularidades ou momentos dos processos sociais no capitalismo como a produção, a distribuição, a troca e o consumo constituem as diferenças ou particularidades dentro da unidade (Marx, 2011b). Assim como a filosofia/ciência, a economia e a política são dimensões constitutivas da hegemonia e cada uma delas como categoria de análise se desdobra em outras dentro da lógica de unidade-diferenciação gramsciana, como estrutura e superestrutura, sociedade política e sociedade civil, coerção e consenso, cultura e ideologia, intelectuais tradicionais e intelectuais orgânicos etc. A hegemonia é um conceito que abrange a totalidade e também o conjunto da obra de Gramsci.

Hegemonia e engajamento não se reduzem ao comunicacional, mas são conceitos que possuem nessa esfera um nível fundamental para suas concretizações. A etimologia do termo hegemonia possui origem militar. No grego antigo, *eghemonia* possuía o sentido de suprema direção do exército. A composição da palavra deriva do grego *eghestai*, cujo significado é 'conduzir', 'ser guia', 'ser líder'; ou também do verbo *eghemoneuo*, que significa 'ser guia', 'preceder', 'conduzir', e do qual deriva 'estar à frente', 'comandar', ser o 'senhor' (Gruppi, 1978, p. 1). Etimologicamente, engajamento vem do francês medieval *engagier*, de *en gage*, 'sob compromisso, sob promessa', de *en*, 'fazer', mais *gager*, 'compromisso, garantia' (Origem da Palavra). Portanto, engajamento evoca ter compromisso com algo. Relacionando etimologicamente os dois conceitos, a liderança, o *hegemon*, a direção hegemônica demanda o compromisso, o engajamento do sujeito, da sociedade, da opinião pública para fundamentar, sustentar e reproduzir seu projeto de poder hegemônico. Assim como os projetos hegemônicos alternativos ou de oposição também necessitam engajar e fecundar o sujeito e a opinião pública para se espraiar socialmente.

Ao formular a perspectiva de que engajamento se constitui na vinculação social, afetiva e gustativa do sujeito com determinada ideologia, na interação com aparelhos de hegemonia, buscamos revelar como esse conceito se insere na totalidade, na práxis, operando como dimensão comunicacional e sensível no engendramento na hegemonia (Bastos, 2020). Vale explicitar que essa vinculação com determinada ideologia não apresenta, a priori, um aspecto valorativo. Assim, considerando as classes que concretamente articulam projetos de mundo para o conjunto da sociedade na práxis (Lukács, 1974), a burguesia e o proletariado, esse engajamento pode tanto servir para sustentar a hegemonia vigente ou possibilitar substrato sensível para a construção da hegemonia popular (Bastos, 2020, 2021, 2022, 2023). Hegemonia é um conceito desenvolvido e operacionalizado para pensar a práxis, a constituição dos sujeitos como classe e as suas articulações políticas com outras classes para se constituir como força política hegemônica (Bastos, 2023). A noção de práxis, a partir de Marx, envolve a atividade criativa e autocriativa do homem, que transforma o mundo e se transforma, diferenciando-se de todos os outros seres. Por isso os sujeitos são seres de práxis e o marxismo pode ser compreendido como a filosofia da práxis (Petrovic, 2012).

Há uma relação de paridade e complementaridade entre engajamento e ideologia, na teoria e na práxis, sendo um o reflexo do outro. O engajamento é a expressão sensível da ideologia, de seus efeitos no mundo sensível, na postura e atitude dos sujeitos diante do mundo sensível. Assim, pode haver nuances no entendimento de engajamento conforme a concepção adotada de ideologia em seus diferentes níveis de abstração. Na conhecida carta escrita por Engels a Franz Mehring, datada de 14 de julho de 1883, há o que Celso Frederico (2022) chama de uma concepção negativa e outra positiva de ideologia. Na negativa está a acepção de ideologia como falsa consciência, concepção extraída de Engels da sua primeira obra escrita com Marx, *A ideologia Alemã* (2012), concepção aceita e difundida como o entendimento primário do conceito em Marx e Engels. Na concepção positiva, Engels reconhece a eficácia histórica da ideologia e o caráter dialético das relações entre causa e efeito, considerando que as esferas ideológicas também repercutem sobre suas causas. Independentemente da noção de ideologia adotada e seu nível de abstração, parte-se do pressuposto que a ideologia possui formas de materialidade e materialização. A materialidade é a base material da ideologia, relacionada principalmente com o modo de inserção do sujeito nos processos produtivos, mas também com a materialidade dos aparelhos de hegemonia, e a materialização compreende as suas diferentes formas de expressão simbólica, de comunicação, discurso e linguagem.

A noção de engajamento positivo se relaciona mais diretamente com a compreensão positiva de ideologia e situa o conceito a partir das formulações de Gramsci (1966, 2007) sobre ideologia e hegemonia. A perspectiva de Gramsci sobre ideologia foi bastante influenciada pela leitura realizada pelo autor sobre a "Contribuição à Crítica da Economia Política", de Marx. No famoso prefácio da obra citada, Marx (2008, p. 48) afirma que são pelas formas ideológicas — jurídicas, políticas, religiosas, artísticas ou filosóficas — que as pessoas forjam a sua consciência e que, por isso, é necessário "explicar a consciência pelas contradições da vida material, pelo conflito que existe entre as forças produtivas e as relações de produção". Conforme avalia Celso Frederico (2022, p. 112, grifo do autor), para Gramsci, a ideologia é um "*instrumento de ação política*" objetiva na realidade. Gramsci se apoia na reflexão de Marx, também na obra anteriormente citada, sobre a solidez das crenças populares para fazer essa afirmação. Pelo fato de possuir um substrato material, que são os aparelhos privados de hegemonia, a ideologia não funciona nem como reflexo e nem como aparência. Em Gramsci (1966), a ideologia é uma visão de mundo calcada em uma ética que a suporta e a corresponde, o que amalgama e constitui subjetivamente determinado grupo social. O engajamento que incorpora, materializa, carrega e circula determinada ideologia pode se traduzir em distintos e antagônicos projetos políticos e de sociedade.

O engajamento negativo ou reificado, por sua vez, corresponde à concepção negativa de ideologia. Seguindo as pistas da tipificação elaborada por Terry Eagleton (1997), de que há três concepções de ideologia em Marx — epistemológica, ontológica e política — Celso Frederico (2022) acata e discute essa classificação, apresentando exemplos de autores e conceitos representativos em cada uma dessas concepções no debate histórico marxista. A principal referência de concepção política está em Gramsci, conforme discutimos anteriormente, que por sua vez retoma e desenvolve as contribuições de Lênin, inclusive sobre a noção de hegemonia e o papel central da ideologia em sua construção (Bastos, 2023).

A perspectiva epistemológica está em *A Ideologia Alemã*, na qual Marx e Engels postulam que a ideologia é a visão distorcida da realidade a partir da proposta de inversão materialista apresentada por Feuerbach. A ideologia é vista como falsa consciência que se opõe ao processo social material. Conforme Marx e Engels (2012, p. 52), "se, em toda ideologia, a humanidade e suas relações aparecem de ponta-cabeça, como ocorre em uma câmara escura, tal fenômeno resulta de seu processo histórico de vida...".

Acerca da perspectiva ontológica, Celso Frederico (2022) propõe a comparação entre a perspectiva de ideologia em Marx a partir de duas obras, uma produzida em sua juventude e a outra que é o marco da sua obra madura: respectivamente, *A Ideologia Alemã* e *O Capital*. O autor postula que, enquanto na primeira, a ideologia é concebida como inversão, a falsa consciência, n'*O Capital* é a "própria realidade que é enfeitiçada", produzindo uma falsa imagem. Nessa perspectiva, o foco é deslocado do sujeito (a consciência humana) para o objeto (a realidade social), tendo como referência central o capítulo de Marx sobre o fetichismo da mercadoria. Terry Eagleton (1997) chega à conclusão semelhante ao tratar da evolução do conceito de ideologia no pensamento de Marx quando afirma que ideologia passa a ser menos uma questão de inversão da realidade na mente do que a "mente refletir uma inversão real" (Eagleton, 1997, p. 83).

O engajamento negativo se realiza de formas dialeticamente relacionadas: nos processos produtivos, no mundo do trabalho, no papel ideológico do Estado como força extraeconômica que justifica e expressa as relações de troca entre sujeitos formalmente livres, enquanto esconde a desigualdade estrutural do sistema capitalista, e na perspectiva elaborada pelas plataformas de mídias sociais. Todas as formas de engajamento negativo envolvem um debate sobre ideologia, assim como diferentes modos de inversão e distorção do real. O engajamento que se dá no mundo do trabalho, no terreno oculto da produção (Dourado Bastos, 2024), é um engajamento pelo avesso, um 'engajamento compulsório', o que pode ser uma contradição em termos numa leitura mais superficial. O engajamento compulsório é resultado direto da passagem da subsunção formal para a subsunção real do trabalho (Marx, 2013), com a instauração do sistema de máquinas na indústria em larga escala. Bolaño (2002) esclarece que a passagem da subsunção formal para a subsunção real do trabalho no sistema de máquinas e equipamentos é possibilitada pelo que Marx compreende n'O *Capital* como "a produção de máquinas por meio de máquinas", quando o trabalhador perde autonomia e controle sobre o processo de produção, que passa a controlar a estrutura e o ritmo do trabalho. Não obstante, ainda na manufatura, o conhecimento do trabalhador é extraído e consubstanciado no maquinário, com o apoio do desenvolvimento científico e tecnológico, o que Bolaño (2000) nomeia como "acumulação primitiva do conhecimento".

O método da derivação das formas utilizado por Bolaño (2015b) desvela as contradições imanentes da forma cultura em relações sociais capitalistas, na qual a categoria informação é a forma mais simples e geral nessa análise, carregando em si a contradição geral da Indústria Cultural e suas formas funcionais: a publicidade, relacionada mais diretamente aos capitais individuais, e a propaganda, função vinculada principalmente ao Estado. A necessidade de atender aos interesses de valores de uso do próprio público define a terceira função da Indústria Cultural, o programa, que possibilita o debate sobre mediação em relação a uma "dialética entre sistema e mundo da vida", conforme os termos habermasianos (Bolaño, 2000, p. 120). Posteriormente, em conjunto com Figueiredo, os autores identificam a emergência de uma quarta função com a evolução das plataformas digitais, a interação (Figueiredo; Bolaño, 2017).

O engajamento pelo avesso, que ocorre de modo compulsório nos processos produtivos, é a expressão sensível da 'informação de classe' (Bolaño, 2000). Em suma, é o condicionamento e a submissão do trabalhador à hierarquia característica da informação de classe no mundo do trabalho. Essa relação pressupõe um vínculo, a aceitação às regras do jogo, inclusive no aspecto jurídico conforme a relação de troca entre sujeitos livres, característica do direito burguês, da aparência formal que esconde as contradições estruturais de classe, o que expressa o outro nível de engajamento negativo, consubstanciado na função de propaganda ideológica assumida pelo Estado. Esse engajamento no sistema produtivo capitalista, no mundo do trabalho, pode se dar por uma questão de sobrevivência, com alguma margem de tensionamento e negociação, ou em um extremo ser, um 'vínculo de cabresto', ausente de qualquer consciência política e de classe. No debate sobre a acumulação primitiva, Marx (2013) argumenta que o modo de produção capitalista implica a formação da classe trabalhadora com um conjunto de tradições, hábitos e educação que a leva ao reconhecimento das "exigências desse modo de produção como leis naturais e evidentes por si mesmas" (Marx, 2013, p. 526). A forma de organização dos processos produtivos no capitalismo "quebra toda a resistência", com o limite do salário sendo conveniente "às necessidades de valorização do capital" e o exército de reserva, a superpopulação relativa, mantendo a lei de oferta e demanda do trabalho. Desse modo, embora a violência extraeconômica como atributo do Estado continue existindo, e a burguesia pressione o Estado para garantir a dependência do trabalhador, prolongar a jornada de trabalho e 'regular' o salário dentro dos limites necessários para a valorização do capital e produção de mais-valor, é a "coerção muda exercida pelas relações econômicas" o que realmente "sela o domínio do capitalista sobre o trabalhador". Contudo, como argumenta Guido Starosta (2013), as formas de subsunção real do trabalho ao capital, notadamente no sistema de máquinas em larga escala industrial, constituem a dialética das "determinações da subjetividade revolucionária" (Starosta, 2013, p. 233). De outra maneira, a subsunção real engendra a base da subjetividade revolucionária. Na síntese dialética que proponho a 'potencialidade alienada' constituída pelo próprio movimento autonomizado da forma capital se revela como a negatividade a ser positivada na práxis, o que requer a ativação do engajamento positivo.

A terceira forma de engajamento negativo é consubstanciada pelas plataformas digitais, sobretudo pelas plataformas de mídias sociais. Se não é possível afirmar que seja a forma hegemônica de apreensão científica do conceito no campo da Comunicação[4], pois há outras maneiras mais prevalentes de tratar o conceito, não há dúvidas de que a noção de engajamento passa a se relacionar diretamente com a comunicação mediada

---

[4] No primeiro capítulo serão apresentados resultados de pesquisa que mostram os principais sentidos de engajamento no campo da comunicação, em que se inclui a perspectiva das *big techs*.

por plataformas de mídias sociais (Bastos; Grohmann; Oliveira, 2021), pela comunicação plataformizada. É cada vez mais comum encontrar publicações, mesmo em estudos que se pretendem críticos, reproduzindo a noção de engajamento das *big techs*. De maneira geral, engajamento é concebido hegemonicamente pelas plataformas de mídias sociais como medida de performance de um conteúdo, uma página ou um perfil, convertendo-se desse modo em medida de valor para a publicidade digital e as relações comerciais e de troca entre criadores de conteúdo, agências, as plataformas de mídias sociais e outros possíveis intermediários. Ou seja, a capacidade de um criador ou empresa 'entregar conteúdo' e gerar audiência e 'engajamento', traduzido geralmente[5] como métricas de curtidas, comentários e compartilhamentos conforme seu número de seguidores, vai estabelecer uma medida de valor para o trabalho desse criador de conteúdo, sua empresa ou capitalista empregador. Desse modo, as plataformas de mídias sociais ou diretamente os criadores de conteúdo vendem uma medida de mercadoria audiência abstrata e seu potencial 'engajamento', o que vai servir de base concreta para o valor de troca. Esse público concreto possui valor de uso para as empresas anunciantes, os capitais individuais e sua publicidade, ou o Estado e seus aparelhos, como propaganda ideológica.

O fato de os sentidos dominantes de engajamento se tornarem 'senso comum', a concepção mais difundida, mostra a "efetividade histórica" (Gramsci, 1968, p. 178) dessa corrente de pensamento dominante. Figueiredo e Bolaño (2017) identificam a interação plataformizada como uma nova função da comunicação no capital, que possibilita produzir mercadoria audiência com um grau de precisão antes inimaginável, além da ampliação da vigilância, do controle e "colonização do mundo da vida" (Figueiredo; Bolaño, 2017, p. 28). Assim, o que as plataformas digitais chamam de engajamento é a alma do negócio da plataforma. Quanto maior o número de interações entre os usuários, pessoas e empresas, mais suas pegadas virtuais alimentam um gigantesco banco

---

5 O "geralmente" se deve ao fato de haver distintas *affordances* nas plataformas de mídias sociais. O Facebook, por exemplo, conta com mais botões de reações do que curtir.

de dados, que informam os algoritmos para que o conteúdo visualizado, publicitário ou não, mantenha a pessoa conectada e continuamente alimentando o *big data* (Bastos, 2020). O que aparentemente seria um empoderamento do usuário das plataformas de mídias sociais, que agora possui papel mais ativo na comunicação em comparação ao antigo telespectador, podendo produzir e interagir com conteúdos diversos, é uma ferramenta de extração ininterrupta de dados utilizados para a publicidade micro direcionada e o controle ideológico do sujeito pelo Estado e seus aparelhos.

Considerações finais

Observar as transformações do sentido de engajamento a partir da crítica marxista possibilita desvendar por ação, parafraseando Sartre (2004), os diferentes níveis em que o capital confunde aparência e essência para engajar os sujeitos em sua lógica de produção e reprodução social, assim como o marxismo vem, há duzentos anos, proporcionando cabedal teórico e metodológico para o engajamento crítico na ciência, na política e na cultura. Como pudemos observar nos exemplos históricos aqui expostos, tanto Marx como os marxistas tiveram formas concretas de engajamento que mostram retroalimentação entre as diferentes esferas de atuação do sujeito. Engajar-se com o marxismo não implica necessariamente assumir formas concretas ou militantes de engajamento político, mas por se tratar de uma ciência essencialmente engajada, o movimento do pensamento é indissociável do movimento da ação, da práxis. A crítica do engajamento a partir de suas diferentes formas de materialidade e materialização pode ser um caminho fecundo para se engajar na luta contra o capital.

BASTOS, Pablo Nabarrete. "Dialética do engajamento: uma contribuição crítica ao conceito". *In*: *MATRIZes*, São Paulo, Brasil, v. 14, n. 1, p. 193-220, 2020. Disponível em: **https://www.revistas.usp.br/matrizes/article/view/157540**. Acesso em: 6 dez. 2024.

BASTOS, Pablo Nabarrete. *Marcha dialética do MST*: formação e comunicação política entre campo e cidade. Rio de Janeiro: Garamond, 2021.

BASTOS, P. N. "Hegemonia e engajamento em contexto de midiatização e plataformização". *In*: *Liinc em Revista*, [S. l.], v. 18, n. 2, p. e6066, 2022. DOI: 10.18617/liinc.v18i2.6066. Disponível em: **https://revista.ibict.br/liinc/article/view/6066**. Acesso em: 3 ago. 2023.

BASTOS, Pablo Nabarrete. "Dialética da insularidade: Notas para compreensão da hegemonia popular". *In*: *Compolítica*, [*S. l.*], v. 13, n. 1, p. 99-120, 2023. DOI: 10.21878/compolitica.2023.13.1.561. Disponível em: **https://revista.compolitica.org/index.php/revista/article/view/561**. Acesso em: 2 out. 2024.

BASTOS, P. N.; GROHMANN, R; OLIVEIRA, T. M. "What is engagement in communication research? Circulation of meanings and consequences for audience studies". *In*: *Participations Journal of Audience & Reception Studies*, Volume 18, Issue 1, May 2021. Disponível em: **https://www.participations.org/Volume%2018/Issue%201/12.pdf**. Acesso em: 11 mai. 2021.

BOLAÑO, C. R. S. *Indústria cultural, informação e capitalismo*. Hucitec/Pólis, 2000.

BOLAÑO, C. R. S. "Trabalho Intelectual, Comunicação e Capitalismo. A reconfiguração do fator subjetivo na atual reestruturação produtiva". *In*: *Revista da Sociedade Brasileira de Economia Política-SEP*, 2002, n. 11, segundo semestre, São Paulo.

BOLAÑO, César. *The culture industry, information and capitalism*. United Kingdom: Palgrave Macmillan, 2015a.

BOLAÑO, C. *Campo aberto*: Para a Crítica da Epistemologia da Comunicação. Aracaju: Edise, 2015b.

BOLTANSKI, L.; & CHIAPELLO, È. *O novo espírito do capitalismo*. São Paulo, SP: Martins Fontes, 2009.

BOURDIEU, Pierre. O *campo científico*. In: Bourdieu (Coleção Grandes Cientistas Sociais). São Paulo: Ática, 1983.

BRECHT, B. *Teatro dialético*. Rio de Janeiro: Civilização Brasileira, 1967.

BRECHT, B. "O rádio como aparato de comunicação Discurso sobre a função do rádio". *In*: *Estudos Avançados*, [S. l.], v. 21, n. 60, p. 227-232, 2007. Disponível em: **https://www.revistas.usp.br/eav/article/view/10250**. Acesso em: 29 set. 2024.

BYLAARDT, C. O. "Arte engajada e arte autônoma no pensamento de Theodor Adorno". *In*: *Pandaemonium Germanicum*, v. 16, n. 22, p. 84-100, dez. 2013.

CLARK, Mark W. "Herói ou vilão? Bertolt Brecht e a crise de junho de 1953". *In*: *Estudos Avançados*, São Paulo, Brasil, v. 21, n. 60, p. 187-216, 2007. Disponível em: **https://www.revistas.usp.br/eav/article/view/10248**. Acesso em: 6 dez. 2024.

DOURADO BASTOS, Manoel. "A crise imanente da comunicação como forma social e os limites da concepção de 'esfera semipública': Notas dialéticas sobre Habermas e a 'nova reestruturação da esfera pública'". *In*: *Revista Eletrônica Internacional de Economia Política da Informação da Comunicação e da Cultura*, São Cristovão, v. 26, n. 2, p. 9-29, 2024. DOI: 10.54786/revistaeptic.v26i2.20493. Disponível em: **https://periodicos.ufs.br/eptic/article/view/20493**. Acesso em: 11 out. 2024.

EAGLETON, Terry. *Ideologia*. Uma Introdução. São Paulo: Editora da Universidade Estadual Paulista: Editora Boitempo, 1997.

FIGUEIREDO, Carlos; BOLAÑO, César. "Social Media and Algorithms: Configurations of the Lifeworld Colonization by New Media". *In*: *The International Review of Information Ethics*, Edmonton, Canada, v. 26, 2017. Disponível em: **https://informationethics.ca/index.php/irie/article/view/277**. Acesso em: 3 jun. 2024.

FREDERICO, Celso. *Lukács*: um clássico do século XX. São Paulo: Moderna, 1997.

FREDERICO, C. Brecht e a "Teoria do rádio". *Estudos Avançados*, v. 21, n. 60, p. 217-226, maio 2007.

FREDERICO, C. "Teatro, comunicação, pedagogia: notas sobre Brecht". *In*: *Comunicação & Educação*, [S. l.], v. 15, n. 1, p. 35-44, 2010. DOI: 10.11606/issn.2316-9125. v15i1p35-44. Disponível em: **https://www.revistas.usp.br/comueduc/article/ view/43866**. Acesso em: 29 set. 2024.

FREDERICO, C. "Ideologia e cultura: notas para uma pesquisa". *In*: *MATRIZes*, [*S. l.*], v. 16, n. 1, p. 101-118, 2022. DOI: 10.11606/issn.1982-8160. v16i1p101-118. Disponível em: **https://www.revistas.usp.br/matrizes/article/view/190498**. Acesso em: 7 jun. 2022.

FREDERICO, Celso. *György Lukács — estética e crítica literária*. 2024. Disponível em: **https://aterraeredonda.com.br/gyorgy-lukacs-estetica-e-critica-literaria/**. Acesso em: 06 dez. 2024.

GRAMÁTICA. "Etimologia de 'colaborar'". Disponível em: **https://www.gramatica.net.br/etimologia-de-colaborar/#**. Acesso em: 18 nov. 2024.

GRAMSCI, Antonio. *Concepção dialética da história*. Rio de Janeiro: Civilização Brasileira, 1966.

GRAMSCI, Antonio. *Os intelectuais e a organização da cultura*. Rio de Janeiro: Civilização Brasileira, 1968.

GRAMSCI, Antonio. *Cadernos do Cárcere, volume 3*. Rio de Janeiro: Civilização Brasileira, 2007.

GROHMANN, R. "A noção de engajamento: Sentidos e armadilhas para os estudos de recepção". Trabalho apresentado no *XXVI Encontro Anual da Compós*, Faculdade Cásper Líbero, São Paulo, SP, junho, 2017. Disponível em: **https://bit.ly/2JROPXm**. Acesso em: 04 dez. 2024.

GRUPPI, Luciano. *Conceito de hegemonia em Gramsci*. Rio de Janeiro: Edições Graal, 1978.

HOBSBAWM, E. J. *Sobre história*. São Paulo, SP: Companhia das Letras, 2013.

HORKHEIMER, Max. “Teoria Tradicional e Teoria Crítica”. *In*: BENJAMIN, Walter, HORKHEIMER, Max, ADORNO, Theodor W., HABERMAS, Jürgen. *Textos escolhidos. (Col. Os Pensadores, Vo. XLVIII)*. São Paulo, Abril Cultural, 1983.

LÖWY, M. “Por um novo internacionalismo”. *In*: *Lutas Sociais*, [*S. l.*], n. 5, p. 97-106, 2004. DOI: 10.23925/ls.v0i5.18897. Disponível em: **https://revistas.pucsp.br/index.php/ls/article/view/18897**. Acesso em: 13 maio. 2024.

LUKÁKS, G. *História e consciência de classe*. Porto/Portugal: Publicações Escorpião, 1974.

MARX, Karl. *Teses sobre Feuerbach*. Rio de Janeiro: Jorge Zahar, 1990.

MARX, Karl. 2007. *Mensagem Inaugural da Associação Internacional dos Trabalhadores*. Disponível em: **https://www.marxists.org/portugues/marx/1864/10/27.htm**. Acesso em: 06 mar. 2023.

MARX, Karl. *Contribuição à crítica da economia política*. São Paulo: Expressão Popular, 2008.

MARX, Karl. *Manuscritos econômico-filosóficos*. São Paulo: Martin Claret, 2011a.

MARX, Karl. *Grundrisse*: Manuscritos econômicos de 1857-1858: Esboços da crítica da economia política. São Paulo, SP: Boitempo, 2011b.

MARX, Karl. O *capital* [recurso eletrônico]: crítica da economia política: Livro I: o processo de produção do capital. São Paulo: Boitempo, 2013.

MARX, Karl; ENGELS, Friedrich. *Ideologia Alemã*. São Paulo: Martin Claret, 2012.

MATHIEU, Anne. *A recusa de Sartre*. Le Monde Diplomatique Brasil, 2020, Edição 153.

ORIGEM DA PALAVRA. “Engajar”. Disponível em: **https://origemdapalavra.com.br/?s=engajar**. Acesso em: 02 ago. 2023.

PETROVIC, Gajo. “Práxis”. *In*: BOTTOMORE, Tom (editor). *Dicionário do pensamento marxista*. Rio de Janeiro: Zahar, 2012.

RÜDIGER, F. Theodor Adorno. "Aspectos do novo radicalismo de direita". São Paulo, Editora Unesp, 2020. 103 pp. *In*: *Tempo Social*, v. 33, n. 3, p. 359-366, set. 2021.

SANTOS, R. A. *Práticas e discursos de engajamento*: Estratégia do capitalismo. Curitiba, PR: Appris, 2019.

SARTRE, J. P. *Que é a literatura?* São Paulo, SP: Ática, 2004.

STAROSTA, Guido. "The System of Machinery and Determinations of Revolutionary Subjectivity in the Grundrisse and Capital". *In:* BELLOFIORE, Riccardo; STAROSTA, Guido; THOMAS, Peter D. (Orgs.). In *Marx's Laboratory*: Critical Interpretations of the Grundrisse. Leiden: Brill, 2013, pp. 233-264.

ANITA HELENA SCHLESENER

Docente do Programa de Mestrado e Doutorado da Universidade Tuiuti do Paraná. Presidente da International Gramsci Society-Brasil de 2022 a 2024. Publicou, entre outros, os livros *Hegemonia e Cultura em Gramsci* (Editora UFPR, 2007); *Os tempos da história: leituras de Walter Benjamin* (Liber Livro, 2011); *Grilhões invisíveis: as dimensões da ideologia, as condições de subalternidade e a educação em Gramsci* (Editora UEPG, 2016). Prêmio Jabuti em 2001.

CARLOS NELSON COUTINHO (1943-2012)

Foi professor titular de Teoria Política e Formação Social do Brasil no Programa de Pós-Graduação da Escola de Serviço Social da UFRJ. Coordenou a edição brasileira das obras de Antonio Gramsci (*Cadernos do cárcere*, 6 vols.; *Cartas do cárcere*, 2 vols.; *Escritos políticos*, 2 vols.). Foi editor da Editora da UFRJ. Publicou, entre outros, os seguintes livros: *Cultura e sociedade no Brasil: ensaios sobre ideias e formas* (Oficina de Livros, 1990), *Gramsci: um estudo sobre seu pensamento político* (Campus, 1992), *O estruturalismo e a miséria da razão* (Paz e Terra, 1972).

CELSO FREDERICO

Professor aposentado da Escola de Comunicação e Artes da USP. Autor, entre outros, de *A arte no mundo dos homens: o itinerário de Lukács* (Expressão Popular, 2013); *O jovem Marx* (Expressão Popular, 2009) e *Ensaios sobre marxismo e cultura* (Mórula, 2016).

CLAUDIA SANTIAGO

Jornalista, professora de História e coordenadora do Núcleo Piratininga de Comunicação. Autora, entre outros, de *Experiências de comunicação comunitária no Rio de Janeiro ontem e hoje* (NPC, 2016); *Comunicação sindical: a arte de falar para milhões*, com Vito Giannotti (Vozes, 1999).

EDUARDO GRANJA COUTINHO

Professor Titular da Escola de Comunicação da UFRJ. Publicou, entre outros livros, *Velhas histórias, memórias futuras: o sentido da tradição em Paulinho da Viola* (Ed. UFRJ, 2011); *A comunicação do oprimido* (Mórula, 2014) e *Paixão e hegemonia: a batalha dos afetos* (Mauad X, 2023).

GIANNI FRESU

Professor de Filosofia Política na Universidade de Cagliari (Itália). Foi docente na Universidade Federal de Uberlândia. Membro fundador da International Gramsci Society Brasil, da qual foi Presidente de setembro de 2019 a setembro de 2022. É autor de várias monografias e ensaios no campo da Filosofia Política e da história do pensamento político em torno dos temas da filosofia da práxis. Publicou no Brasil *Antonio Gramsci: o homem filósofo* (Boitempo, 2019).

IVETE SIMIONATTO

Professora titular aposentada da Universidade Federal de Santa Catarina (UFSC), integra o corpo docente do Programa de Pós-Graduação em Serviço Social da UFSC. Autora do livro *Gramsci: sua teoria, incidência no Brasil, influência no Serviço Social* (Cortez, 1995). Participou da tradução dos *Cadernos do cárcere* coordenado pela IGS/Brasil.

LEILA LEAL

Jornalista e doutora em Comunicação e Cultura pela UFRJ. Pesquisa comunicação política e as interfaces entre comunicação, cultura e ideologia no capitalismo contemporâneo; os movimentos sociais em sua relação com a mídia tradicional e as novas mídias; os circuitos econômicos e ideológicos da desinformação. No jornalismo, tem experiência em cobertura de política, direitos humanos, mudanças climáticas e Oriente Médio. Vive entre Rio e Beirute, no Líbano, desde 2022.

LEONARDO CAMPOS MARTINS

Mestre em Comunicação e Cultura pela UFRJ. Professor de Gastronomia, engajado na defesa da agroecologia. Trabalha na Ação da Cidadania, onde atua diretamente no combate à fome pelo viés político da solidariedade.

LUCIANA GOIANA

Doutora em Teoria da Literatura pela UFRJ, com a tese *Si dulcemente: a poesia realista de Juan Gelman*, em que traduziu poemas do escritor argentino para o português. É poetisa, professora do Ensino Fundamental e Médio e militante da luta pelas pessoas com deficiência.

MARCELO BRAZ

Professor Titular do Departamento de Serviço Social da UFRN. Docente colaborador do PPGSS da Escola de Serviço Social da UFRJ. Publicou, entre outros: *Economia política: uma introdução crítica*, em coautoria com José Paulo Netto (Editora Cortez, 2017), *Noca da Portela e de todos os sambas* (Decult UERJ/ Outras Expressões, 2018), *Samba, democracia e sociedade*, uma coorganização com Luiz Ricardo Leitão (Mórula, 2022).

MIRELE HASHIMOTO SIQUEIRA

Professora adjunta da Universidade Estadual do Paraná (Unespar), campus Apucarana, no curso de graduação em Serviço Social. Doutora em Serviço Social pela Universidade Federal de Santa Catarina (UFSC). Atualmente integra o Conselho Nacional da Internacional Gramsci Society (IGS-Brasil), gestão 2024-2026. Autora do livro *Classes e grupos subalternos em Antonio Gramsci* (Mórula, 2024).

PABLO NABARRETE BASTOS

Professor do Departamento de Comunicação Social do Instituto de Arte e Comunicação Social da Universidade Federal Fluminense. Pesquisador visitante da *University of Westminster* (2024). Autor do livro *Marcha Dialética do MST: Formação e comunicação política entre campo e cidade*, finalista do Prêmio Jabuti em 2022.

PEDRO CLÁUDIO CUNCA BOCAYUVA

Professor do PPDH/NEPP-DH/UFRJ. Coordenador do Laboratório do Direito à Cidade e Território. Membro do Grupo Gramsci e a Modernidade. Foi dirigente do Comitê Brasileiro pela Anistia, participou da fundação do Partido dos Trabalhadores e trabalhou 25 anos como educador popular na Fase. É coautor do Novo Vocabulário Político (Vozes, 1992).

RONALDO DO LIVRAMENTO COUTINHO (1938-2018)

Professor Titular de Sociologia da UFF (1965/1990) e Adjunto na UERJ (1991/2007). Publicou, entre outros textos, o livro *Operário de Construção Civil* (Achiamé, 1980). Militante comunista histórico, foi uma referência do pensamento marxista e leninista no campo das Ciências Sociais no Brasil.

COLEÇÃO CONTRA A CORRENTE

Este livro faz parte da Coleção *Contra a Corrente*, que reúne obras dedicadas à reflexão crítica sobre marxismo, cultura e política. Até o momento, a coleção publicou:

Ensaios sobre Marxismo e Cultura | VOL. 1
Celso Frederico

Cultura, democracia e socialismo: as ideias de Carlos Nelson Coutinho em debate | VOL. 2
Marcelo Braz e Mavi Rodrigues

Gramsci e a Revolução Russa | VOL. 3
Ana Lole, Victor Leandro Chaves Gomes e Marcos Del Roio

Estado e vontade coletiva em Antonio Gramsci | VOL. 4
Ana Lole, Giovanni Semeraro e Percival Tavares da Silva

A coleção segue expandindo o debate e trazendo novas perspectivas para o pensamento crítico.

1ª edição	março 2025
impressão	jmv
papel miolo	pólen bold 90g/m^2
papel capa	cartão supremo 300g/m^2
tipografia	abril e freight